e for W. David Marx's

Ametora

JN155572

書に寄せられた推薦文

1965年、私達が『TAKE IVY』の取材でアメリカを訪れ、そのアメリカのライフスタイルやカルチャーを紹介し続けて50年余。
そして現在、日本でそれらの成果を綿密に調べ上げたアイビーリーガー、W. David Marx。
本書には、これからの世界の服飾文化の原点ともなるヒントが詰まっているのである。感激だ。

——**石津祥介**（ファッションディレクター）

デーヴィッドと出会って10年が経つが、彼は真のプレッピーで、理想のシティボーイだ。そして、日本人よりも日本のことに興味を持っている。

——**木下孝浩**（POPEYE編集長）

ニッチな発想によるダイナミックな物語展開。粘り強いリサーチによる豊富な具体例。そして鋭い知性によるエレガントな考察。
本書は戦後日本のファッション文化史として比類のない傑作であるとともに、斬新な角度から世界における日本像を浮かび上がらせる。

——**中野香織**（エッセイスト・服飾史家）

アメリカと日本、双方の互いの文化に対する憧れがプリズムのようにきらめいている。日本人には決して書けない日本のファッション史。マニアックでクール！　夢中になって読みました。

——**山崎まどか**（コラムニスト）

20世紀の象徴的なアメリカ産メンズウェアを、もはや愛さなくなったわれわれの代わりに、意外にも日本人が救い出してくれるまでの経緯を辿った、刺激に富む、観察の行き届いた、非常におもしろい1冊。むろんわたしもこうした事情には気づいていたが、著者のような優れた文化史家の手で、こうして再構成されるとは思いもしなかった。

——**ウィリアム・ギブスン**（『ニューロマンサー』著者）

本当に頭の切れる人物が本当に興味深い題材を取り上げたらどうなるか――その実例が本書だ。日本の文化とファッションが、はっきりと眼前にあらわれてくる。

――**グラント・マクラッケン**（人類学者）

日米間におけるポップ文化の行き来を、もっとも鋭い目で観察している男がデーヴィッド・マークスだ。ファッションに焦点を当てた本書は、日本――世界でいちばんファッションにこだわる国――が、アメリカ発祥のゲームで本国を打倒し、その過程でキュレーション（取捨選択）、シミュレーション（模擬）、ミューテーション（変容）の先進国となるまでの経緯を追った、興味をそそる、複雑に入り組んだ物語である。

――**サイモン・レイノルズ**（『ポストパンク・ジェネレーション 1978-1984』著者）

現代の日本文化における著者のユニークな立ち位置を反映した1冊。著者のマークスは鋭敏なライターであり、歴史家であり、日本の文化、および世界の若者文化と日本文化の関係に関する評論家だ。本書は彼以前、多くのライターが見過ごしていた東京とアメリカのファッションの隠されたつながりを掘り下げてゆく。ランウェイではなく都会のストリートにスポットを当てた、アメリカン・ファッションの再発明に関する貴重な記録だ。

――**ジョン・C・ジェイ**（ファーストリテイリング、グローバルクリエイティブ統括）

今年のベスト級。第2次世界大戦後の日本におけるアメリカン・ファッションのブームを追っていくが、じきにそれだけでは終わらなくなる。これはファッション、文化、歴史がいかに交わっているかを知るための、格好のよすがとなる1冊だ。一気に多くを学ぶことができる。

――**B・J・ノヴァク**（俳優・コメディアン・脚本家・監督）

本書は、日本におけるメンズウェアの歴史と方向性について、わたしが抱いていた疑問の数々に答えてくれた。この分野に関しては、まちがいなく、決定的な論考となるだろう。これはみごとな筆致で書かれた、重要な書物――今現在、世界のファッションを研究している人間は必読の1冊だ。

――**G・ブルース・ボイヤー**（『True Style』著者）

アメトラ

AMETORA

日本がアメリカンスタイルを救った物語

日本人はどのように
メンズファッション文化を
創造したのか?

デーヴィッド・マークス 著
奥田祐士 訳

AMETORA

HOW JAPAN SAVED AMERICAN STYLE

by

W. DAVID MARX

Copyright © 2015 by W. David Marx

First Published in the United States by Basic Books,
a member of Perseus Books Group.
Japanese translation rights arranged with
Perseus Books Group, Boston, Massachusetts
through Tuttle-Mori Agency, Inc.,Tokyo.
Translated by Yuji Okuda
Published in Japan
by
Disk Union Co., Ltd.

AMETORA

日本がアメリカンスタイルを救った物語

目次

目次

本文中〔　〕は訳者注。

イントロダクション

東京オリンピック前夜の銀座で起こった奇妙な事件

1964年夏、東京はオリンピックでやって来る数万人の外国人観光客を迎える準備を進めていた。プランナーたちは第2次世界大戦の灰から蘇った未来的な都市――四方八方に広がるハイウェイ、モダニズム建築の複合スタジアムと、エレガントな洋食レストランを完備した都市の像を見せたいと考えた。古風な路面電車は街路から消え、観光客を羽田空港から市街地へと迅速に運ぶ、ピカピカのモノレールがデビューを飾った。

東京都はこの街の目抜き通り、銀座に特別な注意を払った。観光客がそのエリアの高級なデパートやおしゃれなカフェに引き寄せられるのは必至だったからだ。地域社会のリーダーたちは、戦後の貧困を連想させる要素を一掃し、木製のゴミ箱を、モダンなプラスチック製のそれに取り替えるような真似までした。

こうした浄化作戦が粛々と進められていた8月、築地署の交換台に、あわてふためいた調子の電話が寄せられはじめた。散歩客で賑わうみゆき通りにあらわれた侵入者を、ただちに取り締まってほしい、と銀座の商店主たちが訴えてきたのだ――**奇妙な格好をした日本人のティーンエイジャーが、数百人単位でうろついている！**

現場に送り出された警察の捜査班が目の当たりにしたのは、襟を留める風変わりなボタンがついた、しわがある厚い布地のシャツ、胸の高いところに余分な3つめのボタンがついたジャケット、派手なマドラスやタータンのチェックで、うしろに奇妙なストラップがついたつんつるてんのチノパンツないしはショーツに、膝まである黒のロングソックスと、凝った穴飾りがついた靴という出で立ちの少年たちだった。10代の彼らは髪の毛を正確な七三分けにしていた――これは電気のヘアドライヤーを使わなければできない芸当だ。警察はじきにこのスタイルが、英語の〝Ivy〟をもとに〝アイビー〟と呼ばれていることを知った。

夏のあいだ、週刊誌は銀座の気ままな少年たちのことを〝**みゆき族**〟と名づけて批判しつづけた。父親が苦労して稼いだ金を、銀座の紳士服店で浪費した。異性のメンバーとおしゃべりし、家で勉学に励む代わりに、彼らは1日中店の前をうろつき、悲しいかなほとんどの親は、自分の子どもがこうした部族の一員であることに気づかなかった――少年たちは学生服姿で家を脱け出し、喫茶店のトイレで禁断の服装に着替えていたのだ。マスコミは天皇の行幸にちなんで命名されたみゆき通りを〝親不孝通り〟と呼びはじめた。

マスコミがみゆき族を非難したのは、単に不良少年然としていたからではなく、彼らが国家的なプロジェクトの心臓に、短剣を突き刺すような真似をしていたからだった。1964年の夏季オリンピックは、敗戦以来はじめて、日本が世界的に脚光を浴び、この国が国際社会に完全な復帰を果たしたことを象徴するイベントとなるべきものだった。日本が海外の訪問客に見せたがっていたのは、自国の奇跡的な復興ぶりであり——通りをふさぐ反抗的なティーンエイジャーではなかったのだ。日本の当局は、帝国ホテルまでぶらりとお茶を飲みにいくアメリカのビジネスマンやヨーロッパの外交官が、見るもおぞましい軽佻浮薄なボタンダウン・シャツ姿の不良たちに出くわしてしまうのではないか、と懸念していた。

一方で地元の商店主たちは、もっと切実な不満を抱いていた——週末になると2000人のティーンがショーウィンドウを覆い尽くし、おかげで商売が上がったりになってしまうのだ。権威主義的な戦前の日本であれば、警察はごくごく些細な理由で銀座をうろつく少年たちを逮捕することができた。しかし民主的な新しい日本で、警察は手詰まりになっていた。みゆき族を取り押さえる法的な根拠はない。単に街をぶらついて、おしゃべりをしているだけだったからだ。しかし警察は商店主たちと同様、このまま手をこまねいていると、銀座はじきに〝悪の温床〟と化してしまうのではないか、と危惧していた。

かくしてオリンピックの開会式が1か月足らず先に迫った1964年9月12日土曜日の夜、10人の私服刑事が銀座の街路で一斉検挙を開始した。ボタンダウンのシャツとジョン・F・ケネディ・

警察によるみゆき族の一斉検挙。1964年9月。（©毎日新聞）

カットの人間は、誰彼かまわず職務質問を受けた。200人の少年が拘束され、うち85人はバスで築地の留置場送りになり、夜のあいだに取り調べやお説教、そして取り乱した親たちの訪問を受ける羽目になった。

翌朝、刑事たちは新聞に、分厚い洋書の内側にタバコを隠すといった類の、みゆき族の悪辣な手口の数々を公表した。すべてのメンバーが悪事を働いているわけではないと彼らは認め、だがこの強制捜索は、「むしろ彼らの不良化を防ぐ、そういう意味で」必要だったと主張した。この逮捕劇はまた、ファッションに対する少年たちの異常な関心が、男らしさの危機とも関連しているのではないか、という懸念が警察内にあることの証でもあった。〝女言葉〟で話すみゆき族の少年に、刑事たちはたじろいだ。

こうしたふとどきな若者たちを撲滅する決意を固めた警察は、翌土曜日、再度銀座に雪崩れこみ、みゆき族の残党を一掃した。彼らの強攻策は功を奏した——みゆき族はその年いっぱい、銀座から姿を消し、1964年のオリンピックは滞りなく進行した。結果的に外国人観光客が、つんつるてんのコットンパンツを履いた日本の不良少年にまつわる怪しげな土産話を持ち帰ることはいっさいなかった。

たしかに大人たちはみゆき族を打ち負かしたのかもしれない。だが日本の若者たちはやがて、もっと大きな闘いに勝利することになる。1960年代がはじまってからというもの、世界中で反抗的なティーンエイジャーが親や権威を否定し、学生という狭い枠を飛び出して、独自の文化を築こうとしていた。日本では最初のもっとも重要なステップが、お仕着せの学生服を捨て、自分たちで選んだスタイリッシュな服を着ることだった。こうしたファッションに対する関心はエリート家庭の子弟たちからスタートし、だがこの国の奇跡的な経済成長、そしてマスメディアの爆発的な発展と歩調を合わせるようにして、一般層にも広がった。銀座をアイビーが占拠して以来、日本は50年間にわたり、**世界一ファッションにこだわる国**という現在の地位に向かって一直線に歩を進めてきたのだ。

日本のティーンエイジャーは、途方もない量の時間や労力や資金やエネルギーをおしゃれな服装の探究に費やしている——とりわけ、他国と比較した場合には。たとえば日本の2・5倍の人口があるアメリカで出ている男性ファッションの専門誌は10誌にも満たない。対して日本では50誌以上。作家のウィリアム・ギブスンはかつて、ショッピング・チェーンのパルコで買いものをする日本の若者を見ていると「メルローズ・アベニューのフレッド・シーガルがモンタナ州のアウトレットに見える」〔浅倉久志訳〕と書いた。原宿、渋谷、青山、代官山といった東京の複数のエリアでは、30歳以下の人々に衣類を売ることが主な経済活動となっている。しかもそれは首都での話にすぎない――寒冷な北海道から亜熱帯の沖縄まで、日本ではどこにいても自国と海外のトップ・ファッション・ブランドを、小さな店で簡単に買うことができる。

長年にわたって日本人は、グローバル・ファッションを世界一熱心に消費してきた。だがここ30年のあいだに、貿易収支には変化が起きている。日本のデザイナーやブランドは海外からも熱い視線を集めるようになり、今では世界中に自分たちの服を輸出しているのだ。最初に日本のエキゾティックなデザイナー・アパレル――山本寛斎と高田賢三のど派手な東洋風パターン、そしてのちにはコムデギャルソン、山本耀司、三宅一生のアバンギャルドな作品――と恋に落ちたのは、ヨーロッパのファッション関係者だった。1990年代以降はアメリカやヨーロッパのクリエイティブ層も、日本製のベーシックなアイテム――Tシャツやジーンズやオックスフォード地のボタンダウン・シャツを持てはやすようになる。ゼロ年代に入るとヒップホップのリリックに、ア・ベイシング・エイプやエヴィスのような日本のストリートウェア・ブランドが、贅沢なライフスタイルの象徴として登場した。一方でニューヨークのソーホーやロンドンのウエストエンドの目端が利くショッピング客は、GAPよりも日本のチェーン、ユニクロを好むようになっていた。

そんな時、もっと思いもよらないことが起こった――日本のブランドのほうがアメリカ人よりも上出来なアメリカン・スタイルの服をつくっている、とファッションの目利きたちが公言しはじめたのだ。そしてアメリカの若者たちも、インターネットにアップされる日本の雑誌の違法なスキャニングを参考にして、アメリカの伝統的なスタイルを学びはじめた。1965年に日本で刊行されたレアな写真集――アイビー・リーグのキャンパス・ファッションをドキュメントした『TAKE IVY』が2011年に復刻されると、世界中のファッション好きが飛びついた。この本が予想外の話題を撒いたことにも助けられ、日本人が――暗黒時代にアリストテレスの自然学を護ったアラブ人よろしく――数十年がかりでドレスダウン・フライデーを毎日の習慣と化してしまったアメリカの代わりに、アメリカン・ファッションの伝統を護ってきたとする見方が一般化する。日本の消費者とブランドは、規範的な知識としてそのスタイルを保存し、絶滅から救うことによって、アメリカのファッションを二重の意味で〝save〟したのだ。

ファッション――とりわけアメリカン・ファッションにおける日本の卓越性は現在、世界中で広く認められている。それでもなおこの疑問は消えない。アメリカのスタイルはなぜ、どうやって、日本文化のなかでかくも高い地位を占めるようになったのか?

古典的なアメリカの衣類が最初に日本に上陸した過程を明らかにし、そのスタイルの日本版が世界中に影響をおよぼすまでの経緯を追った本書は、その疑問に詳細な答えを提供する。アイビー・リーグの学生たちの服装、ジーンズ、ヒッピー・ファッション、ウェストコーストのスポーツウェア、フィフティーズ・レトロ、ニューヨークのストリートウェア、そしてビンテージのワークウェアは、数十年をかけて日本に上陸し、日本社会の外見を一変させ、ブーメランのようにもどって来て、世界中のスタイルに影響を与えたのだ。

とはいえこれはこみ入った衣服のパターンや、デザインのコンセプトを論じた本ではない。この本が追っていくのは、アメリカの衣服を日本に導入した中心人物や、そんなアメリカのアイデアを日本的に咀嚼した若者たちの物語だ。変革の先導者となったのは多くの場合、プロのデザイナーではなく、起業家、輸入業者、雑誌編集者、イラストレーター、スタイリスト、そしてミュージシャンだった。こうした先駆者たちは製品の調達、技術的ノウハウの獲得、懐疑的な小売業者の説得といった高いハードルに直面し、しかもつねに親や警察、そしてアパレル業界に染みついていた旧弊さの一歩先を行く必要があった。しかし巧みな工夫といくばくかの幸運によって、彼らは自分たちの製品をティーンエイジャーの手に送り届け、莫大な利益を上げることができた。

アメリカのファッションは日本の男女両方の服装に影響を与えたが、より重大で、より一貫しているのは、メンズウェアに対する影響のほうだ。戦後に入って着物が廃れると、日本の婦人服はヨーロッパのデザイナー・コレクションを参照するようになった。対して日本の男性たちは、エリート的なキャンパスのワードローブ、タフなアウトドア志向、（サブ）カルチャー的なアイデンティティ、そしてハリウッド・スターの模倣に対する関心の高まりを通じて、ようやくファッションを嗜《たしな》みのひとつとして受け入れるようになり——そうしたすべてがアメリカのよりカジュアルで、よりライフスタイルに根ざしたスタイルへとつながった。戦前における男性の服装がロンドンのサヴィル・ロウをお手本としていたのに対し、１９４５年以降は新世界の衣服が、ずっと抗いがたいビジョンを提供した。

第２次世界大戦後の日本社会の再建が、アメリカの主導でおこなわれたことを考えれば、日本のファッションが〝アメリカ化〟されたのも、ごく自然な流れのように思えるかもしれない。さらにアメリカ人は長年にわたり、自分たちのポップ・カルチャーこそが世界の中心だと信じてきた——東ヨーロッパ人が鉄のカーテンを引き剥がしたのは、ロックンロールとブルージーンズがほしくてたまらなかったからだ、とわれわれはみんないい聞かされてきた。日本人がボタンダウン・シャツやデニムや革のジャケットを愛してやまないことも、世界中で〝アメリカ文化の流入《コカ・コロナイゼーション》〟が進んでいることの、なによりの証ではないか。

しかし日本におけるアメリカン・ファッションの歴史を実地で調べてみると、物事はそこまで単純ではなくなる。日本における〝アメリカ化〟は、かならずしもこの国をそのまま偶像化することではない。日本が占領時代を脱すると、実際にアメリカ人に会ったことのある若者はほとんどいなくなり、日本のＴＶ、雑誌、小売業者は、もっぱらマーケティングを主眼に置いて、アメリカ人の生活の、ひどく美化したバージョンをつくり上げた。日本の若者は多くの場合、ほかの日本人の模倣というかたちで、アメリカのファッションを採り入れた。たとえば１９７０年代、髪をポマードで固めた東京のリーゼント野郎たちは、エルヴィス・プレスリーよりも歌手の矢沢永吉を拠りどころにしていた。たしかにアメリカは日本のファッション・ブームに雛型を提供したのかもしれない。だがそれらのアイテムはじきに、オリジナルとは別物になっていた。この先で見ていく通り、日本がアメリカの文化を真の意味で吸収するためには、文脈の書き換えがどうしても必要とされたのである。

　かくして日本がアメリカのスタイルを受け入れ、自家薬籠中のものとし、逆に輸出するようになるまでの物語は、**文化がグローバル化していく過程の、大いに具体的な実例となる。**地理的、言語的に孤立していたせいで、戦争が終わっても、日本には何十年か、西洋からの情報が届きにくくなっていた。だがそのおかげでアメリカの習慣がいつ、どうやって伝わり、なにがあってそれが社会構造の一部となったのかを、異例なほどたやすく、正確に辿っていくことが可能になった。グローバル化は混沌とした複雑なプロセスで、時がたてばたつほど文化的な糸が、余計に絡み合ってくる。最初の糸がいかにして輪をつくり、結び目になっていったかを辿るにあたり、日本のファッションの物語は、完璧なテストケースを提供してくれるのだ。

　だがそれ以上に重要なのは、日本人がアメリカのスタイルの上に、奥深い、新たな意味を積み上げたこと――そしてその過程でオリジナルを護り、強化してくれたおかげで、双方が利益を得たことだった。この先で見ていくように、日本のファッションはもはや、アメリカの衣類の単純なコピーではなく、ニュアンスに富んだ、文化的にも豊かな独自の伝統となっている。アメリカから輸入された日本のルックスは今や、独自のジャンルを形づくっているのだ。わたしはそれを、〝アメリカン・トラディショナル〟を略した日本のスラングに倣って〝アメトラ〟と呼ぶことにする。アメトラのルーツ探しは、単に歴史的な記録を追い求める旅ではなく――なぜ日本のファッションが現在のような動きを見せ、一般性のない、きわめて局地的な現象が、いかにして世界的な文化を形成するに至ったのかを理解するチャンスともなるはずだ。

第1章

スタイルなき国、ニッポン

A Nation Without Style

日本でアメリカのスタイルが広く普及するまでには、数十年もの年月が必要とされたが、そのはじまりはたったひとりの人物にさかのぼることができる——石津《いしづ》謙介《けんすけ》だ。石津は裕福な紙問屋の次男として、1911年10月20日に日本南西部の岡山市で生まれた。1911年はたまたま、日本が封建社会から近代国家に変貌を遂げた明治時代が幕を閉じた年でもあった。

1868年に明治時代がはじまる以前、武家の徳川幕府は265年にわたり、日本を世界の国々から孤立させる〝鎖国〟政策をしいていた。日本の孤立が終わったのは1854年、アメリカの海軍提督マシュー・ペリーと彼の率いる黒船の艦隊が交易のために開国を要求したときのことだ。4年後、幕府は西洋の列強と一連の〝不平等条約〟を結び、その屈辱的な内容によって、この国は経済的、文化的な大混乱に陥ってしまう。国を建て直す決意を固めた改革派の侍たちは、1868年、明治天皇の名のもとに政治の実権を奪い取った。

このいわゆる明治維新の期間、日本がより近代化されれば、アメリカとヨーロッパの企てる植民地化を阻むことができると考えた国の指導者たちは、西洋の技術と生活様式を懸命に採り入れようとした。以後40年間、明治政府は日本人の生活のありとあらゆる側面——経済、法律、軍隊、商慣習、教育システム、食習慣を修正し、アップデートしつづけた。そうした努力の甲斐あって、日本は帝国主義的な侵略者を排斥したばかりか、みずからがひとつの帝国主義的な勢力となっていた。

これらの急激な社会的変革を如実に反映していたのが、男性のワードローブの変化だった。明治時代以前、身分の高い武士階級のメンバーは長い髪でちょんまげを結い、着物姿で舗装されていない道を闊歩し、帯に差した２本の刀で自分たちの地位を誇示していた。

それが20世紀の初頭になると、この国の支配者たちはスリーピースのスーツやナポレオン風の軍服で、官僚の会議や晩餐会、舞踏会に出席していた。輸入された衣服のスタイルが、身分の高さの代名詞となっていたのだ。

西洋のファッションが伝統的な衣裳に取って代わる以前から、日本の社会は長年、衣服を地位や身分をあらわす重要な目印として用いていた。社会秩序を維持するために、徳川幕府（１６０３年〜１８６８年）はこの国の衣服を細かく管理し、身分ごとに使える素材やパターンを規定した。たとえば絹を着ることができたのは、貴族と侍だけ——全人口のわずか1割にすぎなかった。しかし誰もがそうした規則に従っていたわけではない。農民や都市部の商人たちが、身分の高い侍たちより多くの富を貯えるようになると、彼らは地味な綿の着物の裏地に絹を使って、ひそかに自分たちの栄華を誇った。

１８６８年以降、明治政府は近代化計画の一環として、男たちを実用的な西洋の衣服に転向させる一連の政策をスタートさせた。1870年、天皇は髪を切って西洋風の短い髪型に変え、ヨーロッパにヒントを得た軍服に身を包んだ。1年後には散髪脱刀令が出され、かつての侍たちは全員、ちょんまげを切り落とすように命じられた。その間に軍は西洋風の制服を採用し、海軍はイギリス、陸軍はフランスをお手本にした。以後10年間、官僚、政治家、郵便配達人、そして列車の車掌といった国家公務員は、軍のあとを追うようにして西洋風の服装を採り入れた。1885年、東京帝国大学は学生たちに〝学ラン〟(あるいは〝詰め襟〟)という前を閉じた立て襟の黒いジャケットと、同色のズボンを着用させ——以来、それは男子学生の標準的な制服となった。

じきに西洋文化は国家機関から、日本の上流層の生活にトリクルダウンしはじめる。明治時代の初期を代表するシンボルのひとつが鹿鳴館だった——フォーマルな装いに身を包んだ日本のエリートがワルツを踊りながら、裕福な外国人と交流したフレンチ・ルネサンス様式のホールである。1890年代に入ると、都市部のホワイトカラー労働者は、英国風のスーツで仕事に向かうようになった。

石津謙介の少年期は、ちょうど大正時代に当たっていた。成長する中流階級が、エリートにつづいて西洋の習慣を採り入れていった時代だ。誰もがより多くの肉や牛乳を消費し、急進的な政党は、議会のさらなる民主化を要求していた。石津はこうした時代の産物で、野球のような輸入スポーツに興じ、魚よりもハンバーグステーキを好んだ。彼はまた、早いうちから西洋の衣服に関心を持っ

明治天皇。伝統的な衣裳（左）と近代的な軍服（右）。

ていた。金ボタンの学ランが着たくてたまらなかった彼は、両親に頼みこんで、家から遠く離れた別の学校に転校した。その後中学に進学すると、仕立屋と共謀し、校則を破ることなく自分の制服にひねりを加えた――ズボンのうしろポケットに長方形のフラップをつけ、裾を広げたのだ。

1920年代のこの時点で、日本の社会的道徳観は急速に変化していた。その急先鋒に立っていたのが悪名高い**〝モボ〟と〝モガ〟**――〝モダン・ボーイ〟と〝モダン・ガール〟――である。1923年の壊滅的な関東大震災をへて、多くの日本人女性が防災のために、より実用的な西洋の衣服を着るようになった。だがモガは対照的に、スタイルとしての西洋文化と戯《たわむ》れ――髪の毛は短いボブにして、シルクのドレスを身にまとった。そんな彼女たちのお相手をする洒落者のモボは、長い髪をうしろになでつけ、裾の広がった〝ラッパズボン〟を履いた。週末のたびに、モボとモガは東京一の繁華街だった銀座界隈に群れ集まり、明るく照らされたレンガ路をそぞろ歩いた。西洋文化を鹿鳴館のモデルから解放したこれらの若者たちは、**スタイルのリーダーシップを上流階級から奪い取り、非正統的な方向へと導いていった。**

1929年、石津は明治大学に入学するために、東京に居を移した——いずれは故郷に帰って家業を継ぐ、と父親に約束した上で。小遣いをたっぷり与えられた彼は、みずからを〝活動家〟へと変貌させた。彼は後年、「とにかく退屈なんか一度も感じたことのない、堂々たる(?)学生生活だったなあ……」とふり返っている。セコンドとしてボクサーをコーチし、大学初のオートバイ・クラブを設立し、友人とともに無認可のタクシー会社を経営していた石津は、モボの代表選手ともいうべき存在だった。

こうしたモボ精神の一環として、石津は実用一点張りの学ランの制服を拒み、代わりに緑褐色のツイードで、スリーピースのスーツをオーダーする——その費用は教授が受け取る月給の半分にもおよんでいた。彼はそのスーツに白と茶のサドルシューズを合わせた。石津は常時この颯爽とした服装で暮らし、暑苦しい東京の夏が来ても脱ごうとしなかった。

しかしモボ/モガの時代は短命に終わってしまう——1930年代の初頭になると、急進的な左翼勢力の台頭を懸念した政府が逆方向に舵を切り、解放ではなく締めつけを開始した。警視庁は不

石津謙介。中学生時代（左）と大学生時代（右）。
（提供：石津家）

結婚式当日の石津謙介（後列右端）。1932年3月。（提供：石津家）

良少年の一掃キャンペーンを開始し、東京のあらゆるダンスホールを閉鎖しようとした。警察は必要以上に華美な服装をした若者に目を光らせて、銀座の街路をくまなく探索し、モダンな真似――映画に行く、コーヒーを飲む、あるいは単純に通りで焼き芋を食べるといったような――をする人間は、有無をいわせず逮捕した。

日本の悪名高い思想警察とのトラブルを危ういところで逃れた石津は、1932年3月に岡山にもどり、まだうら若い昌子を花嫁に迎えた。大半の親族が伝統的な日本の着物をまとうなか、石津はここぞとばかりに彼一流のファッション・センスを発揮した――ハイカラーのモーニングに、特注のアスコットタイという出で立ちで結婚したのだ。ハネムーンで東京に向かった若夫婦は、ダンスホールや映画館で1週間を過ごし、モボ／モガ時代の最後の息吹を味わった。21歳と20歳の若さだった石津とその妻は故郷の町に身を落ち着け、数十年前から操業していた紙問屋を経営することになった。

岡山に足止めされた石津は、ありとあらゆる手を使って、紙の卸売りという「くそおもしろくない商売」から逃れようとした。夜になると御茶屋遊びに耽り、週末にはグライダーの教習を受けた。次々にスーツを仕立ててワードローブを拡張し、服をつくって暮らしたいと夢見ていた。

もしも1930年代の日本が徐々に独裁政治へと向かっていなければ、こうした退廃的な生活がずっとつづいていたかもしれない。1931年の満州侵攻と政党に反発する右翼の台頭をへて、軍部主導の政府はあらゆる反論や異論を封じた。狂信的な〝愛国者〟のグループは民主的な政治家を暗殺し、クーデターを企てた。中国ではじまった戦争はじきに、石津にも大きな打撃を与えた――軍需品を管理するために、次々に新たな規制を打ち出していた政府が彼の紙問屋にも事業の制限を命じてきたのだ。

さいわい日本の植民地では、もう少し先行きが明るそうだった。1930年代初頭の時点で、大日本帝国は台湾、朝鮮、満州に加え、中国東部のかなりな部分を支配下に置いていた。1939年のなかばごろ、石津とは古くからの友人だった大川照雄《おおかわてるお》が、中国の港町、天津にいた兄から、大川洋行の経営を手伝ってほしいという手紙を受け取った。大川家の一族が経営し、大成功を収めていた百貨店である。自国ではなんの仕事もなかったため、石津の父親は彼に、向こうに行ってなにか新しいことに挑戦してみてはどうかと勧めた。やっと外に出て行ける、と石津は身震いのする思いだった――「全くの自由時代に育った当時の青年にとって、特に私のように毎日刺戟の欲しい者どもは、自由の天地に対するあこがれがますます強くなってくる」。ほかにももっと差し迫った理由があった――お気に入りの芸者が妊娠したといううわさが、謙介の耳に入ってきたのだ。結局はただのデマだったものの、彼はそれが判明する前に、街を出ることにした。1939年8月、石津は家族を連れて天津行きの船に乗った。

東シナ海の沿岸部に位置する天津はコスモポリタンな街として知られていた。イギリス人、フランス人、イタリア人がみずから統治する租界にはそれぞれの国の建築様式が採り入れられ、それがこの街の風景と溶け合っていたのだ。中国人と5000人の在留日本人以外にも、この街は多様なヨーロッパ人のグループ――イギリスのカントリークラブに所属する燕尾服姿のエリートから、服装の乱れた白ロシアの移民まで――を迎え入れていた。

28歳にして石津謙介は、中国で新たな生活を送りはじめた。大川洋行の販売担当重役となった石津は生来のセールスマンで、店のために新たな宣伝を考えることに喜びを感じた。じきに彼は衣類の製造とデザインも受け持つようになる。1941年に第2次世界大戦がはじまり、母国からの商品調達がむずかしくなると、石津は岡山から仕立屋を呼び寄せ、中国でスーツをつくりはじめた。

石津は仕事以外では日本人とつき合わず、より開けた国際的なコミュニティにみずから溶けこんだ。彼は基本的な英語とロシア語を身につけ、地元の芸者から中国語を学んだ。イギリス人の仕立屋のもとを足しげく訪ねて商売の秘訣を学び、現地のユダヤ人クラブで戦争のニュースを仕入れ、イタリア人の租界でハイアライ〔壁打ちのボール競技〕の試合に賭けた。

天津で暮らしていたおかげで、石津は母国での苦難を回避することができた。1941年12月の真珠湾攻撃を機に、太平洋での闘いは、地域紛争からアメリカとの全面的な戦争に転じた。日本はこの戦争のために、人や物資を結集した。石津が天津でヨーロッパの文化と安楽さを享受している

天津時代の石津謙介。左はロシア人の友人たちとともに、右は公安部の前で。（石津家のご厚意による）

あいだにも、彼の国は自国の文化から、西洋の影響をすべて体系的に排除した。日本の大衆は〝鬼畜米英〟の残虐な犯罪をめぐるプロパガンダを毎日のように聞かされた。新たな規制によって、日本の会社はブランド名から英語の単語を外すことを余儀なくされ、言葉を横書きにすることすら避けるようになった。野球は〝ホームラン〟や〝ストライク〟のような外国語由来の用語を日本語に置き換えることで、なんとか生き延びた。石津が高級なスリーピースのスーツを着ていたころ、故郷岡山の男性たちは〝国民服〟と呼ばれる実用一点張りのカーキ色の制服――人民服の先がけ的な衣服で生活していた。

　戦争は日本に数多くの苦難をもたらした――最初は食糧不足、そして1942年の4

月以降は、アメリカ軍による空襲。副業で軍用グライダーの教官をしていたおかげで、石津は前線送りにならずに済んだ。日本軍は中国の内陸部に侵攻したが、天津ではほとんど戦闘がおこなわれなかった。

1943年に入ると日本の敗色が濃厚になり、大川洋行のチームは、贅沢品をあつかう自分たちの商売が非国民的だと思われてしまうのではないかと危惧した。年長の大川兄弟は会社を売り、その金を従業員と分けることにした。だが日本にもどると自分の取り分が没収されるのは必至だったため、石津は中国に居残った。

髪の毛を剃って入隊し、海軍武官という比較的楽なポジションに就いた石津は、高品質の英国産ウールを使った豪華版の制服をオーダーした。そしてグリセリンの工場を管理する仕事を与えられた彼は、その設備を一新し、パリのスパイスで香りをつけた透明な石鹸をつくりはじめた。後年の彼はこうした職務放棄について、後悔の念をあらわしている――「何一つお国のためになる仕事をした覚えがないのは、いまだにザンキに堪えません。（中略）戦争に負けたのは、私のような日本人がいたせいかも知れません」

1945年8月、石津はこの急ごしらえの石鹸工場で、日本が連合国に降伏したことを伝える天皇のラジオ放送を聞いた。中華民国政府はかつての占領者に対する集団暴力を禁じたが、石津に対しては遠慮がなく、グリセリンの樽を探して彼の工場を荒らしまわった。石津は1945年9月の大半を、以前は日本海軍の図書室だった部屋に幽閉されて過ごした。

10月にアメリカ軍の第1海兵師団が到着すると、事態は好転しはじめた。海兵隊は上陸した足で凱旋パレードを開始し、中国人やヨーロッパ人の国外居住者は、自分たちの解放者を讃えるために、数千人単位で通りに殺到した。英語が話せる日本人を探していたアメリカ人の若者、オブライエン中尉は、石津を図書室から解き放った。それからの数週間で、石津とオブライエンは親友になる。

アメリカ人は、プリンストン大学で過ごした学生生活の思い出話で石津を楽しませた――石津が〝アイビー・リーグ〟なるものについて耳にしたのは、この時がはじめてだった。

運と策略によって、34歳の石津は自国の抑圧的なファシスト社会と、戦時中における暴力の、もっとも醜悪な側面を回避していた。そして日本の屈辱的な敗戦をへてもなお、アメリカ軍との協力関係を利用して、物質面では比較的楽な思いをすることができた。石津が戦争の苦しさをはじめて味わったのは、1946年3月15日、アメリカ軍が彼と彼の家族を日本に帰る貨物船に乗せたときのことだ。彼は現在の額にすると30億円〔1980年のインタビューでは「今の20億くらい」と語っている〕に相当する現金もふくめ、自分のリュックサックに入らないものは、すべてあとに残していくことを余儀なくされた。石津家は奥行きのない簡易ベッドと2つの原始的なトイレしかない、今にも壊れそうな船の上で、数百人の日本人たちと1週間を過ごした。悲しいかな、石津謙介とその一家の苦難は、船上の厳しい生活だけでは終わらなかった――これが当時の日本人にとっては、当たり前の暮らしだったのだ。石津の贅沢で安楽な日々には、ピリオドが打たれていた。

1946年の3月末に石津が故郷の岡山にもどると、街は完全に焼き払われていた。アメリカ軍の空襲は日本の主要な産業地帯をほぼすべて壊滅させ、残されたのはコンクリートのビルの残骸が点在する、どこまでもつづく荒野だけだった。中国に7年いたおかげで、この黙示録的な悪夢を直接体験することこそなかったものの、1946年の石津は戦争のもたらす恐怖に打ちひしがれていた。

戦後の生活は暗かった。本土空襲と海外の戦闘とで、日本はおよそ300万人の国民——人口の4パーセントを失った。アメリカ軍の爆弾は、日本のインフラストラクチャーの大半を破壊し、1946年のこの国は、食糧やその他の物資の慢性的な不足に苦しんでいた。国の資産は1935年の水準まで急落し、人々は終戦直後の数年間を、飢餓、発疹チフス、そして低体温症との闘いに費やした。日本は精神的なレベルでも傷ついていた。大日本帝国の夢が破れた結果、大半の国民は、伝統的な価値観が信じられなくなっていたのである。

その間にアメリカ軍が、打ち負かされた人々の上にそびえ立っていた——外国人に占領されるのは、日本の長い歴史のなかではじめてのことだった。戦時中のプロパガンダに染まっていた日本の一般大衆は、復讐心に燃えるアメリカ軍が暴虐と略奪に走るのではないかと怯えていた。たとえばノーベル賞受賞作家の大江健三郎はアメリカ軍が到着する以前、彼らが「日本人全員をレイプして殺し、火炎放射器で焼き払う」のではないかと思っていたという。

だが完璧とはほど遠かったものの、占領軍の兵士たちは、決してそこまで恐るべき存在ではなく、よく知られた例では子どもたちにチューインガムやチョコレートを手渡すなどして、現地の人々と良好な関係を築いた。

とはいえ誰がどう見ても、日本とアメリカのあいだにはパワーの不均衡があり、それが苦々しい思いを生むことにもなった。健康的で栄養の行き届いた、巨大なアメリカ人兵士が通りをパトロールするかたわらで、腹を空かせたざんばら髪の日本人男性は闇市場を漁っていた。占領軍は日本の有名なホテルや、贅沢な施設、百貨店に、現地人の立入を禁止した。

戦争が終わった翌年、石津謙介は家業の紙問屋を売却し、しばらく自分の人生を見つめ直したあとで、大川兄弟とともに日本最大の下着メーカー、レナウンのもとで新たな事業に乗り出した。天津で服を売っていたころの経験をもとに、石津は大阪にあるレナウンの高級服ショウルームで、メンズウェアのデザイナーになった。

1940年代の後半は、高価なメンズウェアの製造には不向きな時代だった。日本人の大多数は、衣服を買うよりもむしろ手放していたからだ。大都市の食糧不足によって、都市に暮らす人々はやむなく田舎に足を伸ばし、衣類を野菜類と交換していた――こうして次第に着るものを剥ぎ取られていく暮らしを、彼らは〝タケノコ生活〟と呼んだ。その当時の日本人の食費は被服費の40倍に達し、女性たちは戦時中に履いていた〝モンペ〟というバギーでハイウエストな農作業ズボンを依然として履きつづけた。男性たちは勲章をもぎ取ったボロボロの軍服姿で暮らし、特攻に出撃する順番を待っていたパイロットたちは、戦争が終わると茶色の飛行服で街をうろついた。

もはや強権的な服装規定はなくなっていたものの、戦後の政府は相変わらず、倹約と近代化を奨励していた。アメリカが布地と衣類の商業輸入を全面的に禁止し、また1947年に配給システムが確立された結果、日本には新しい服を買うことはおろか、つくることができる人々もほとんどいなくなっていた。新たにシャツやズボンが入ってくるのは、アメリカのチャリティ団体が集めた中古衣料の箱が届いたときだけで、それも大部分は闇市場に流れていた。

衣類不足と配給から生じた、こうしたファッションの真空状態のなかで、最初に西洋のスタイルを採り入れた日本人はパンパン・ガール――アメリカの兵士を相手にする街娼たちだった。作家の馬渕公介《まぶちこうすけ》が書いているように、「**戦後最初のファッション・リーダーは、パンパンガールであった**」のだ。パンパン・ガールは色合いの派手なアメリカ風ドレスに高いハイヒールという出で立ちをして、首には目印代わりのスカーフを巻いた。髪の毛にはパーマをかけ、化粧を塗りたくり、まっ赤な口紅とまっ赤なマニキュアをつけた。パンパン・ガールのジャケットには、士官の妻たちを真似て、巨大な肩パッドが入っていた。戦前、西洋のファッションや習慣は、男性のエリートを通じて社会に浸透していくのが常だった。だが価値が逆転した戦後の日本で、最初にアメリカ風の服装をしたのは女性たち――それも娼婦たちだったのである。

占領が進むにつれて、一般の日本人もアメリカ文化に興味を持ちはじめた。戦争が終わって１か月もしないうちに、全33ページの『日米會話手帳』が発売され、４００万部を売り上げた。人気の高いラジオの英会話講座「カムカム英語」は５７０万世帯で聞かれていた。日本の若者は米軍放送にチューニングを合わせてジャズやアメリカのポピュラー・ソングを聞き、〈煙が目にしみる〉のようなスタンダードの日本語版がヒット曲になった。新聞にはコミックの「ブロンディ」が連載され、郊外に暮らす中流アメリカ人の物的な充足ぶりを、日本人の読者に垣間見させた。

どれだけ占領にうんざりしていた日本人も、アメリカの豊かさには感嘆せずにはいられなかった。歴史家のジョン・ダワーが書いているように「ひたすら飢えと欠乏に苦しんでいた年月、アメリカ人の物的な充足ぶりは、ひとことでいって目の毒だった」のである。ダグラス・マッカーサーの連合軍総司令部（ＧＨＱ）は、活動の拠点として銀座の高級街を占拠し、数千人のＧＩやその妻たちが練り歩くこの地域は、〝リトル・アメリカ〟と呼ばれるようになった。アメリカ軍のＰＸ（売店）には、飢えに苦しむ日本の大衆には想像もつかないほど大量の輸入品や食糧がストックされていた。腹を空かせた日本人が畏敬の目で見つめるなか、士官の妻たちは毎日のように、巨大なハムやあふれんばかりの米袋を抱えてＰＸから出てきた。

こうした格差は、物理的な品物であろうと文化的な慣行であろうと、**アメリカ的なるものはすべて高級だという幻想**を生んだ。アメリカ的な生活様式に追従することが、絶望から脱するための王道のように思われていたのだ。大戦前、西洋文化に対する関心は美的な選択であり、ステータス・シンボルだった――だがそれは今や、自己保存の手段ともなっていた。誰もがアメリカのライフスタイルを模倣したいと願うこの新しい日本において、石津謙介にはビジネス上の明らかな利点があった。生涯、西洋文化に深いこだわりを持ち、海外生活も長かったおかげで西洋を理解し、しかもより重要なことに、西洋の衣類を製造、販売する手立てを知っていたのだ。

レナウンで働いているうちに、石津は大阪でもっとも腕の立つ縫製職人たちのネットワークを築き上げた。彼はハーバードで学んだハミルトンという兵士にPXで代わりに買いものをさせて、布地とジッパーをストックした。石津が送り出す最高品質の衣類は、衣料産業の同業者だけでなく、警察からも注目を浴びた。そのあまりの出来のよさに、警察はしばらくのあいだ、彼が法を破って海外から衣類を輸入しているのではないかと疑っていたのだ。

1950年代の初頭に石津はレナウンを辞め、自分の会社、石津商店を設立する。新しい服を買う余裕がある日本人はほとんどいなかったものの、いずれ市場は復活する、と石津は自信満々だった。日本で西洋風のすばらしい服をつくる人間がいるとしたら、それは彼以外にありえなかった。

占領時代は1950年代の初頭に幕を閉じた。旗頭のダグラス・マッカーサー将軍は1951年4月に日本を発ち、空港に向かう彼に20万人の人々が喝采を送った。かつては敵だったふたつの国は、9月、サンフランシスコ講和条約に調印し、日本は1952年4月をもって、ふたたび主権国家となった。それとともにアメリカの兵士は、少しずつ風景から姿を消しはじめた。

講和前からすでに、日本の経済不安は、1950年に勃発した朝鮮戦争のおかげで収束しはじめていた。朝鮮半島の近くに位置する日本は、そのおかげでアメリカの軍事的努力を支える重要な製造拠点となったのだ。この時期は輸出品の実に75パーセントが、朝鮮戦争の物資だった。それによって全国にあふれ返った現金が、長期にわたる日本の経済成長の火ぶたを切った。朝鮮戦争の特需は同時に、戦後初の百万長者を生み、贅沢品の市場を活性化させた。

こうした特需に後押しされて、都市部の中流層は戦時中の衣類を捨て、ワードローブを一新した。1950年代の初頭になると、モンペ姿の女性は東京ではいっさい見当たらなくなり、大半の若い女性は、着物の代わりに洋服を着ていた。しかしこの国の衣類産業は、なおも大きな課題を突きつけられていた。経済復興計画の一環として、政府は大々的な介入をおこない、繊維工業の建て直しを図ったものの、製品はすべて輸出にまわしてしまったのだ。おかげで工場がいくらロール状の綿布を大量に生産しても、この国にはほとんど残されなかった。また一方では保護主義的な規制が、海外の衣料の輸入を阻んでいた。

こうした物資の欠乏を前に、日本の市場で売る衣類を大量生産しようとする会社は皆無に等しかった。布地の不足で女性たちの多くは、やむなく〝更正服〟をつくりはじめた。古い着物の布地や捨てられていたパラシュートのナイロンを使った、アメリカ風の衣服である。1949年に政府が布地の輸入に対する規制を取り下げると、こうした服は商業市場から姿を消しはじめるが、1950年代に入ってからも、女性たちは相変わらず、手に入った布きれをなんでもかまわず、近所の仕立屋、姉や妹、友人に依頼して、あるいは手ずから自分たちのワードローブ用に縫い合わせていた。

経済状況が改善するにつれて、ホワイトカラーの労働者たちは、ふたたび地元の仕立屋を訪ね、新しいスーツをオーダーしはじめた。だが石津謙介は、それとは別のビジネスモデルを追求した――既製服である。仕立ては高価で時間を食った（1着のスーツの値段は、1か月の給料に相当した）。対して石津の既製服は、買う気満々の大衆により多くの衣類を提供することができた。他社がアメリカやヨーロッパのスタイルの秘密を解こうとして苦闘するなか、石津はすでにいくつかのヒット候補を隠し持っていた。ケンタッキーというアメリカまがいのブランド名で、彼はサドルシューズに加え、コットンのネルシャツと、インディゴのワークパンツを売り出した。

しかし石津商店が最大の利益を上げたのは、裕福なエリート層に向けた高級なスポーツコート――朝鮮戦争の特需で現金をふんだんに持っていた会社のオーナーたちに、狙いを絞った商品だった。アパレル産業全般がそうだったように、石津も経済成長がもたらす波及効果を享受した。にわか成金がビジネスの成功を祝して、新たなワードローブを揃えはじめたのだ。大阪の阪急百貨店は石津商店に独自のコーナーを持たせ、そこで石津は郊外の住宅街、芦屋の裕福な家庭を中心とする、しっかりとした顧客基盤を築き上げた。

ビジネスが伸びてくると、石津はもっと印象的なブランドネームがほしいと考え、戦後の漫画雑誌のタイトルを借用して、自分の会社を〝**VAN**〟と改名した。

さらなる成長を目指すためには、社会の最上層部だけでなく、急増する日本の〝新中産階級〟の顧客も獲得する必要があった。だがまだひとつ、大きな障害が残されていた——**男性がファッションに関心を示すのは、タブーとされていたのである。**ホワイトカラーの労働者がはじめて西洋風のスーツを着た20世紀の初頭、この服は近代的で厳粛な制服としてとらえられ——自己表現の手段とは見なされていなかった。基本的なスタイルに手を加えたり、ひねりを入れたりすると、それだけで気取り屋あつかいされか

VANヂャケット創業期の石津謙介。1954年、大阪にて。（提供：石津家）

ねなかったのだ。ファッション研究家のトビー・スレイドはこう書いている――「男らしさの支配的なコンセプトによると、男は自分の着ているものを気にしすぎたり、着るものを決めるために時間をかけすぎたりしないものとされている。男らしさはあだやおろそかにできないという、近代の決めつけに解答をもたらすのがスーツだ――それは毎日着用でき、衣服のことを考えすぎて女性的にならなくても、見栄えをよくすることを可能にしてくれる制服なのである」

日本人男性の服装はいたって単純だった。学生は立て襟の学ランで学校に通った。卒業するとスーツに移行し、それ以降はいっさい、服装のことを考える必要はなくなった。もしもスーツのウールが痛んできたら、仕立屋が布地を裏返してもう一度縫い直す。男性たちの基本的なワードローブは、極端なまでに似通っていた――シングルのチャコールグレイか紺のスーツと、黒いネクタイ、白いシャツ、そして黒い靴。白いシャツの売れ行きは色つきのシャツの20倍以上に達し、ストライプのシャツを着用しただけで、会社員は面倒に巻きこまれた。たとえばベテランの広告ディレクター、松本洋一は一度、赤いベストで出社したことがある。すると彼の上司は「遊びにきたのか?」と問いかけたのだった。

デザイナージャケットを売り出すにあたり、石津は機能一点張りの地味な制服を捨て、新たな繁栄の時代を迎えた日本をワードローブで祝福する男たちを必要としていた。女性たちは最新の国際的なスタイルを象った派手なプリントのドレスで街にくり出していたが、男性たちは妻たちのあとを追おうとしなかった。むしろ戦後の時代におけるウィメンズウェアの発展は、〝ファッション〟は女性の専売特許だとする考えを余計に強める結果となっていた。

そしてかりに日本の男性が、服装を通じて自己表現をしたいと望んでいたとしても、石津にはもうひとつ、越えなければならないハードルがあった――**おしゃれな男性たちは、注文仕立ての服しか認めようとしなかったのだ。**仕立てではない衣服を彼らは〝吊し〟、あるいは〝吊しんぼ〟と呼んで蔑んだ――これは〝ぶらさがっているもの〟を意味する言葉で、差別的なふくみもある。メンズウェアはスーツを意味し、スーツは仕立てを意味していた。

関西ではじめた小規模なビジネスを全国展開させるためには、日本人男性のファッションに対する考え方を、一から書き換える必要があった。自分の顧客たちに対しては、強力な伝道師ぶりを発揮していた石津だが、彼は今や、一度にひとり以上の人間を改宗させる手立てを求めていた。

1950年代のはじめ、日本では女性向けのファッション誌が何誌か刊行されていた。だがそれらの雑誌はツヤツヤの写真を使った夢のカタログではなく、もっぱら実用的な内容で、どのページにも型紙のパターンが白黒で掲載されていた。それに比べて男性たちには、ファッションの情報源がひとつしかなかった――スーツのパターンをガイドする『男子専科』である。大半の若い男女は、印刷物ではなく映画から服装のヒントを得ていた。公共放送局、NHKの人気ラジオドラマ『君の名は』が1953年に映画化されると、映画の主人公、真知子のようにショールを頭と首に巻くスタイルが若い女性たちのあいだで大ブームになる。またその翌年に公開されたオードリー・ヘップバーンの古典的傑作『ローマの休日』は、このスターのボーイッシュなショートヘアを全国的に流行させた。

しかし映画が影響をおよぼしたのは、主にウィメンズウェアだった。日本の社会はすでに、女性が世界的なトレンドを追うことを容認していたからだ。逆に年長の男性たちが映画を観て、ドレスアップを思い立つことはほとんどなかった。ファッションに関する知識が皆無だった男性たちには、単なる視覚的な刺激以上のなにかが必要だった。彼らは**ベーシックなワードローブの揃え方に関する、詳細にわたる説明を必要としていたのだ。**

1954年のはじめ、女性雑誌『婦人画報』の編集部も同様の結論に達した。パリの最新スタイルを楽しんでいた女性の読者が、自分たちの夫はパーティーや結婚式にも、味気ないビジネススーツ姿でついてくる、と不満を訴えはじめたのだ。編集者たちは男性にも、少なくとも特別な場での適切な装いを教える、ファッション雑誌が必要だと考えた。しかし雑誌に説得力を持たせるためには、メンズファッションの顔となりうるカリスマ的な人物が欠かせない。業界内を当たっていくうちに、ひとつの名前がくり返し浮上してきた——石津謙介である。

石津を編集チームに迎えた季刊誌『男の服飾』は、1954年の暮れにデビューを飾った。雑誌にはファッションの写真や記事が掲載されていたが、編集の基本的なトーンは教則本のそれだった――セミフォーマルウェア、ビジネスウェア、スポーツウェア、そしてゴルフウェアの教科書的な入門書。石津やその他のライターたちは、ファッションの初心者に実用的なアドバイスを与え、アメリカ、フランス、イギリスの最新スタイルを紹介した。

石津は単に、記事の執筆を手伝っただけではない――彼は『男の服飾』を、VANの御用報道機関と化し、自分の会社の広告と衣類の見本を雑誌の随所に織りこんだ。石津は3万5000部刷られていた雑誌の大部分を買い上げ、VANの小売店に売りさばいた。最初の数年間はあまりに多くの記事を書いていたせいで、名前が悪目立ちしすぎないように、たとえば〝江須快也〟(エスカイヤ)のような、遊び心あふれるペンネームも使っていた。

『男の服飾』はメンズウェアの押しつけがましくないプロパガンダとして機能し、よりよい装いをする理由とその方法に対する男性の意識を高めた。この雑誌はまた、なにをストックするべきかを教える

1954年に刊行された『男の服飾讀本』創刊号。
(提供：ハースト婦人画報社)

既製服店の業界誌的な役割も果たした。この雑誌のスポンサーとなったことで、石津のビジネスは奇跡的な成長を遂げた――誌面にはＶＡＮが深く組みこまれ、おかげで消費者と小売店の両方が、このブランドの衣類を買い漁るようになったのだ。

ひとたび日本のメディア複合体に組みこまれると、石津は首都への進出を意識しはじめた。１９５５年、ＶＡＮは東京に営業所を開設し、そのなかに企画部門を設けた。また岡山と天津時代の旧友、大川照雄が販売部門の責任者として入社した。新しいオフィスでは、精鋭ぞろいのチームがファッションのトレンドを図示し、主要な小売業者たちにＶＡＮの衣類をプレゼンした。

１９５６年、日本政府の経済白書は、歓びに満ちたフレーズではじまった――「もはや戦後ではない」。戦後の11年間で、この国は敗戦のトラウマを脱し、繁栄に向けて新たな歩みを開始していた。日本人はまだ豊かとはいえなかったものの、戦前の生活水準はすでに上まわっていた。大都市の光景からは散らばっていた瓦礫が一掃され、栄養失調も激減していた。

食糧、仕事、住まいに不足がなくなると、人々は着るものについて考えはじめた。１９５６年のアパレル消費は、ひとりあたり12・3ポンドに達し、１９３７年の最高記録、11・68ポンドをはじめて超えた。衣料品会社の収入は増えつづけ、むろんＶＡＮも例外ではなかった。会社の好調な売り上げに支えられ、石津は最初の4年間でＶＡＮの資本金を5倍に増やし、かつては30人しか社員がいなかった大阪の会社は、ふたつの都市にまたがって、３００人の社員を擁する大会社になった。

しかし『男の服飾』でいくらPRを重ねても、石津は依然として同じ壁にぶつかった——中年の男性たちは、既製服を嫌ったのだ。『男の服飾』で気に入った服を見つけた読者は、仕立屋に依頼してコピーをつくらせた。同世代の男性に関する限り、石津は決して既製服が受け入れられることはないだろうと諦めていた。しかし彼にはまだ、まったく新しい層の消費者に影響を与えるチャンスが残されていた——若者たちである。

『男の服飾』は毎号、数ページを大学生のファッションに割いていたが、石津は編集部を説得し、若者向けの内容を強化させることにした。第6号から、雑誌の表紙にはキャッチーな英語のタイトルが追加された——〝Men's Club〟である。しかしながらVANは、学生向けの衣類をつくっていなかった。石津家の友人、長谷川〝ポール〟元《はじめ》は「VANのスタイルはファッショナブルだったけれど、同時にとてもニッチだった。大半の子どもには手が出なかったね。それに子どもというのはもともと、あまり目立ちたがらないものだし」とふり返る。

石津は若者向けの新しい既製服のラインをつくりたいと考えたが、その時期の日本で流行していたスタイルは、どれもしっくりこなかった。当時の『男の服飾』は、攻撃的なVラインのシルエットを推していた——おそろしく肩幅が広く、それが細いウエストに向けて次第にテーパーしていくジャケットである。当時は美術大学に通っていたファッション・イラストレーターの小林泰彦は、「若い男はというと、ボールドルックみたいな物で、下品なお洒落。それを日本の都会の男性はね、下品だと思った、やっぱり。アメリカ映画で見たギャングや不良ですから」とふり返る。この雑誌はまた、夏をテーマにしたトレンディな太陽族映画のスタイルもプッシュしていた——派手なアロハシャツと、花柄をあしらった上下揃いの〝カバーナセット〟。石津はもっと新しい、もっと落ち着きのある、もっと不良のイメージが染みついていないスタイルを必要としていた。

1959年12月、石津はヒントを求めて1か月の世界旅行に出発する。そのクライマックスとなったのが、彼にとって初の訪米だった。ヨーロッパ産のスーツで育った石津はつねづね、「おしゃれなアメリカ人はいない」と不満を漏らしていた。しかしニューヨーク滞在中に彼は、『男の服飾』の海外レポートでしばしば触れられていた人気の高いアメリカンのファッション・スタイル——〝アイビー・リーグ〟を取材することにした。石津はこのフレーズを天津時代、アメリカ人の友人のオブライエン中尉に教わっていたが、1950年代の末になると、このファッションはキャンパスの枠を超えて、アメリカ人の主流的なワードローブに入りこんでいた。それでも石津はアイビー・ルックに不満があった。彼は1956年の『メンズクラブ』で、「アイヴィー・リーグというものは日本人が着こなせるかどうか疑問だが、そういった型の問題のほかに、ヨーロッパを追うというご時世でしょう」と語っている。

こうした偏見をよそに、石津はプリンストン行きの列車に乗って、オブライエンの母校を訪ねた。キャンパスのゴシック建築的な美しさは、石津をアメリカの意外な側面に気づかせた——近代化にばかりこだわるのが、この国のスタイルではなかったのだ。学生たちのファッションは、建物以上に印象的だった。日本の一流大学のキャンパスが、黒いウールの制服を着た似たような見てくれの若者たちで埋め尽くされていたのに対し、**アイビー・リーグの学生たちは、それぞれにはっきりとした個性のある服装で授業に出ていたのである。**石津はコンパクトカメラでプリンストンの学生たちのスナップを何枚か撮り、それらは後日、『メンズクラブ』に彼が寄せたアメリカ訪問記を飾ることになる。ブレザーとゆるめた黒のネクタイ、白いボタンダウンのシャツに、グレーのフランネルのパンツという出で立ちで、肩にコートをかけたひとりの魅力的なアイビー・リーガーが——本人の知らないところで——表紙のモデルになっていた。石津はその号のエッセイに、プリンストンには「とにかく、うわっつらな感じが全然ないですね」と書いた。

このプリンストンへの短い旅で、石津は

1956年の『メンズクラブ』で紹介された“Vルック”。
（提供：ハースト婦人画報社）

日本の若者たちがお手本とするべきスタイルを探し当てた――アイビー・リーグのファッションである。若者は既製服でどこまで小ぎれいな格好ができるのか、――それをこれらの運動好きなエリート学生たちは、身をもって示していた。ボールドルックに比べると、彼らの服装はきちんとしていて、身体にぴったりフィットしていた。石津がとりわけ気に入ったのは、このスタイルが長時間着用でき、洗濯も簡単なコットンやウールなどの天然素材を多用している点だった。1950年代後期の日本の学生たちには自由になるお金がほとんどなかったが、そんななかでアイビーの衣類は、いい投資になりそうだった――耐久性があり、機能的で、変化の少ない、伝統的なスタイルをベースにしていたからだ。

しかも服がボロボロになるまで着つづけるアイビーの学生たちの流儀――穴のあいた靴、すり切れたシャツの襟、肘に当て布をしたジャケット――には、どこかシックなところがあった。日本のにわか成金ならば、目にしたとたん、まさかと息をのんでしまいそうな質素さだが、代々の資産家だった石津はすぐさま、アイビー・リーグのファッションと〝弊衣破帽《へいいはぼう》〟の粋で荒々しいスタイルのあいだに共通点を見いだした。学生たちがボロボロの制服で、逆に自分たちのエリートぶりをアピールしていた20世紀初頭の現象である。アイビーの衣服は控えめさを演出することで、地位の高さをそれとなく伝えていたが、資産家の家に生まれた石津には、そうした気持ちが手に取るように理解できた。

石津は今や彼の全キャリアを通じて、もっとも独創的なアイデアを用意していた――**アイビー・リーグ・スタイルの衣類を用いて、日本初の若者ファッション市場を開拓するのだ**。１９５９年にＶＡＮは〝アイビーモデル〟のスーツを製造して、その第一歩を踏み出した――ブルックス・ブラザーズの古典的な№１サックスーツを、細かなところまでコピーした商品である。このスーツはゆるめのシルエットで、ダーツのないジャケットが特徴だった。

しかしまもなく50の坂を越えようとしていた石津にはもはや、若者文化を肌で感じることも、若者たちの真の願いをくみ取ることも叶わなかった。アイビー・リーグの衣類をヒットさせるために、彼は自分たち自身で着たいと思う服をつくることのできる、若いスタッフを必要としていた。アイビーには石津に大々的なブレイクをもたらす可能性があった――彼が求めていたのは、チャンスを掴む手助けをしてくれる、しかるべき人材だった。

第2章

アイビー教

The Ivy Cult

くろすとしゆきはとにかくスーツがほしくてたまらなかった。 1950年代のなかば、19歳の彼と名門校、慶應大学の級友たちは、暑かろうと寒かろうと、あるいは雨が降ろうと晴れようと、連日、黒いウールの学ラン姿でキャンパスに重い足取りで通っていた。同じ毎日のくり返しに、くろすは次第にうんざりしてきた。「だって夏になるまでずっと冬の間着て、ようやく脱いだ時に初めてクリーニングに出すんだから。であがってきてまた秋から着るわけですから。一年に一回しか洗わない。汚いよ」

ホンモノのスーツを着れば、この平凡な日常から解放されるだろう。そう考える彼は放課後になると、書店で服飾雑誌の『男子専科』を熟読した。スーツをオーダーするために小遣いを貯め、目標額に達すると、父親に仕立屋に連れて行ってくれと頼んだ。年長の紳士はその願いを一蹴した。「学生の分際で背広などとんでもない、父のひと言で見事に却下」

父親の返答は、西洋の服装に対する日本の旧弊な考え方を反映していた——ホワイトカラーのビジネスマンはスーツを着て、学生は制服を着る。学生は卒業の日まで学ランを着るのが当然とされていた。向かう先がフォーマルな行事であろうと、就職の面接であろうと関係ない。サージウールのジャケットとそれにマッチしたウールのズボン、そしてボタン留めの白い〝カッター〟シャツが、四季を通じてのワードローブだった。暑くなると、学生たちは単純にジャケットを脱いだ。

くろすとしゆき。学ラン（左）と最初のスーツ・ジャケット（右）姿。（提供：くろすとしゆき）

どこに行くにも学生たちは制服姿だったため、〝若者ファッション〟などというものは存在しなかった。くろすは次のように回想する。「大人の服、紳士服って言うけれども、デパートの場合にはね。紳士服と子供服はあったんだけれども、間はないの。で、それはデパートとしてはそんな所に若い人相手に物作っても絶対に売れないから、誰も手出さなくて」

洒落た服装を求めて制服を拒んだ少数派の若者たちは、ひとくくりにして不良あつかいを受けた。日本の社会には根本的に逸脱を嫌うところがあるが、そんななかでも戦後の時代の親たちはとりわけ、子どもたちが現代的な服装をすることに不安を抱いた。第2次世界大戦後、帝国主義時代の厳格な道徳は戦時体制とも崩壊し、親たちはその結果生じたモラルの真空状態に、子どもたちが飲みこまれてしまうのではないかと懸念した。加えて多くの若者たちが、占領軍の唱道する民主主義、自由、平等主義の波に乗って、伝統的な倫理規範をないがしろにしはじめていた。この時代の大人たちは、平時の混迷のなかで規律を失った10代後半の少年たちに〝アプレ〟（〝戦後〟を意味するフランス語の après guerre が語源だった）という蔑称をつけた。

アプレをめぐるその後のモラル・パニックのなかで、親たちは服装の変化を、不良化の最初の兆候としてとくに厳しくチェックした。黒い学ランは日本の伝統的な価値観に忠実でいることの証となり――逆にアロハシャツやマッカーサー風のサングラスのようなアメリカ的な服装は、社会規範の軽視を暗に意味した。大人たちはおしゃれな服装が、単なる不品行に留まらず、犯罪的な性向の前ぶれになると信じていた。

若者のファッションと道徳の退廃を結びつけるこうした見方を強く後押ししたのが、1950年のセンセーショナルな〝オー・ミステーク事件〟――日本大学に勤める19歳の運転手、山際啓之が同僚の車に押し入り、運転手をナイフで切りつけ、給料袋に入っていた191万円の現金をそのまま持ち逃げした事件だった。その後、山際はガールフレンドを連れて、3日間の豪遊に耽った。警察は若い恋人たちをやすやすと逮捕したが、このマイナーな犯罪は、逮捕時に山際がカタコトの英語で「オー・ミステーク！」と叫んだおかげで、一躍新聞の見出しを飾ることになる。警察との取り調べでも、山際はところどころにカタコトの英語をはさんで受け答えをし、なぜか〝George〟と彫られた刺青を見せた。マスコミの一斉報道を受けて、「オー・ミステーク」は社会全体の流行語――戦後の若者たちによる、勇み足気味の、そして明らかにひとりよがりなアメリカ文化の受容を完璧に表現した、英語もどきのキャッチフレーズとなった。

若い恋人たちが裁判を待つあいだ、ニュースの報道はふたりの服装を大々的に取り上げた。わずか3日で終わった逃亡生活のあいだに、山際は10万円――大卒初任給の10倍に相当する額――を銀座の高級洋服店で費やし、服を買い漁っていた。ふたりでマスコミのフラッシュの前を闊歩したとき、山際は金のコーデュロイ・ジャケット、赤いポケットチーフ、ダークブラウンのギャバジンの

“オー・ミステーク”事件で逮捕されたカップル。(©朝日新聞社)

ズボン、襟先がおそろしく長いライトブラウンのボタン留めシャツ、アーガイルのソックス、チョコレートブラウンの靴に、トルーマン大統領風のフェドーラ帽という出で立ちだった。彼のガールフレンドは、エレガントなライトブラウンの襟が広いツーピース・ウール・スーツに、黄色いセーターと黒いハイヒールを合わせていた。このカップルは投獄される未成年の犯罪者ではなく、映画のプレミアに出席する若いセレブリティのように見えた。ファッションに懐疑的な全国の大人たちは、ここぞとばかりにアメリカ風の服装と、モラルの低下を結びつけた。

息子にスーツを買ってほしいと頼まれたとき、くろすとしゆきの父親はおそらく〝オー・ミステーク〟事件を思い出したにちがいない。彼はまっとうな親として、息子の堕落に手を貸すことを拒んだ。だがくろすにはさいわい、ほかにも新しい服を手に入れる手立てがあった――彼のジャズ・バンドである。ほかの同世代の若者たちと同じく、彼は最初にアメリカ軍のラジオでジャズを聞き、10代のうちにドラムを覚えた。くろすが説明しているように、1950年代はアマチュア・ミュージシャンの黄金時代だった――「1953年頃、まだ東京の周辺にいっぱい米軍のキャンプがあって、いくらでも仕事あったの。もうね、小さなね、なんかあのキャンプの中のクラブでも食事時には音楽をみんな流すから、そうすると我々のような学生バンドでも仕事いくらでもあってね」。くろすと彼の友人たちは、コンサートの上がりを使って、揃いのユニフォームを注文した――肩幅の広いワンボタンのジャケットにスリムなズボンという、流行の〝ハリウッド〟スタイルで。

くろすのファッション欲はハリウッド・スタイルのジャケットで、ひとまず満たされたが、米軍のキャンプで過ごすうちに、彼はアフリカ系アメリカ人の兵士がユニークなスタイルのスーツを着ていることに気づいた。「通り越して4つぼたんとかね。それから山高帽被ってね、白い手袋してね細身の傘持ったり、もうスゴイのよ。オシャレで。だからそれをみててカッコイイと思った」。東京のジャズ喫茶で輸入盤のジャケットを見ると、やはり似たようなスタイルが目に入ってきた。くろすはボタンをきちんと留めた、アメリカの兵士やジャズ・ミュージシャンのスタイルにすっかり心を奪われていたが、それをなんと呼んでいいのかわからなかった。

1954年夏、くろすはスーツに対する関心に導かれて、石津謙介が編集に参加した『男の服飾』の創刊号を手に取った。「男の服飾用語事典」という記事を読みはじめた彼は、その最初の項目に胸を躍らせた――「アイヴィー・リーグ・モデル」

英語。ブルックス・ブラザーズ・モデルともいう。アメリカの尖端的な流行型の一つで、東部の大学生や卒業生に支持者が多いので、俗にユニヴァシティー・モデル（大学型）とも呼ばれる。ストレート・ハンギングで、肩は狭めでパッドはなしか極めて少量という極端な自然肩、上衣は三つボタンか四つで、二つボタンはない。ズボンはかすかにテーパードして細め、プリートなしが普通。尖端的ではあるが狙いは濃厚な保守趣味で、マディスン・アヴエニュの服装などといわれるほど都会的なもの。

写真もイラストもついていないこの短い文章が、くろすの人生を一変させることになる。彼が軍のキャンプで見かけたボタンの位置が高いスーツは、この〝アイヴィー・リーグ・モデル〟、すなわち大学生を想定したスーツのスタイルにほかならなかったのだ。どうやらアメリカ人はこのいわゆるアイビー・スーツで授業に出ているらしく――そのためこのスタイルは〝保守的〟（！）と見なされていた。くろすはスーツをつくるために、父親が誇らしげにアイビー・リーガーの息子を仕立屋に連れて行ってくれる、太平洋の向こうの文明化された世界に思いを馳せた。彼は最初のスーツをオーダーするときが来たら、かならず〝アイヴィー・リーグ・モデル〟にしようと決心した。

アメリカ文化に対する親たちの懸念は、あながち不合理なものではなかった――ジャズ・バンドはくろすの勉学の妨げとなり、初年度に彼は大学から留年を命じられた。父親にいわれてやむなくドラムを売り払った彼は、それでも黒い学ランを着た、勉強一筋のつまらない学生になることは断固として拒否した。新しい趣味を探しはじめた彼は、アーティストの長沢節《ながさわせつ》が開く週1回のファッション・イラストレーション講座に参加した。土曜の夜の講座で、彼はほかにふたりいた男性のひとり――穂積和夫《ほづみかずお》という年長の生徒兼教師と友情を結んだ。熟練の建築家だった穂積は、フルタイムの仕事を捨て、『男の服飾』で仕事をするフリーランスのイラストレーターになった男として、長沢の生徒たちのあいだでは伝説的な存在となっていた。

穂積はすぐさまくろす――「慶應のモーダンボイ」――を気に入り、ふたりは来る週も来る週も、ジャズ、車、そしてメンズファッションについて語り合った。『男の服飾』はくろすと穂積のバイブルで、1956年秋に同誌がアメリカの大学生のスタイルを深く掘り下げた特集記事を掲載すると、このふたりは完全に〝アイビー〟に改宗した。穂積はその魅力をこうふり返る。「アイビースーツを初めて見た時、これだ！　と思った。そこら辺のおじさんが着ている背広と全然違う。細身で。三つボタンもめずらしかった」

たまに見かける派手な〝ネオアイビー〟スタイルの兵士を除くと、日本で実際にアイビー・リーグの服装を目にする機会はほとんどなかったため、彼らの情報源は、穂積が婦人画報社のオフィスからくすねてくるアメリカの雑誌に限られていた。そのページからくろすと穂積は、衣服を〝アイビー〟たらしめる要素を次々に発見した。ダーツのないストレートなシルエットのジャケット。バックストラップつきのズボン。『GQ』誌でブルックス・ブラザーズに関する4ページの記事を見つけた彼らは、ついにアイビー的なアイテムの全貌を目の当たりにすることができた。

1年間、熱心に研究をつづけたくろすと穂積は、自分たちも早くアイビー・ファッションを身に着けたいと切望していた。しかしアメリカから輸入される衣類を買うルートはなかったため、くろすと穂積に残された手は、あれこれいわずにそのスタイルをコピーしてくれる、日本の仕立屋を探すことしかなかった。ドレスシャツの〝ボタンダウン〟カラーこそ、アイビーの真髄だという言質を穂積から得たくろすは、地元の仕立屋に白と黒のギンガムチェックの布地を数ヤード持ちこみ、「**ボタンダウンの襟をつくってくれ**」と頼んだ。それに応えて仕立屋は、前が開かない長袖のアロハシャツをつくり、長い襟の先にボタンをつけた。このハイブリッドな創造物は、アイビーのボタンダウンとは似ても似つかないシロモノだったが、そんなこととは露知らず、くろすは嬉々としてこの服で出歩いていた。

くろすはいよいよスーツをつくる時だと考えた。仕立屋はこの若者が描いた理想的なアイビー・ジャケットのスケッチを見て、「ずい分風変わりな背広ですね」とため息をついた。その結果は、またしても失敗だった。「日本のテーラーはアイビーなんか知らないし。ナチュラルショルダーなんてのはないから。みんなパカパカってこんなの作っちゃう。だから型はこんなで前だけはアイビー風に3つボタンの上2つ掛けだけれども、全然シルエットはアイビーでも何でもない変な服だったよ」。アメリカ人ならすぐさまその欠点に気がついていただろう。だが本物のアイビーを見たことがなかったくろすは、これで自分も〝アイビー〟になったと鼻を高くしていた。

穂積も同じ店に同様の〝アイビー〟スーツをオーダーし、その後ふたりはほかにも5人の友人たちを招いて〝トラディショナル・アイビー・リーガース・クラブ〟を設立した。トラディショナル・アイビー・リーガースはアイビー・スタイルに関する週1回のセミナーを開き、アメリカの雑誌に載っている用語を、戦前の、紙が黄ばんだ英語の服飾百科で調べ上げた。年配の仕立屋をセミナーに招き、フックベント（ブレザーの背に入る縫い目の鍵となる部分）や重ねはぎといった、アメリカン・スタイルのディテールについて教えを乞うこともあった。

日本でアイビー・リーグのスタイルを再現しようと苦闘していくうちに、くろすと穂積はすべてを〝本物〟か〝贋物〟かで区別するようになった。だが知識が増えてくるにつれて、最初に彼らがつくり出したものは、残念ながら、哀れを誘う〝贋物〟でしかなかったことがわかってきた。くろすはこうふり返る。「1年くらいそれ着てたんだけれども、そのうちにどうやらこういうのが本物らしいぞってのがわかった時に恥ずかしくて捨てました、それは」。だがそれ以上に重要なのは、〝本物〟に対する欲求から、くろすと穂積がアイビー・リーグ・スタイルのディテールを徹底的にマスターしたいと考え、**衣服のデザインのごく細かな側面を、ますます深く掘り下げるようになったこと**だろう。もしかすると完璧に本物といえる服はつくれないかもしれない。それでも彼らは委細を尽くしてオリジナルを再現し、そうやって本物らしさをまとわせようとした。

くろすと穂積がアイビーを好んだのは、一部にそれがアメリカからやって来たからだった。貧困にあえぐ日本人は、この国を文明と繁栄の導き手と見なしていた。しかし日本におけるアイビー・ファッションは同時に、カジュアルで不良っぽいスタイルとは別個のかたちで人目を引く手段となった――「その頃の日本のトップファッションの正反対だよね。もうとってもクラシックっていうか、とてもそんなのファッションとは思えなかったんじゃないかな、あまりにも違いすぎてて。でも僕もそんな服つくって着てたときになんか田舎の村長さんの服みたいだねって言われたの覚えてる。だから、そんなイメージだった。それがむしろこっちは面白かったからね。得意になってたけども。多分、新しいんじゃなくて、変なものだったんじゃないかと思う」。かくして日本初の〝アイビー・リーガー〟が誕生した。

1959年、穂積和夫の説得を受けた『男の服飾』――『メンズクラブ』という新たな誌名がつけられていた――の編集部は、トラディショナル・アイビー・リーガースを4ページの記事で取り上げた。7人のメンバー全員が黒のアイビー・スーツ姿でポートレートに収まり、アメリカの文化に通じているところを示すために、ブロンドのピンナップ・ガールのポスターを掲げた。写真に添える文章は穂積が匿名で執筆し、このグループを「アイビー同好の七人のサムライ」と称賛した。

現在の目で見ると、この写真の服装はほとんどがアイビー・リーグのスタイルとはいえないものばかりだ――少なくともくろすのポークパイ・ハット、カフスボタン、銀色のフォーマルなネクタイ、そしてパールのタイピンは、どう見てもアイビーではない。日本におけるアイビー・ファッションの最前線という『メンズクラブ』のポジションとはうらはらに、その作戦に従事する人間は誰ひとり、アメリカ東海岸のカレッジ・ファッションを正確に再現することができなかった。アイビ

1959年の『メンズクラブ』に登場したトラディショナル・アイビー・リーガーズ（ハットに眼鏡姿で脚立に座っているのがくろすとしゆき、眼鏡姿で最前列にいるのが穂積和夫）。（©佐藤明）

ー・リーグの学生たちと直に接する機会がない日本で、このスタイルは、細切れの情報と、『メンズクラブ』の編集部の経験にもとづく推測から築かれていったのである。

１９５９年3月、慶應大学を卒業したくろすは、不況による就職難に直面する。一流企業に入れなかった彼は、ファッション・イラストレーションの腕前を活かして着物のメーカーに職を得、その後、銀座のテーラーに転職した。彼の父親は激怒した――「お前を洋服屋にするために慶應入れたんじゃねえんだ！」。仕事は退屈だったものの、くろすには『メンズクラブ』にジャズやファッションの記事を寄稿するという、魅力的な副業があった。

　この雑誌で、くろすは祥介《しょうすけ》という若い編集者と親しくなった。ある晩、夕食の席で、祥介が打ち明け話をした――「今度僕メンズクラブを辞めて親父のとこに行くんだ」。くろすはてっきり彼の友人が、田舎のありふれた会社で働くことになるのだろうと思っていたが、祥介はすぐさま「実は親父がVANをやってる」といい添えた。石津祥介は日本一ヒップな服飾ブランドを経営する男の長男だった。

　1961年、石津謙介は祥介をVANの企画部門のトップに据え、若者向けアイビー・ラインのプロデュースという重要な役割を託した。それ以前の謙介の〝アイビー〟製品は、東海岸のキャンパスで人気の高いスタイルというより、むしろ50歳になる男の想像力を拠りどころにしていた。石津は縦に長いストライプが入ったシャツを〝アイビーシャツ〟、うしろにバックルのついたデザートブーツを〝アイビーブーツ〟、そしてバックストラップのついたズボンを〝アイビーストラップ〟つきの〝アイビーズボン〟と呼んだ。祥介の使命はより本格的なアイビー製品をつくることだったが、正確な情報は乏しく、どこから手をつけていいのかわからない状態だった。

　解決策ははっきりしていた。日本一のアイビー通――くろすとしゆきを取りこむことだ。1961年5月2日、石津謙介と祥介はくろすをVANの企画部門に迎え入れた。その後ふたりの若い社員は、本腰を入れて、日本初となるアイビー・ファッションの正確なコピーを大量生産する方法を

VANヂャケットのロゴ。
(©VAN JACKET INC.)

VANの日本橋オフィス前に立つくろすとしゆき（左）と石津祥介（中央）。1961年。
（提供：石津家）

探りはじめた。

　このふたりは当初、もっとも基本的なアイテム――ボランダウン・カラーのシャツ、ノープリーツのコットンツイル・パンツや、クルーネックのウールセーターですら、なかなかつくり出せずにいた。アイビー・リーグの大学や大学のショップにはなにひとつ伝手がなかったため、くろすと祥介は、最新のキャンパス・ファッションについてほとんど具体的な情報を持っていなかった。彼らは『GQ』、『エスクァイア』、『メンズ・ウェア』、『スポーツ・イラストレイテッド』、そしてフランスの『アダム』といった洋雑誌、JCペニーやシアーズ・ローバックのカタログ、そして『ニューヨーカー』誌の広告などにヒントを探し求めた。これらの刊行物はデザインのアイデアを与えてくれたものの、正確なコピーをつくるためにVANの工場が必要としていたのは、パターンと衣類の3次元的なバージョンだった。商用でアメリカを訪れた際に、石津謙介はお手本となる商品をいくつかブルックス・ブラザーズで買い入れていたが、それだけを参考にして、衣類のラインを全面的に展開することはできなかった。くろすはやむなくアメ横の闇市場に足を踏み入れ、アイビーに似た衣類を求めて、GIが置いていった古着の山をかきまわした。

祥介は祥介で、日本の工場を相手に苦闘していた。「一番苦労したのは、ボタンダウンの襟ができない。当時のどこに出しても。ノープリーツのパンツも。それまでも全部がツータックですから」。最終的に彼は、すでにボタンダウンのシャツをつくり、アメリカの市場に輸出していた先進的な工場を遠い富山に探し当てた。それ以外の製品は、もっぱら試行錯誤の産物だった——アメリカの標準的な製品と似た仕上がりになるまで、何度もシャツやズボンをつくり直したのだ。祥介はこのプロセスに、奇妙な歓びを見いだした——「模型飛行機をつくるのと同じでね、ファッション的に好きじゃなくて、とにかく『これをつくろう』ということでやるから、まったく学生が模型飛行機を作るみたいな感じなんですよ。半分趣味でね」

ついにアイビーのライン——チノパンツ、ネイビー・ブレザー、シアサッカー・ジャケット、レップ・タイ——が揃った1962年、VANは若い顧客にアピールする目的で、会社のロゴを手直しした。石津はオリジナルのロゴに使った赤と黒のステンシル文字を輪で囲み、〝for the young and young at heart〟〔若者と心の若者のために〕というキャッチフレーズを添えた。この最後の仕上げとともに、VANのブランド・イメージと商品は、日本の若者たちのために既製服ファッションを普及させるという、石津のビジョンを本格的に追求する態勢に入った。日本でアイビー・ファッションを再現するために、くろすは過去10年間、自分の寝室や小さな仕立屋でこつこつ努力を重ねてきた。そして日本一ホットな服飾ブランドの手綱を握った今、彼はVANの同僚たちとともに、いよいよ全国的なスケールでアイビーを解き放とうとしていた。

「この金ピカのボタンは何だ。誰がこんなもの着るというのだ」。くろすとしゆきは日本中のデパートのバイヤーから、同じ文句を聞かされた。シーズンごとにVANの高品質なジャケットを買い入れていた彼らも、アイビーに影響された新ラインには二の足を踏んだ。くろすたちがさんざん苦労して再現したアイビー的なディテールのすべてを、バイヤーたちはデザイン的なエラーと見なした――「いい柄のシャツだが、襟のボタンが余分。ボタンはずして持ってきな」。アメリカの大学生はみんな、金ボタンつきのネイビー・ブレザーを着ているとくろすが指摘すると、彼らは怒鳴り声で反撃した。「ここは日本、アメリカじゃない」

アパレル業界全般も、アイビーの流れに乗ろうとしなかったが、石津はチャンスさえあれば、日本の若者はきっとこのファッションと恋に落ちる、と強気の姿勢を崩さなかった――**仲介業者は若者たちがアイビーと関係を持つ邪魔にしかなっていない。**気むずかしいバイヤーたちがボタンダウン・シャツに対する考え方を改めるのを待つ代わりに、石津はVANから直接、10代の少年たちにアイビーのメッセージを届けることにした。

となるとスタートする場所は、『メンズクラブ』以外にありえない。ファッションに敏感な若い男性たちは、デパートよりも雑誌をおしゃれの参考にするようになっていたからだ。ひそかにこの雑誌を牛耳っていたVANは、1963年以来、その誌面を〝アイビー至上主義〟に向けて誘導していた。雑誌には毎号、大学生の生活を事細かに紹介する記事が満載された。それはたとえば肘当ての解説であったり、「アイビー・リーガーのVゾーン」に関する細かな調査であったり、「アイビーがわかる娘・知らぬ娘」といった重要事項に関する石津謙介のエッセイだったりした。現実の人間が着ているアイビーのビジュアルをのどから手が出るほど欲していた『メンズクラブ』は、『ライフ』誌のようなアメリカの刊行物から、アンソニー・パーキンスやポール・ニューマンのようなアイビー色の濃いハリウッド・スターのスチール写真まで、手に入るアメリカの大学生の写真はすべて、なんでもかまわず再録した。

こうした努力をよそに、日本のアイビーはもっぱら『メンズクラブ』のページ内にだけ存在していた。若者たちはほぼ全員が、相変わらず学ランか、それに類した無味乾燥な服を着ていた。読者は雑誌の提供するイメージ——誰もがアイビー・スーツやコカコーラの瓶やジャズのレコードに囲まれて暮らしている世界——を、心地よいファンタジーとして受け止めていたのだ。実生活で『メンズクラブ』のモデルのような格好をすれば、クラスメートや隣人たちからからかわれるのは目に見えている。そのためVANは、日本の都市にも実際におしゃれな格好をした若者たちがいることを、読者に証明する必要に迫られた。

1963年春、くろすは『メンズクラブ』で「街のアイビー・リーガース」という連載をスタートさせた。これは彼とカメラマンが銀座に出向き、東海岸のプレッピーを思わせる格好をした通りすがりの若者をスナップで撮るという内容で、くろすは写真のセレクトとキャプションを担当した。〝街アイ〟という愛称がつけられたこの写真ページは、読者の一番人気を獲得する。そしてこれがおそらく**〝ストリート・スナップ〟の元祖**となった——今では日本のファッション雑誌のほぼすべてに掲載されている、ドキュメンタリー的なファッション写真のスタイルである。

この連載は実のところ、馬の前に荷車をつなぐようなものだった——東京にはおしゃれな男性が、ぎりぎりで毎号の連載を埋められる程度の数しかいなかったのだ。くろすはこうふり返る。「一番最初は銀座になんかアイビーらしいのがいるぞっていうんでカメラマンと一緒に行って、おおあいつ撮れ、こっち撮れって。でもほんとまだ最初は酷かった。で、一回の企画でやるつもりだったんだけど、ところが意外に反響が良くてまたやってくれっていう投書があって、で連載になったの」。もっとも強い反響は、首都の外から返ってきた。この連載のおかげで都会の最新のスタイルを、リアルタイムで追うことが可能になったからだ。くろすの目に留まることを期待して、大げさな格好をしたファッション好きな少年たちがその界隈の大通り周辺をうろつきはじめると、仕事はずっと楽になった。連載が進むにつれて、よりアイビーらしさが強調されるようになり、前の号よりもっと目立ってやろうとする少年たちのおかげで、その傾向にはますます拍車がかかった。

『メンズクラブ』がアイビー的な世界観を確立するにあたっては、イラストレーションもやはり、重要な役割を果たした。穂積和夫のほかにも、大橋歩《おおはしあゆみ》、小林泰彦といった同年代のイラストレータ一たちが、読者をスタイリッシュなアメリカの地平へと誘った。この時代を代表するイラストレーションが、おそらく穂積の〝アイビー坊や〟だろう——さまざまな東海岸ファッションを身に着けた、コミック調のご機嫌な青年である。1963年にはじめてこのキャラクターを描いた穂積は、日本の浮世絵をパロディ化し、サムライの代わりに白ずくめのプリンストンのチアリーダー、フィールドに出る態勢を整えたフットボール選手、そしてラクーンコートに長いスカーフ姿のハーバード・ファンといった14種類のアイビー・リーガーを登場させた。石津謙介はすぐさま穂積の作品をVANのポスターにした。それ以来、アイビー坊やは『メンズクラブ』の誌面にひんぱんに顔を出し、キャンパス・スタイルのさまざまな側面を絵解きするようになった。このキャラクターは現在、日本における〝アイビー〟の普遍的なシンボルとなり、1960年代世代のあいだでは、ほとんど象徴的な意味合いを持っている。

『メンズクラブ』の誌面には、VANの社員やこのブランドの友人たちの意向がダイレクトに反映され、おかげでこの雑誌は急速に、個人崇拝の場と化していった。その主軸を担っていたのが、石津謙介、くろすとしゆき、石津祥介、そして穂積和夫である。この選抜チームはアイビーに関する意見を、連載コラム、インタビュー、座談会、Q&A、相談コーナー、ラジオ番組の書き起こしなどで表明した。『メンズクラブ』は彼らがVANで働いていることをいっさい隠そうとせず、全員に多額の原稿料を支払っていた。しかしこの密接な関係は、おたがいにとって利益になった。VANはアイビーを日本の若者にうってつけのスタイルとして売り出すために、『メンズクラブ』の権威を必要とし、一方で『メンズクラブ』は、毎号の誌面で最新の情報を提供するために、VANを必要としていたからだ。

『メンズクラブ』のアイビー推しは若い読者だけでなく、もうひとつの重要な購読層——小規模なファッション小売業者にも影響をおよぼした。1950年代の後半に入ると既製服の市場が拡大し、全国の紳士服店は、最新トレンドの動向を『メンズクラブ』で見定めるようになっていた。VANには『メンズクラブ』でアイビーを見た、これらの小売店から注文が殺到する。しかし石津は抜け目なく、各都市に1店だけしかフランチャイズ店を設けなかった。彼は商品や店のディスプレイを、よりアイビーの美学に即したかたちにアップデートした。VANの社員だった貞末良雄《さだすえよしお》は、広島にあった父親の店の変貌ぶりを次のようにふり返る。「父がVANヂャケットの店にするって、石津謙介さんに店のデザインをしてもらって、ビルに立て替えてですね、ホントに綺麗な店を作ったんです。帰ったらすごい立派な店になってて、商品がすごいおしゃれで、わ〜すごいすごいと思ってたんです」。こうした戦略に則って、石津は傘下にショップ・オーナーの軍団を築き上げ、ファッション評論家の出石尚三《いずいししょうぞう》はそれを「**VAN教の信者**」と呼んだ。

1964年のはじめまでに、VANは全国的な小売店のネットワークと、この国を代表する男性ファッション雑誌の編集権を手中に収めていた。しかしVANの衣類は高価格だったため、買えるのは少数のエリート層だけだった。60年代のはじめに首相の池田勇人は〝所得倍増計画〟を打ち出し、日本のGNPは1964年までに、13・9パーセントという驚異的な成長を遂げていた。〝東洋の奇跡〟である。しかしアメリカに比べると、国民ひとりひとりの所得は依然として低かった――アメリカの6000ドルに対して、日本はわずか1150ドル。所得が実際に増えはじめると、日本人はまず家庭の改善に取り組み、いわゆる〝三種の神器〟――白黒TV、電気洗濯機、冷蔵庫を買った。新たな中流階級はつづいて、〝3C〟――車（car)、カラーTV（color TV)、クーラー(cooler）に手を伸ばした。

高価な衣類は大半の中流層、とりわけ学生には手が届かない贅沢品だった。なにしろVANのボタンダウン・シャツを1枚買っただけで、平均的なサラリーマンの月給の10分の1が吹き飛んでしまうのだ。しかもシャツは手はじめでしかない――『メンズクラブ』はネイビー・ブレザー、カーキのチノ、革のローファーなどで、頭からつま先までアイビー・ファッションで統一することを要求していた。

こうした経済的な現実から、1960年代の前半におけるVANの顧客はもっぱら3つのグループで構成されていた――有名人、一流広告会社のクリエイティブ、そして非常に裕福な家庭の子弟たちである。アメリカにおけるアイビーは、エリート大学生のカジュアルなスタイルを意味していたが、衣類そのものは高価でも、手に入りにくいものでもなかった。現にアイビー・ファッションが東海岸以外の地方に広まったのは、それが頑丈で着やすい素材でつくられ、ベーシックなスタイルを主体としていたからだった。

日本では事情がちがった。1964年のはじめまでに、VANはアイビーを売り出すための、基本的なインフラストラクチャー――衣類、メディア、小売のネットワーク――を築いていたが、顧客になっていたのはそれまでのところ、社会の最上流層だけだった。しかもこうした顧客たちですら、悩みの種となってしまう。リッチな若者たちはステータス・シンボルとして着ていたVANの衣類の正しい着こなしを、まったく理解していなかったのだ。石津謙介は自分の服を着た、甘やかされた少年たちの趣味の悪さに嫌悪を催した。さいわいにも彼はすでに、みずからが築いた日本のアイビー帝国のために、法律を制定する準備を進めていた。

石津謙介は日本に、無理難題を突きつけていた――アイビー・リーグのファッションを、ゼロから丸ごと採り入れるということだ。ひとたび『メンズクラブ』の編集部を出ると、アイビー経験のある人間はどこにも見当たらず、10代の少年も彼らの兄や父親たちも、アイビーの衣類は1枚も持っていなかった。60年代初期における若者とファッションの関係は、未知のスポーツ、たとえばアメリカン・フットボールを、〝タッチダウン〟の漠然とした知識しかなく、ボールやヘルメットを持っている友だちもいない状態で、いきなりやろうとするようなものだったのである。

生徒たちの負担を軽くするために、VANの石津やくろすたちは、アイビーのルールを一連の「べし」と「べからず」集にするべきだと考えた。彼らは自分たちの果たすべき使命を、次のように要約した――

薬を買うと説明書がついています。薬には正しいのみ方というものがあり、用い方によっては逆効果をまねくかも知れないからです。おしゃれにもそれと同じように、無視してはいけないルールがあるのです。そして、このルール、つまり、貴方を本格派にするための正しい服装常識を身につけるには、アイビーから入ってゆくのがいちばんの早道なのです。

『メンズクラブ』の誌面で、くろすはアイビー学校の非公式な校長となった。雑誌の巻末で「アイビーQ&A」のコラムを連載し、着こなしの細かな点を、10代の少年たちに教示した。彼はたとえば読者たちに、スポーツシャツにネクタイは不要と説き、ブレザーを着るときは、ネクタイピンとカフスボタンを避けるようにアドバイスした。同時に彼は、アイビーの精神を提唱した——東海岸的な無頓着さである。くろすはボタンダウン・シャツを着るときは、かならず第1ボタンを外すべきだと主張し、ただし「自然な感じでなければいけません。いかにも釦をはずして着てます、という演出臭さを相手に感じさせては最低です」とつけ加えた。

一度もアメリカで暮らしたことのない20代のくろすが、アイビーの真贋を判定する役を務めるというのは、ある意味、大胆な話だった。彼の自信は長年のリサーチを基盤にしていた——が、そこにはかなりの部分、はったりもふくまれていた。穂積和夫の説明によると、「僕らなんか適当に作って書いちゃうわけですよ。例えば、ボタンダウンのシャツにネクタイする時はウインザーノットじゃ駄目、プレインノットで結んでとか。そういう事を勝手に作って書くと、皆が信じてくれたわけですよ」

VANはまた、こうした断言調の文言を用いて、読者と小売業者の考えをひとつにすることに成功した。現にそれがあまりにも功を奏してしまったせいで、日本のファッション界は現在も、こうしたルールに重きを置いているほどだ。くろすはこうふり返る。「ブレザーの金ボタンがついたのを外さなきゃ仕入れてもらえないような時代だから、ブレザーっていうのは金ボタンがついてるからブレザーだ、だからブレザーは金ボタンでなければならないという、ねばならぬというのをいっぱいそのころつくり出したんだよね、俺は。で、それが逆にその規則をいっぱいつくることによって、あの時代はとっても理解が早まったような気がする」

アメリカのアイビー・ファッションは、伝統と階級的な偏見、そして微妙な差別意識に染まっていた。マニュアルを読む者はいなかった――父親や兄弟やクラスメートの真似をすればよかったからだ。一方で日本のＶＡＮは、新たな改宗者たちが、実際に一度もアメリカ人を見たことがなくてもそのファッションを採り入れていけるように、**アイビーを明確な作法として提示していく必要があった。**その結果生まれた形式主義はしかし、アイビーの若々しいエネルギーを、退屈きわまりないものに変えてしまう危険をはらんでいた。アメリカにおけるカレッジ・ファッションのいちばんの魅力は、無意識的なクールさだった。だが『メンズクラブ』はそのスタイルを、税金の申告なみに手間のかかるものにしてしまったのだ。

しかし『メンズクラブ』の読者はこうした指導を喜んで受け入れ、おかげでアイビーのディテールは、なおのこと厳密なものになった。本物の〝アイビー・シャツ〟は、襟の下の〝アイビー・ループ〟とセンターボックスプリーツが必須だった。アイビーの男性は、〝アイビー・ホールド〟のポケットチーフ、正確に幅7センチのネクタイと〝オーソドックス〟丈のズボンを着用しなければならなかった。アイビー・ジャケットのセンターフックベントに関しては、聖書もかくやと思わせる教義ができあがった――背中についていて、前正面からはいっさい見えなかったにもかかわらず。

アイビーのディテール

A　いわゆるナチュラル・ショルダーとよばれるアイビー独特のなだらかな自然肩。間隔の広い3つボタン、直線的な身頃のカット、カッタウエイされた前裾のラインなど典型的なアイビー・スーツのディテールをクローズアップしてみよう。
B　背中のラインも胴をくらない直線的なライン、やや長めの上衣丈、そしてスラックスもオーソドックスな長さが大切。
C　アイビー・ホールドとよばれる特殊なポケッチーフのたたみ方がある。

D　3つボタンの上衣には、袖のボタン2つというのが普通。袖口からのぞくワイシャツの分量もこのように2センチ程度が標準とされている。
E　ノッチとよばれる衿のきざみも高い位置に。衿は巾が7センチで細く短かいのが特長。よくロールしたボタン・ダウンのカラーレスシャツに黒のウールタイが印象的。せまいVゾーンだからあまり巾の狭いタイも貧弱だし、かといって巾広いのも考えもの。オーソドックスな巾を守りたいもの。

F　アイビー・スーツにはスクエアのフラップ・ポケットが基本。斜めに切るものはややファッションがかったアンチ・アイビーのテクニック。
G　アイビー・スーツに欠かすことのできないセンター・フック・ベントとよばれる鍵型になった馬乗り。これなくしてアイビー・スタイルはありえないという典型的なアイビー・ディテールの一つ。フック・ベントの長さは20センチか21センチというのが普通です。

H　アイビー・スラックスにフロント・ダーツがないことはご承知の通り。といっても腰まわりがぴちぴちすぎるのは考えもの。ポケットはややスポーティに斜めに切ったのが常識的。スーツにあまりラフなベルトを締めたのでは台無し。
I　アイビー・リーガースが選ぶネクタイはあくまでオーソドックスで控えめなもの。一番広いところで7センチというのが標準の巾。結び目は小さくするのが理想。タイタックも小さなものを。

J　シャツの後ろにアイビー・ループとセンター・ボックス・プリーツがあるのがアイビー・シャツの条件。
K　スラックスの後ろにはおなじみのアイビー・ストラップとよばれる尾錠。
L　ダークなビジネス・スーツならスラックスの裾を折り返すのもオーソドックスなはきこなしの一つ。靴下は勿論黒でずり落ちないようロングソックスを。チャコールのスーツには靴も黒を、ウイングチップの靴はタウン・ウェア向き。

83

82

“アイビーのディテール”を取り上げた『メンズクラブ』の記事。（提供：ハースト婦人画報社）

かと思うと『メンズクラブ』は、斜めになったジャケットのポケット――「最悪の反アイビー的テクニック」――には気をつけろ、と警告した。人の一歩先を行くための、こうしたホモソーシャル的なテクニックは、アイビーの衣類に関する知識を広めると同時に、以前は〝女性的〟な興味として軽んじられていたファッションを、車の修理やスポーツのような、技術重視で〝男性的〟な趣味に近づけることになった。

1963年、石津謙介はわずか3文字で、日本における西洋的な衣類の基本構想を表現した――〝時（time）、場所（place）、場合（occasion）〟の頭文字を取った〝TPO〟である。男性は時間帯と季節、目的地、そしてイベントの性質に応じて服を選ぶべきだ、と石津は考えた。社会的なコンテクストでファッションをとらえたのは、むろん石津がはじめてではない。だがこの**〝TPO〟というシンプルなフレーズは、日本人がアメリカのスタイルを採り入れる際の中心的な原理**となった。

TPOはとりわけアイビーと相性がよかった。それが単一のスタイルというより、包括的なファッションのシステムを意味していたからだ。授業中も、教会でも、フットボールのプレイ中も、フットボールの観戦中も、結婚式でも、あるいは花婿としてでも、アイビーでいることはできた。TPOはまた、着物のような日本の伝統的な衣服を着用する際の規則に似ていたため、アイビーの異質性を薄める効果も持っていた。

石津はその後、『いつ・どこで・なにを着る？』なるガイドブックで、TPOを正式にルール化した。このポケット版の書籍には、理想的な服装、コーディネートのスタイル、そして布地のリストのほかに、スーツを完璧にフィットさせるための手順が図表にして掲載されていた。石津はまた、さまざまな場合——長旅、短い旅、ヨーロッパやハワイでの休暇、アメリカへの出張旅行、PTAの集会、お見合い、スケート旅行、夜のボウリング——に適した服装に関する、短いエッセイを執筆した。この本はすぐさまベストセラーとなり、家電メーカーのソニーは、男性社員全員に1冊ずつ配布した。

石津はこれらの文章を通じて、アイビー・ファッションは一過性の業界のトレンドではなく、ノーブルな生き方へと向かう道なのだという、自分の信念を伝えたいと願っていた。それまでさんざん流行のファッションの浮き沈みを目にしてきた彼は、そうした流れとは一線を引くために、この有名な宣言をおこなった――「私は流行をつくるのではなく、風俗をつくっているのです」

1964年のはじめまでに、VANのスタッフと穂積和夫らの協力者たちは、この国における〝正しい〟アイビーの審判者という役割を、すっかり自分たちのものにしていた。このスタイル支援キャンペーンはやがて、一般人のファッション意識を高めると同時に、石津謙介の会社の売り上げを大幅に増大させることになる。しかしVANがアイビーの支配権を完全に握っていられる時代は、ほどなく終わろうとしていた――新たな顧客は、新たな問題を意味していたのである。

1964年4月28日は、日本におけるアイビーの転換点となる。この日、『平凡パンチ』という新雑誌が、書店の店頭に並んだ。政治と流行とセックスとマンガをミックスさせたスタイルは、それまでの安価な週刊誌と大差がなかったが、それらの雑誌に比べると、『パンチ』はずっと若い読者を対象にしていた。その記事は大学生たちの心をくすぐり、就職したばかりのサラリーマンたちに、この先もレジャー中心の生活を送るべきだと呼びかける内容だった。こうした編集方針の一環として、『パンチ』は毎号の目次に新たな話題を盛りこんだ――ファッションである。

アイビーが基本のスタイルになった。彼らはメンズウェアに関する連載コラムを石津謙介に依頼し、そこに穂積和夫のイラストレーションを添えた。『メンズクラブ』出身の大橋歩は創刊号の表紙用に、アイビー・ファッション――ブレザー、丈の短いコットンパンツ、ローファー、きっちり分けたケネディ風の髪型――で赤いスポーツカーの青年に話しかける4人の若者を描いた。

『平凡パンチ』はすぐさま成功を収めた。創刊号は62万部を売り上げ、発行部数は2年とたたずに100万部を突破した。この雑誌は人口分布の恩恵を受けていた――創刊は戦後ベビーブーム世代の第一波が、大学に入学した年のことだったのだ。終戦直後に成人した慎ましい若者たちとは対照的に、ベビーブーム世代は新たに興った日本の消費者社会でたっぷり遊んでやろうと考え――そうするための財力も持ち合わせていた。『平凡パンチ』はそんな彼らの案内役となった。マニアックなファッション好きは依然として『メンズクラブ』を愛読していたが、『パンチ』はアイビーのメッセージを、ずっと幅広い読者層に送り届けた――ブレザーを見るのも好きだが、同時に最新型のポルシェの紹介記事や、キャリアに関する助言を読んだり、トップレスの娘たちをしげしげと見つめたりしてみたいと願っている男たちに。

大売れに売れた『平凡パンチ』のおかげで、かつては小規模な信仰の対象だったアイビーは表舞台に押し出され、15歳から30歳の日本人男性は、ほぼ全員がアメリカの大学生ファッションを知ることになった。もっと広い意味でいうと、この雑誌は若者のためのファッションという考え方そのものを一般化させた。評論家の川本三郎は1995年にこう書いている。「私は『平凡パンチ』によってＶＡＮを知り、学生服以外のものを着て良いのだということに初めて目覚めた。『男もおしゃれをしても良いのだ』という気持ちが、六四年の『平凡パンチ』の登場によって、初めて生まれたのだ」。おしゃれをする男たちが選んだのはアイビー・ファッションだった。

『パンチ』に刺激された若者たちは、銀座にあるＶＡＮの旗艦店、テイジンメンズショップを数百人単位で訪れ、ボタンダウン・シャツ、ブレザー、コットンのチノパンツ、ローファーを購入した。じきにこうした若者たちは、新しいファッションを身にまとって、街の通りを闊歩しはじめた。１９６４年以前のより静かだった『メンズクラブ』時代、ほぼ完全に富裕層で構成されていたアイビーのファンは散り散りにしか存在せず、トレンドとしても目立っていなかった。だが今や銀座には、アイビーの装束に身を包んだ上流《アッパー》中産階級《ミドルクラス》の少年たちが群れをなし、『平凡パンチ』の表紙でつくった紙の財布から金を引き出していた。じめじめとした東京の夏にあって、彼らのファッションはアイビーの

表紙に大橋歩のイラストレーションを使った『平凡パンチ』の創刊号。1964年5月。(©マガジンハウス)

リゾート的な側面を強調していた――白のボタンダウン・シャツ、バミューダ・パンツ、白のチノ。やがてこうした少年たちはみゆき通りに集まり、終日そこにたむろするようになる。悪名高い〝みゆき族〟の誕生である。

〝族〟は〝tribe（部族）〟を意味する日本語だが、戦後は主に〝非行的なサブカルチャー〟の意味で使われていた。1964年以前、若者の〝族〟が選ぶファッションは、ライフスタイルと有機的に結びついていた。たとえばバイク乗りの〝カミナリ族〟は、怖いもの知らずのバイク走行に適した、機能的で耐久性の高い革の服を着用し、浜辺で騒ぎを引き起こす太陽族は、リゾートらしい派手な格好をしていた。対照的にみゆき族は、着こなしを直接マスメディアから学んだ――『平凡パンチ』のモデルたちがそのまま、若者の群れと化していたのだ。

子どもがおしゃれな格好をすることを、親たちはよしとしなかった。そのため少年たちは丸めた紙袋にアイビーの衣類を隠し、学生服姿で銀座に向かった。喫茶店のトイレで着替えを済ませ、制服は1日中持ち歩いていたのだ。紙製のショッピング・バッグは、週末になると変身を遂げるみゆき族のシンボルとなり、と同時にVANにとっては、自社ブランドを宣伝する格好の道具となった。

みゆき族が出現する数か月前、この会社はモダンで小洒落たデザインの紙袋――側面をまたいだ下部の赤いボックスに、ロゴがあしらわれていた――を小売店に供給しはじめた。元社員の長谷川〝ポール〟元の説明によると、「広告の予算はあまりありませんでしたが、われわれはどうすれば、うちの名前を広めることができるだろうと考えました。コカコーラがいたるところで飲まれるようになっていたので、うちにも独自のパッケージングが必要だと考えたんです。デパートで買いものをすると、どんなものでも西武や高島屋の包装紙に包まれてしまいます。それでうちの商品は、うちの紙袋に入れてほしいと頼んだんですよ」。これらの紙袋のおかげで通りにはＶＡＮのロゴが満ちあふれ、若い買いもの客たちは、この会社の衣類と同じぐらい、ロゴそのものを偏愛するようになる。正規の小売店で買いものをする余裕がない少年たちは、代わりにＶＡＮのステッカーを貼った古い米袋を持ち歩いていた。

VANの象徴的なショッピングバッグ。
(©VAN JACKET INC.)

みゆき族も一応は、ＶＡＮバージョンのアイビーを着用していたが、彼らはその公式に、いくつか重要な改変を加えた。みゆき族はこのファッションを、極限までカジュアルにしてしまったのだ。もっとも著しい変化は、裾が靴の10〜15センチ上にある、つんつるてんのズボンだった。くろすは長年、10代の少年たちは、ソックスを見せるためにズボンの裾を高く折り返していたテイジンメンズショップの人気店員を真似て、ズボンを短くしはじめたという説を唱えてきた。一方で作家の馬渕公介は、少年たちがコットンパンツに不慣れだったせいだと主張する。ほんの少し丈の短いコットンパンツを履いた同年代の少年たちを見て、彼らは同じ丈のズボンを買いに走った――そしてそれを洗濯機に投げこみ、さらに短く縮めた。すると今度は別の少年たちが、そのさらに短いズボンを見て、もっと短いズボンを買う、という具合にそのパターンがえんえんとくり返されたというわけだ。いずれにせよ『メンズクラブ』の編集部は丈の短いズボンを認めず、〝オーソドックス〟な丈を保とう、と〝真の〟アイビー・ファンたちに呼びかけた。

着こなしの面ではこうしたマイナーな反逆を起こしていたみゆき族だが、その髪型は、くろすや穂積よりもずっと実際のアイビー・リーグの学生たちに近かった。こざっぱりとした若者の髪型というアイデアは、若者のファッションという概念と同じくらい、日本にとっては目新しいものだった。アイビー以前、母親は息子たちを床屋に引っぱりこみ、〝短め〟か〝長め〟を選んでいた。古典的な〝アイビー・ルック〟――7対3か8対2の割合で、まっすぐ2つのブロックに分けた髪型は、それに比べるとはるかにスタイリッシュだった。みゆき族のメンバーたちは、参考用にと『平凡パンチ』を床屋に持参した。そして自宅にもどると、髪の毛をヘアドライヤーで膨らませ、ヘアリキッドのバイタリスかMG5でセットした。大人たちはみゆき族の服装を毛嫌いしたが、もしかすると彼らがもっとも懸念していたのは、髪型にこだわる男たちの〝女性的〟な虚栄心だったのかもしれない。

１９６４年の夏が本番を迎え、学校が休みに入ると、みゆき族の数は高校生で膨れあがり、週末ごとに２０００人が街にたむろするようになった。オリンピックを間近に控え、マスコミはみゆき族を、国家の恥となりかねない存在として悪者あつかいした。ポール長谷川の説明によると、「この時期、子どもたちの8割は四六時中制服を着ていましたから、制服を着ていないというだけで、少なくとも警察の目には、不良として映っていたんです」。みゆき族は１９６０年代のなかばにおける、重要な転機を体現する存在だった。子どもたちは逸脱行為の一環として、情報通の健全な消費者になろうとしていたのだ。だが親たちにはそのこころみが、いっさい理解できなかった。

ＶＡＮの上層部からすると、みゆき族は痛し痒しの存在だった。これらの少年たちは、若者がアイビーをベーシックなファッションとして採り入れたことの証であり、ひいては爆発的なセールスの伸びを意味した。一方でみゆき族はアイビーのイメージを地に落とし、過去ずっと若者のサブカルチャーにはつきものだった、親たちの非難のターゲットにしてしまった。アイビーを愛好する少年ですら、みゆき族のブームからは距離を取ろうとした。銀座で取材された16歳の高校生は、記者にこう語っている――「みゆき族っていわれるの、きらいだな。ボクたちはアイビーだから」

新聞の社説がみゆき族を社会悪として非難する一方で、銀座の店主たちはこれらの少年たちがショーウィンドウを覆い隠し、店の入口をふさぎ、商売の邪魔になっているとクレームをつけた。こうした状況を知った親たちはすぐさま、〝アイビー〟的なるものすべてを学校で禁止しようとする動きを見せた。教師はＶＡＮのシャツの襟から、ボタンをもぎ取れと生徒たちに強要した。ＰＴＡはＶＡＮの小売店に、学生には服を売らないでくれ、と正式に要求する文書を出した。そして多くの田舎町で、学校は少年たちがＶＡＮの袋を持ち歩くことを禁じ、このブランドを売っている店への出入りを禁じる場合すらあった。

ファッション業界にいる人々のあいだからも、若者に対するＶＡＮのマーケティングを有害視する意見が出はじめた。くろすと穂積にイラストレーションを教えた長沢節は、『平凡パンチ』に「サラリーマンが二千円のものを買おうか買うまいかと迷っているそばで、子供が五千円のものをポンと買ってゆく。子供をあまやかすのもいいかげんにしてほしい。ほんとうにおしゃれをしなければならないのは、大人であって、子供は普段着一枚でたくさんだ」と不満を述べた。

１９６４年９月に築地署がみゆき族のメンバーを一斉に検挙すると、アイビーをめぐる緊張は和らいだ。しかしマスコミがこの問題をさかんに取り上げたおかげで、ＶＡＮはティーンにとってなおのこと魅力的な存在となる。少年たちはＰＴＡの命令を無視し、メンズウェア・ショップの外で列をなした――捨てられたブランドのロゴ入りダンボール箱を手に入れるためだけに。〝アイビー〟という言葉は〝クール〟の同義語になり、家電メーカーの三洋電機は、ＶＡＮと組んで新たなラインをスタートさせた――〝アイビータッチ〟の電気カミソリやアイビードライヤーを売り出したのだ。

日本の若者のあいだでアメリカ産のファッションが受け入れられたことを、みゆき族が先陣を切って立証する一方で、その後のモラル・パニックは、若者の不良化を扇動する存在として、VANを権威筋や親たちの警戒対象に位置づけてしまう。石津謙介はようやくブレザーやボタンダウンを10代の少年たちに売ることができた。だが彼はその過程のなかで、多くの大人たちを疎外した。その間、くろすほかの宣教師《エバンジェリスト》たちは、自分たちが10年以上にわたって教え広めてきたアイビーのスタイルを、みゆき族が劣化させてしまうのではないかと懸念していた。

気むずかしい保守派の気分を害することにはほとんど抵抗がなかったモボ上がりの石津謙介も、こざっぱりとしたアイビー・ファッションが、いつまでも反抗的なサブカルチャーあつかいされつづけるのは得策ではないと考えた。1964年、彼のブランドのVANはアイビーを製造し、アイビーを売り、アイビーを宣伝し、アイビーを若者たちの垂涎の的にした。そして今、彼はアメリカのファッションを正当化する必要を感じていた——若者だけではなく、すべての人のために。

第3章

アイビーを人民に

Taking Ivy to the People

アメリカのファッションを日本に導入するにあたり、産みの苦しみがあることぐらいは、石津謙介も予想済みだったはずだ。しかしさすがにその彼も、アイビー・ファッションの少年たちが銀座の街路で一斉に検挙されることになるとは、夢にも思っていなかったにちがいない。翻訳の過程でなにかの混乱が生じ、**アメリカでは資産家を意味するボタンダウン・シャツが、日本では犯罪行動と結びつけられていた。**懐疑的な大衆の支持を得るために、VANはなにを措いてもアイビーのイメージを向上させる必要があった。

石津にとっては1964年の夏季オリンピックが、全国的なスケールで風向きを変える最初の大きなチャンスとなった。その年の8月、彼はVANのオフィスを青山に移転した。オリンピックのために建てられた総合運動施設の徒歩圏内に位置する、都心部の閑静な区域である。しかし石津はただの観客では終わらず――数少ない現役のメンズウェア・デザイナーとして、**オリンピック委員会の要請で、日本チームの公式ユニフォームのデザインに関わることになった。**開会式の最後に入場する日本チームは、そうしたドラマティックなシーンにふさわしい、鮮烈なユニフォームを必要としていた。なにしろ全世界――と天皇――が見ているのだ。1960年のローマ・オリンピックで、日本チームは全身白ずくめのスーツを着用したが、石津はもっと派手やかななにかを求めていた。

石津にとって、その答えはアイビーだった——金ボタンのついたまっ赤なブレザー。実際に誰がデザインしたのかという点については諸説があるものの、最終的なデザインは、その2年前、トラディショナル・アイビー・リーガース・クラブが最後のパーティー用につくった赤いジャケットとほぼ同一のものになった。あまりにも派手すぎるせいで、くろすや穂積ですら人前で着るのをためらったジャケットである。今、人生でいちばん重要な1日を迎える日本のトップ・アスリートたちは、それと同じダンディな衣裳を身にまとおうとしていた。

青山のVAN本社。1964年。

もっとも注目を浴びたのは派手な赤という色だったが、ブレザー自体、日本ではまだ珍しいアイテムで、高級なデパートはまず、店に置こうとしなかった。それでも石津はこのデザイン的なチョイスに自信があった——西洋ではブレザーが、スポーツクラブの正装だったのだ。1964年10月10日、何千万もの日本人がTVの前で、スタジアムに入場するオリンピック代表チームに喝采を送った。彼らは白いコットンのパンツ／スカート、ネイビーと赤のストライプ・タイ、白の帽子と靴に、金ボタンの赤い3つボタン・ジャケットという出で立ちだった。

　ユニフォームはすぐさま守旧派の怒りを買った。ぶしつけなジャーナリストは色がめめしすぎるとクレームをつけ、オリンピックの衣類を担当した仕立屋は、このデザインのあまりの評判の悪さに、ストレスで入院する羽目になった。現代の目で1964年のオリンピック開会式を見ると、赤と白のアンサンブルのどこがそんなに過激だったのか、と思わず首をひねってしまうはずだ。ほぼすべての国の代表チームが、国旗をベースにした色のブレザーを着用し、なかでもネパールとメキシコのチームは、日本とよく似た赤いジャケット姿だった。石津の考え通り、ブレザーはこの場に完全に適した服だったのである。

　日本の大衆も彼に与し、オリンピックのユニフォームのおかげでブレザーは市民権を得た。くろすとしゆきはこう説明する。「ガラッと変わったのが東京オリンピックね。ブレザーっていうのがそれまで特殊な服だったのね、日本では。そしたら今度はブレザーがいいんだよ、早く納品しろなんてさ、そんな話になって。だからお陰で随分オリンピックでVANは得しましたよ」。石津がオリンピックのブレザーを実際にデザインしたのかどうかはさておき、このユニフォームがVANジ

1964年のオリンピック日本選手団が着用した赤のジャケット。
(©秩父宮記念スポーツ博物館)

ャケットとアイビー・ファッションに正当性を持たせる、大きなきっかけになったのは確かだった。

1964年のオリンピックはまた、VANの社員たちに、海外の最新ファッションをリアルタイムで目の当たりにするチャンスをかつてなく大量にもたらした。その何年か前、石津は神戸近郊の高級住宅街と、ヨーロッパ風のリゾートタウン、軽井沢に自分のチームを送り出し、ファッションのトレンドを観察させていた。だが東京に旅行客があふれ返っている今、VANのデザイナーやプランナーたちは、通りを歩くだけでたっぷり情報を収集することができた。

オリンピックの代表チームが到着しは

じめると、くろすはモノレールで羽田空港に向かい、持参した紙と鉛筆で、ロビーにあらわれるアスリートたちの服装をスケッチした。『メンズクラブ』は長年のあいだ、国際線の乗客はみんな上から下まで隙のない服装をしている、と読者たちに吹きこんでいた。一度も飛行機に乗ったことがなかったくろすは、コンチネンタル・スタイルのスーツと精美な革靴で決めたヨーロッパのアスリートたちに出会えるものと期待していた。

代わりに入国審査を通ってきたのは、スウェットシャツやセーター、そしてなによりショッキングなことに、ゴム底のキャンバス・シューズを着用した、猫背の、筋骨隆々とした男たちの群だった。以後数週間、くろすはいたるところで、この安い運動靴で出歩く外国人を目にした。日本の子どもたちも運動会や放課後の部活動で使う〝ズック〟という似たような靴を持っていたが、それを公共の場で履くのは、トイレのスリッパで街に出るようなものだった。だが**他人の目にはタブーと映るものを、いつものように石津は、ビジネス・チャンスと見て取った。**彼はVANがこれらのいわゆる〝スニーカー〟を、日本の市場向けにつくるべきだと判断した。

くろすは数週間がかりでシューズメーカーの月星を説得し、ようやくこうしたアメリカン・スタイルの靴をつくらせることができた――「一番びっくりしたのが、そのVANのスニーカーつくってくれたメーカーで、こんなものね売れませんよっていってたんだから。学生さんが学校で履く靴なんだからっていって。しかもさ、VANはね、いくらで売ったか忘れたけどその辺の市場で売っ

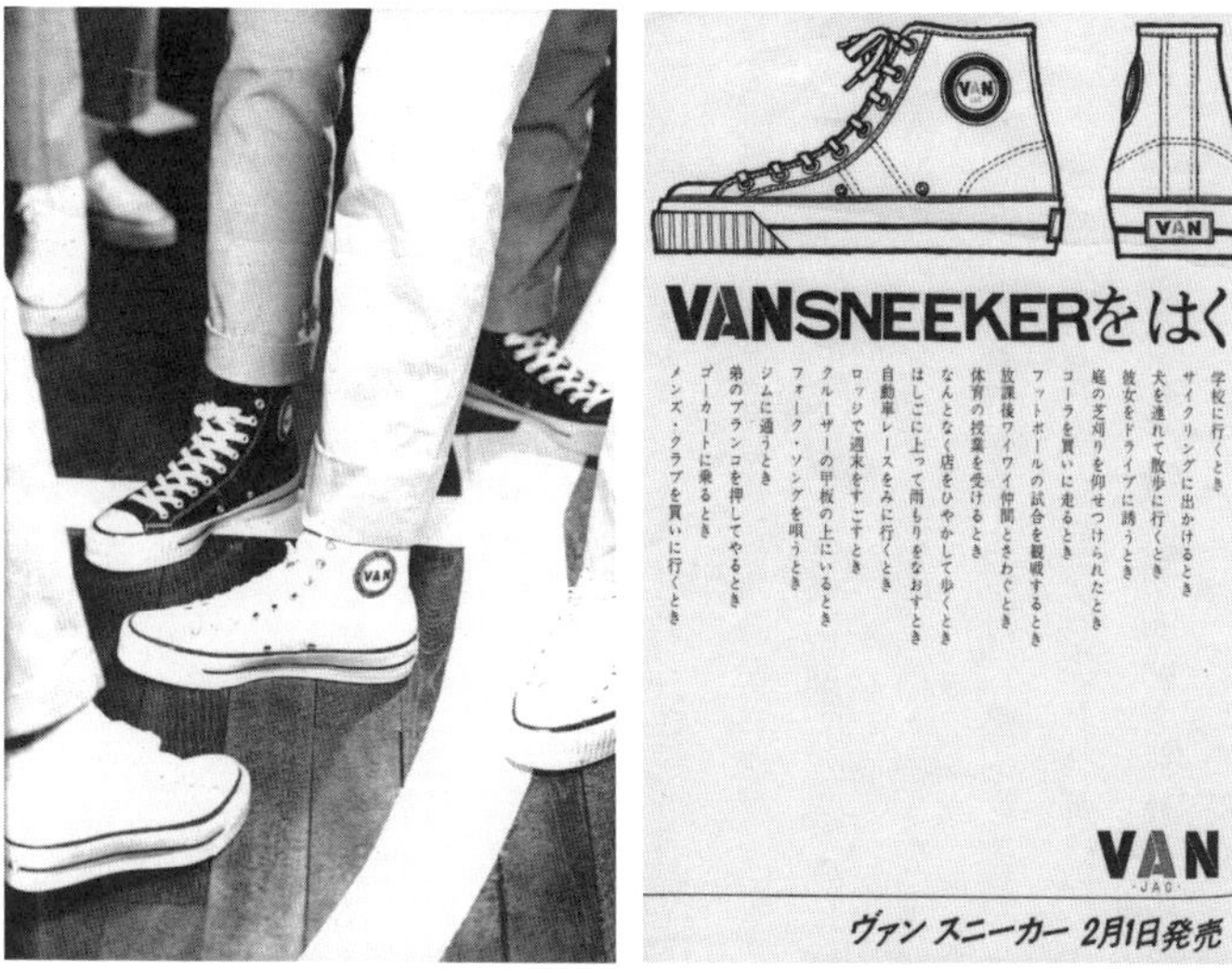

VANが売り出した“SNEEKER”の広告。1965年。(©VAN JACKET INC.)

てる値段の倍以上で売ってたから。大反対された。しかもこんな値段でっていったら、まあまあ、いいじゃないか、任せてくれっていって。あっという間に売れた」。VANはふたつのスタイルを送り出した。ケッズに似たロートップと、コンバースのオールスターとほとんど見分けがつかないハイトップである。ただし足首の輪のなかには、VANのロゴが入っていた。

ブランディングの達人たる石津謙介には、**〝運動靴〟以外の呼び名**をつけることこそ、成功の鍵だということがよくわかっていた。くろすによると、「それまで運動靴っていうのにスニーカーって横文字つけてね。多分それはティッシュペーパーっていう名前で、それまで鼻紙だとかちり紙だとかっていってたのが、パッケージに入って横文字になって、それまで表に出てこなかったのが居間のとこにも置いて平気になったのと同じような感覚だったと思う。**スニーカーっていう横文字にして運動靴が街のなか歩いていいんだって**」。急に〝スニーカー〟と呼ばれてさえいれば、街なかで運動靴を履いていても問題ない、ということになった。VANは英語の名前を使ったが、綴りには手を加え、〝sneaker〟ではなく〝sneeker〟とした――一部には商標上の目的から、そして一部には遊び心で。

1965年の初頭に発売されたVANのSNEEKERは、大ヒットを記録した。一度は尻込みしていた月星も、生産量を増やすために、VANに先行投資を申し出た。SNEEKERをきっかけに日本にスニーカー市場が生まれ、この靴は若者ファッションの定番となる。VANの社員だった貞末良雄は、SNEEKERのおかげでブランドの規模が、一気に膨れ上がったとふり返っている。「滅茶苦茶売れたから、倉庫借りたんですよ、そのために」

VANが大ブレイクを果たした1964年という年を、はなばなしく締めくくったのがオリンピックだった。会社の売り上げは12億円に達し――10年足らずのうちに、25倍の伸びを示した。かりにみゆき族が大人たちや親たちのあいだに、アイビー・ファッションに対する悪いイメージを植えつけたとしても、時と場所が適切であれば、日本の大衆にも伝統的なアメリカン・ファッションの魅力をわかってもらえることが、オリンピックによって証明された。あとはもう、実在のアメリカ人がアイビーを着ている姿を見せつづけるだけでいい。しかしオリンピックの終了とともに、東京をぶらつく裕福な外国人旅行者の姿も消えた。アメリカがVANのもとにやって来ないとしたら、VANの方からアメリカに行くしかなかった。

1964年の末には日本中のティーンエイジャーが、貯金をはたいてボタンダウン・シャツを手に入れようとしていたが、〝アイビー・リーグ〟という言葉はごく少数の人々にしか知られておらず、アイビー・リーグの大学の所在地を知っている人間となると、さらに数が限られた。第一世代のアイビー・ファンは、東海岸の大学生ファッションの歴史や伝統に関するくろすとしゆきの長文エッセイを『メンズクラブ』で読んでいたが、新世代のファンは仲間たちから直接、あるいはごく限られたスペースしかない『平凡パンチ』のファッション・ページから、洋服に関する情報を得ていた。

〝アイビー〟は意味のない流行言葉となりつつあった。あるティーンは当時の『朝日新聞』に「アイビーってのは私たちによく解らないけど、とにかくカッコいいことじゃないのかな」と語っている。一方で大人たちは、義憤に駆られた新聞の社説でその言葉を知り、不良少年の蔑称ぐらいに思っていた。社説の筆者たちも、そうした誤りを正せるような立場ではなかった——高名な作家の安岡章太郎は、VAN製のプリンストンのスウェットを着たティーンエイジャーを銀座で見かけて、暗澹たる気分になる。だがそれは奇跡的な経済復興の最中にあっても、日本の少年たちはまだ、アメリカの慈善団体が寄付したおさがりを着ているのか、と誤解してのことだったのである。

広く蔓延していた誤解を前に、石津祥介とくろすとしゆきは、アイビーの真の起源を人々に知らせる新たな手立てをえんえんと論じ合った。ある日のこと、祥介が突拍子もないアイデアを口にした——「**だったらいっそ実際にアイビー・リーグに行って、向こうの学生たちを撮ってくればいいんじゃないか？**」

日本が１９６４年に海外旅行を自由化したおかげで、このアイデアはもはや夢物語ではなくなっていた。だがひとつ、大きな障害があった。アメリカへの往復航空運賃はひとりあたり65万円と、ほぼ新車の値段に相当する額だったのである。アイビー・リーグのキャンパス8か所を撮影する映画の制作費を、祥介とくろすはおよそ１０００万円と見積もった。まだ短い日本のメンズウェア産業の歴史のなかで、この宣伝費は桁外れに巨額なものとなるだろう。さいわい石津謙介は、大胆で怖いもの知らずのアイデアがなによりの好物だった。彼はすぐさまこのプロジェクトに予算を割り当てた。

彼らは今や、現場で自分たちの手助けをしてくれる、英語の話せる人間を必要としていた。まっ先に候補に上ったのは、ＶＡＮの宣伝部に在籍する若き長谷川〝ポール〟元だった。長谷川は天津時代、石津謙介の飲み友だちだった男の息子で、英語をしゃべる家庭に育った。１９６０年代のはじめにカリフォルニア大学サンタバーバラ校で学び、卒業するとＶＡＮに入社。『メンズクラブ』に掲載されるアメリカの大学生活に関する記事の大半は、実際にアメリカの学校に通った経験があるＶＡＮ唯一の社員、長谷川がネタ元になっていた。映画のプロジェクトへの参加が決まると、長谷川はキャンパスでの撮影許可を求める、正式な依頼状をすべての大学に送りはじめた。

映画の監督に、祥介とくろすは小沢協《おざわきょう》という、ソルボンヌ大で映画づくりを学んだ若者を選んだ。脚本家とカメラマンと照明のアシスタントは、その小沢が手配した。ＶＡＮはもっぱら、16ミリの映画に焦点を当てて準備を進めていたが、『メンズクラブ』の編集者、西田《にしだ》豊穂《とよほ》はプロモーションの素材として、スチール写真も必要になるだろうと考えた。土壇場で彼らは『メンズクラブ』のカメラマン、そしてたまたま、石津の秘書を務める女性の兄でもあった林田昭慶《はやしだてるよし》を帯同することにした。くろすは彼に、映画撮影の邪魔にさえならなければ、あとはなんでも好きなように撮ってもらってかまわないと告げた。

１９６５年5月23日、８人編成のチームはボストン行きのノースウエスト・オリエント・エアラインに搭乗した。機内に日本人は、彼らしかいなかった。24時間の旅のあいだ、祥介は荷物の中身のことを考えながら、ずっと冷や汗をかいていた——そこにはこのプロジェクトの資金となる円札が、どっさり詰まっていたのだ。日本の厳しい通貨規制によって、旅行者が国外に持ち出せる金額は、５００ドルが上限とされていた。アイビーの映画には、その４００倍以上の金が必要になる。

当時は1ドル360円という、人工的な円安状態だったため、祥介はやむなく法を破り、500万円をアメリカに持ちこもうとしていた。

ボストンに到着した一行はホテルで一夜を過ごし、休養を取りながらその先の予定を立てた。だが何十年も憧れてきた土地についに降り立ったくろすは、とても休む気になれなかった――「部屋に入ってからも興奮は冷めない。頭の中はキーンと音を立てている」。くろすはひと晩中、部屋のなかをウロウロしていた。

撮影に着手するために、ハーバード大学に向かう日本の男たちを出迎えたのは、うららかなボストンの春の気候だった。長谷川の手紙には8校の大学すべてから返事が来ていたが、ハーバードはいっさいの支援を拒んでいた。安全策を取るために、撮影隊はやたらと写真を撮りたがる日本人の観光客を装うことにした。前夜、ほとんど眠れなかったくろすはすでに緊張の塊と化していたが、それでも彼には撮影隊を、まるまるハーバードの中庭に忍びこませるという大事な仕事が残されていた。彼はひたすら、大学の人間に目をつけられませんようにと祈りつづけた。

ハーバードの門をくぐったとたん、すべての不安が溶け去った。くろすは赤レンガで建てられたジョージ王朝様式の荘厳な学生寮を見て、「これだ、ついに来たぞ！」と感嘆した。彼がベッドからノロノロと出てくる学生たちを待つあいだに、小沢と林田はカメラをセットした。キャンパスはまさしく、くろすが思い描いていた通りの姿だった――そして今、彼は3つボタンのジャケット、アイビー・ストラップ・パンツ、オックスフォード地の白いボタンダウン・シャツ、レジメンタル・タイ、それにウィングチップという出で立ちで、学生たちが姿をあらわすものと期待していた。

しかしその暑い月曜日の朝、最初に寮を出てきた学生たちは、すり切れたカットオフ・ショーツにボロボロのビーチサンダル姿で、よたよたと彼の視界に入ってきた。もしかしたらこの連中はクラスの落ちこぼれかもしれない、とくろすは考えた。しかしその次に姿を見せた集団も、同様にだらしのない格好をしていた。くろすはこうふり返る。「びっくりしたんだ。すげーと思って。スゴイっていうのは半分失望ね。もっとキチッとしてるに違いないと思ってたから。だからちょっとガッカリしたの」

日本の〝アイビー〟はスーツ、アタッシュケース、そして細身の傘を意味していた。だが彼らが目の当たりにしていたのは、その対極に位置するスタイルだった。どうにか使えそうな学生たちの画像を押さえようと、林田と小沢が大量のフィルムを消費していくなかで、くろすはパニックに陥った――いいいいいいい、これじゃあ全部が台無しだ！　Tシャツにカットオフ・パンツ姿の学生たちをいくら撮ったところで、アイビーに対する見方を改めてほしい、と日本人を説得する材料にはならない。彼らが日本を発つ前に、長谷川はくろすに警告していた――「ジャケットとタイは日曜の礼拝やたまのデート、あるいは人に好印象を与えたいときに着るものです」。その言葉を信じようとしなかったくろすは今、自分の行為をひどく悔やんだ。彼はアメリカのキャンパス・ファッションを、根本的に誤解していたのだ――このままではほぼまちがいなく、ＶＡＮの資金を空費してしまうことになるだろう。

撮影隊にはまた別の問題があった。学生たちの多くは、写真を撮られるのを嫌がったのだ。くろすはこうふり返る。「それからしつこくこの映画は一体誰が作ってる映画なんだ？って、そのＶＡＮってとこだって言うと、それじゃこれはコマーシャルじゃねえかって。でコマーシャルに出るのはマズイっていう、そういうのはいたよ。ほとんど隠し撮りだからね。あれ。行って、バーと撮ってサッと逃げちゃうんだから」

しかし時がたつにつれて、事態は好転しはじめた。撮影隊はマドラスのブレザーにカーキのパンツ姿で、ハーバード大学記念教会からぞろぞろ出てくる学生たちを見つけ出した。小沢と林田は初日用に持参したフィルムをすべて使い果たした。しかし撮影隊はまだ、日本では東海岸のキャンパスにおける標準服だと信じられていた、３つボタンのウーステッドウール・スーツ姿の学生をひとりも探し当てていなかった。学生よりも教授たちのほうが、日本の理想には近かったのである。キャンパスであえてダークスーツとネクタイを着用していた少数派の学生が、いずれも日本からの交換留学生だったことも、撮影隊をいたく落胆させた。無頓着《ノンシャラン》なアメリカの学生たちに比べると、彼らはどうしようもなく野暮ったく見えた。

ハーバードで緊張の１日を過ごした一行は、ダートマス大での撮影のために、車でニューハンプシャー州ハノーヴァーの緑深い閑静な通りに向かった。大学ではＰＲ担当者が、脚本通りに動いてくれる教授や学生たちを探す手助けをしてくれた。

一行は石津謙介から、ぜひともアメリカン・フットボール――彼はそれこそ、アイビー・リーグを象徴するスポーツだと考えていた――の映像を撮ってくるようにいい渡されていた。だが夏季のトレーニングはリーグの規則に違反するという理由で、ダートマスはその要求を拒んだ。日本人一行のがっかりした様子を見て、ＰＲ担当は彼らをボートハウスに案内し、クルーたちのチームを撮影させた。コーチは協力的で、小沢がボート漕ぎのシーンを撮影できるように、何組かのチームを水上に送り出してくれた。

この好機を逃すまいと、一行は3日間をハノーヴァーで過ごし、野球の校内対抗試合や、自転車を街なかで乗りまわす学生たち、そして実験室、図書館、カフェテリアの内部を撮影した。しかしここで余計に時間をとられたせいで、旅程からはやむなく、コーネル大学とペンシルヴェニア大学がカットされた。

ブラウン大とコロンビア大を短時間だけ訪れた一行は、その後イェール大に到着した。服飾研究会の学生たちが彼らのホスト役を務め――だがこの日本人たちはどうして、やたらと衣服に関する質問をしてくるのだろうといぶかっている様子だった。くろすはこうふり返る。「ほとんどは、興味があってもないふりをするかな。別にオシャレはあんまり自慢にはならないというような気がしたな、話をしてても。へーそんなオシャレするの。へーみたいな。わざとね。俺は別に勉強しに来てるんだからそんな、どんなものでもいいんだよ着るものはなんてことを言うよ、みんな」。なかにはヴェトナム戦争とヒッピーの対抗文化が伝統的なファッションを絶滅に追いこんでいた1965年という年に、はるばるアメリカにやって来た日本の会社員が、なぜ古典的なアイビー・スタイルに関する質問をしているのか?と疑問を呈する学生たちもいた。帰国後、祥介は『メンズクラブ』で、こうした食いちがいを次のように理由づけた。「とにかくわれわれとは、おしゃれに対しての感覚がちがうんですね。だからわれわれの質問が理解されないということの方が多いんですよ。むこうでなんの意識もなくやっていることを、いきなり聞かれるから、答が出てこないわけですよ」。イェール大では、つんつるてんのズボンを履いた学生に目を留めたくろすが「『ズボンの短いのが流行っているのですか』というようなことを聞いた」。すると「むこうはびっくりしちゃうわけですよ。自分は短いズボンをはこうとか、気持ちはなかったらしいんですね。とにかく、洗ったら、こんなになっちゃった、というようなことらしいんです」

旅の最終目的地はプリンストン大だった。彼らが到着したのは校内ソフトボール・トーナメントの最中のことで、ナッソー・ホールではビール会社がスポンサーになった乱痴気パーティーがくり広げられ、酔っぱらった学生たちが三々五々、応援歌を高歌放吟していた。これらのイベントをフィルムに収めると、キャンパスでの撮影は完了した。その後、ニューヨークにもどった一行は、ビッグ・アップルでの〝人生の1日《ア・デイ・イン・ザ・ライフ》〟シーン用に追加撮影をおこない、ブルックス・ブラザーズのような伝統的な洋服店のショウウィンドウや、通りを行く白髪の元アイビー・リーガーたちの映像を押さえた。

一行が帰国すると、『メンズクラブ』はくろす、祥介、長谷川の3人によるこの旅の座談会を企画した。くろすは読者たちに「若い人が着ているものは、メンズ・クラブの『街のアイビー・リーガース』の写真にあるようなのと全く同じ。寸分の違いもない」と請け負った。3人はアメリカならではの風物の話――たとえば若者たちが列に並んでホットドッグやハンバーガーのプレートを受け取る、大学のカフェテ

アイビー・リーグのキャンパス取材を終えて、帰路、ハワイに立ち寄った『TAKE IVY』の著者たち（左上から時計回りで：林田昭慶、ポール長谷川、石津祥介、くろすとしゆき）。
（提供：石津家）

リア・システムのような——で読者たちを楽しませた。

おそらく一行がなにより驚かされたのは、急速な経済成長の時期にあっても、あの国が大学の建築スタイルを、かたくなに護りつづけていることだった。戦後日本のアメリカに対するこだわりは、かの国は信じられないほどの富と、近代的なテクノロジーの地だという思いこみに端を発していた。しかし彼らはニューイングランドで、内装は日々モダンに刷新されていても、外観にはいっさい手がつけられていない家並みを目の当たりにした。東京では開発業者が古い木造建築を次々に更地に変え、そこに味気ないコンクリートのアパートを建てていた時期だけに、その光景はなおのこと彼らの身に染みた。くろすは『メンズクラブ』に「少なくともアメリカより日本の方が歴史が古いのにそういうものを全然考えずに、ただモダンなものだけを、まわりのバランスなんか考えずにどんどんつくっているというのは、たいへん悲しいことだと思うんですよ」と語っている。旅のあいだに、くろすは石津謙介がつねづね口にしていた言葉の真意を理解した——アイビーは単に最新の流行を追うことではなく、伝統に対する尊敬の念をあらわしていたのだ。

とはいってもVANのチームは、アイビー・リーグの学生たちがスーツ姿で授業に出ない理由を説明しないわけにはいかなかった。祥介は『メンズクラブ』に「日本のアイビー・ファンの方がずっとおしゃれですよ。日本のアイビー・ファンというのは、向うでなら、学校を卒業して大人になって着るアイビーを、日本の場合は、本当の学生のうちに着ちゃっているという感じがする。だから日本のアイビーというのは、どちらかというとあまり学生っぽくない」と語った。彼らはドレスダウンしたアメリカ人を〝バンカラ〟に例えた。これはあえて制服を汚して着る、20世紀初頭に日本の大学生のあいだで流行したスタイルのことだ。アメリカのアイビー・リーガーは、その無頓着さを通じて自分たちの地位を誇示していた。これを直接目の当たりにしたくろすは、日本のアイビーもアメリカ人からリラックスすることを学ぶべきだと考えた。1965年の末ごろに彼は、『メンズクラブ』のコラムにこう書いている。「アイビーが日本に育って、もう7年、そろそろ、アイビーに対する意識過剰を少くして行かなくてはいけない時期にさしかかったのではないかという気がします」

しかし彼らはVANの秋／冬キャンペーンに合わせて、わずか2か月で映画を仕上げなければならず、そのためこれらの懸案事項を、誌面で十分検討することはできなかった。小沢は編集の作業に入り、高名なジャズ・ミュージシャンの中村八大に即興で音楽をつけさせた。その間に林田は写真を現像したが、それは誰もが驚いたことに、動く画像に負けず劣らず効果的な実例となっていた。『メンズクラブ』編集部の西田はVANに、これらの写真を婦人画報社から書籍として刊行できないだろうかと打診した。VANは快諾し、映画のチームは長谷川を中心に、それぞれの写真につけるキャプションと、巻末に掲載される、キャンパス・ファッションのイロハに関するエッセイを執筆する作業に取りかかった（「学生らしい貧しさというより、むしろアメリカ人らしいひょうきんさを感じさせるところに彼らアイビーの心意気があるのではないでしょうか」)。その間にＶＡＮの制作チームは、林田と小沢のビジュアルを見て、秋コレクション用のアイデアを掴んだ。

作業が完了すると、このプロジェクトには名前が必要になった。くろすは『TAKE IVY』という案を出した——デイヴ・ブルーベック・カルテットの有名なジャズ・ナンバー〈テイク・ファイヴ〉のもじりである。日本語にすると〝Ivy〟(アイビー)と〝Five〟(ファイブ)はいくぶん発音が似通っていたが、流暢に英語をあやつる長谷川は、〝Take Ivy〟といわれてもアメリカ人にはさっぱり意味がわからないと反対した。だが所詮は無駄な抵抗だった。ＶＡＮの社員たちはつねに、長谷川のいう正しい英語よりも、自分たちのビジョンを優先していたからだ。くろすは現在もなお、「英語ができるやつには、思いつかない」タイトルだと胸を張る。

１９６５年8月20日、ＶＡＮは東京で開催された1日がかりのパーティーで映画『ＴＡＫＥ ＩＶＹ』をプレミア公開した。映画の公開を祝すために、同社は赤坂プリンスホテルを丸ごと借り切り、２０００人の配給業者、小売業者、そして年若いファンたちを招待した。フランチャイズ店は上得意客に、終日、このホテルを自由に出入りできるチケットを配った。午前10時30分に石津が緑のフラッグを振り下ろすと、ＶＡＮの服を着たドライバーたちがビンテージ・カーでこの街を駆けまわる、7時間のストック・カー・ラリーがスタートした。何百人ものティーンたちが、マドラス、シアサッカー、オフホワイトのジャケット姿でやって来た。

『TAKE IVY』のカバーと表紙。（提供：ハースト婦人画報社）

祝典の締めくくりに、VANは『TAKE IVY』――陽気なジャズのサウンドトラックに乗せた、キャンパス映像のエネルギッシュなモンタージュを上映した。基本的にはドキュメンタリー映像だが、アジアン・アートの授業に遅刻する学生や、寮でレコード・プレイヤーを中心に開かれる、夜のご機嫌なパーティーのように、演出されたシーンもいくつかあった。赤坂プリンスホテルで幸先のいいスタートを切った映画を、VANのスタッフは全国のフランチャイズ店で上映し、併せてファッション・ショウを開いた。しかしこの全国巡業を終えると、映画は以後二度と上映されなかった。1965年の末に刊行された本には、『平凡パンチ』10冊ぶんに相当する500円という結構な値段がつけられた。売れ行きはベストセラーとはほど遠かった。婦人画報社は初版を2万部刷り、『男の服飾』の初期の号と同じように、VANはそのおよそ半分を買い上げて、小売店で販売したが、だがそれ以外の本は棚ざらしになっていた。

しかし『TAKE IVY』に対する反響が乏しかったからといって、この作品が日本に与えた影響を無視することはできない。ニューイングランドの古いキャンパスで、レンガや石造りの荘厳な建物のあいだをマドラスのブレザーやチノパンツ姿で闊歩する、健康的なアメリカ人エリートの実像を目にした小売業者やファッション関係者は、アイビーに対する考えを改めた。そして1965年以降の**アイビー・ファンは、『TAKE IVY』の写真を60年代東海岸プレップ・スタイルの正典と見なすようになる。**売り上げへの影響という視点から見ても、このキャンペーンは大成功だった。キャンパスにインスパイアされたVANのファッションに飛びつくティーンの数は、それまでのどんな年も上まわっていた。

この成長は多分に有機的なものだった——1965年のアイビーはすでに、ブーム期を迎えていた——が、長谷川がふり返るように、「石津謙介は投資利益率を気にするタイプのビジネスマンではありませんでした。赤字にさえならなければ、会社は問題ないと考えていたのです」。映画は単にプロモーションの離れ業だっただけではなく、アイビーは昔からあるアメリカの伝統だと、懐疑派や権威筋を納得させるための道具ともなる。その対象にはティーンエイジャー、デパート、親たち——そしてやがては警察もふくまれることになった。

『メンズクラブ』1965年11月号より、1965年8月の『TAKE IVY』刊行パーティに出席した日本の若者たち。（提供：ハースト婦人画報社）

前年の警察による取り締まりをよそに、１９６５年の夏になると、アイビーを着たティーンエイジャーの波が銀座にもどってきた。１年前の少年たちとは異なり、彼らはみゆき通りをはみ出して、銀座一帯をうろついた。１年前からアイビー・ファッションの流行に関する報道が大量に出まわっていたことを受けて、一般紙やタブロイド紙は、１９６５年の若者集団を、より正確に〝アイビー族〟と名づけた。

　オリンピックと相変わらず売れ行き好調だった『平凡パンチ』のおかげで、アイビーはずっと好意的に受け取られるようになっていたが、１９６５年のアイビー族は、ＶＡＮとは毛色がちがっていた。くろすはこうふり返る。「なんかフーテン族なんていう言葉があって、なんだろう訳がわからないのがあの辺でゴロゴロしてるようになってきてたから。アレを機会にアイビーは不良の服だみたいのがあって」。一部にはVANのSNEEKERを履いていたせいもあって、1965年のアイビー・ティーンエイジャーは、先輩たちに比べるとずっとドレスダウンした印象を与えた。彼らは〝フーテン〟バッグと呼ばれる粗末な麻袋に、衣類や寝泊まり用の洗面道具を詰めこんで持ち歩いた。ほかにアイビーを滑稽とすらいえそうなレベルまでドレスアップした、ライバル的な一派もいた。このいわゆる〝コウモリ族〟は片手にアタッシュケース、反対の手に超細身の傘を持ち、ダークスーツを着用していた。

新聞の社説は以前通り、銀座にたむろするティーンエイジャーを激しく攻撃した(かの『ニューヨーク・タイムズ』紙までがこの論争を取り上げ、彼らのことを「黒服を身にまとい……一夜の相手を求めてみゆき通りをうろつく、裕福なティーンエイジャーの風変わりな一団」と評した)。1965年4月、警察はふたたび街路の浄化に乗り出した。だが今回の若者たちは、やすやすと彼らの言うなりにならなかった。逮捕されたアイビー族のメンバーは、『朝日新聞』に「カッコいい服着て、銀座の真ん中を歩いて何が悪い。池袋や新宿辺の田舎者とは違うんだ」と訴えた。7月に学校が夏休みに入ると、その数はふたたび膨れ上がった。近郊の埼玉県、神奈川県、千葉県からも、銀座でのお楽しみに参加しようと少年たちが集まってきた。

前年とは異なり、マスコミはこの騒ぎの元凶を知っていた——石津謙介である。彼の秘書をしていた林田武慶《はやしだたけよし》は「お小遣いをつかいすぎるとか、親から苦情の電話が入りましたね。かなりありました」とふり返っている。石津が日本のアイビーの中心人物であることを知った銀座の店主たちは、彼の活動を封じてほしい、と警察に申し入れた――そうすれば若者文化全体に、壊滅的な打撃を与えることができるだろう。

警察はすでに、石津に目をつけていた。くろすによると「築地警察署は出てきてみたらどうもみんなVANっていうのを着てるぞと、で、こいつらをそそのかしてるのはVANに違いないっていうんで、築地警察署から呼び出しの電話がかかってきた」。1965年9月のある日、くろすと石津謙介は築地署を訪れ、銀座をうろつくようにティーンエイジャーをそそのかしたり、若者の不良化をうながしたりしたことは一度もないと言明した。警官たちとの話し合いに入るとすぐさま、彼らの反感はおなじみの問題から生じていることが明らかになった――警察は〝アイビー〟という言葉の本当の意味を理解していなかったのだ。ティーンの破廉恥な振る舞いしか知らなかった警官たちは、それが〝こじき〟をあらわす新しいスラングだと思いこんでいた。彼らは石津とそのチームが、なぜ〝こじき〟のファッションをかくも恥知らずに売り出せるのだろう、と首をひねっていたのである。

この時点で『TAKE IVY』の映画は完成していたため、石津とくろすはアメリカ版のオリジナルを見せるのが、いちばんてっとり早くアイビー・ファッションのあらましを説明する方法だろうと考えた。彼らは白髪のまじった数十人もの警官たちのために、築地署で上映会を開いた。本来の姿のアイビーを見て、署長は石津をふり向いた。「ああそうか、アメリカの本物のアイビーってのはこんななら悪いことはねえな」

映画が終わった瞬間から、警官たちは石津に対する認識を改め、銀座を苦境に陥れた主犯あつかいしていた彼を、協力者と見なすようになる。アイビー族にきちんと歯止めをかけられる人物は、石津以外にいないことを築地の刑事たちは理解した。彼らはくろすに「警察がいってもいうこときかないから、あんた達がいったほうが、あいつらはあんた達を神様みたいに思っているんだからきくやろう、ぜひやってください」と申し入れた。やはりアイビーのイメージアップを願っていた石津は、手を貸すことに合意した。

築地署はすぐさま銀座で、〝アイビー大集合〟を開催することにした。このあたりをうろついてはいけない理由を、石津謙介がアイビー族に説いて聞かせる催しである。警察は広々とした銀座ガスホールの6階を押さえ、周囲の街路に200枚のポスターを貼った。1965年8月30日のイベントは、正式には中央区青少年問題協議会の集会だった――そして協議会の歴史上はじめて、問題のある少年たちが自発的に参加した。ブランドのもっとも忠実なファンに、赤坂プリンスホテルで映画を初披露したわずか10日後、VANはそのもっとも反抗的な信者たちのために、特別に上映会を催すことになった。

200人近いティーンがガスホールに詰めかけ、この集会はおそらく〝青少年問題協議会〟史上、もっとも活気にあふれたものとなった。上映が終わると54歳の石津謙介がステージに立ち、その叡智を少年たちに伝えた——「アイビーは決していちじの流行を追うものではなく、祖父や父からの伝統を守ること。服装だけじゃない、生き方のことである」。そして彼は要点に触れた——「だから君たちも町中でうろうろしていてはいけません。言ってることがわかったら友達にも伝えてください」。その後、ジャパニーズ・アイビーのゴッドファーザーは築地署長との質疑応答をおこない、最後にロック・バンドのミッキー・カーチスとヴァンガーズが演奏を披露した。集会は午後4時に終わり、出席者はVANのショッピング・バッグをプレゼントされて家路についた。

数日後、アイビー族は銀座から姿を消した。 この危機に終止符が打たれたのは、完全に石津謙介の功績とされ、警察は彼を、ベビーブーム世代にとてつもない影響力を持つ、パワフルなファッション・アイコンと見なすようになった。だがくろすは自分たちが単に、タイミングに恵まれただけだという見方を取る——「丁度夏の終わりだったんで、あっという間にいなくなっちゃったんだよ。でも築地警察は、そっかあの映画が効いて銀座からみんな引き上げてくれたんだって、得しちゃったの俺たちが」。それを機に、日本の警察はこざっぱりとしたアメリカの若者ファッションを、さほど脅威とは考えなくなる。それどころかアイビーのスタイルに深い感銘を受けた彼らは、石津に新たな制服のデザインを依頼したのだった。

1960年代の後半に入っても、日本の経済は毎年10パーセント以上の伸びを示しつづけた。輸出が大きく膨れ上がるなか、日本政府は国内消費の増大に力を入れはじめる。白髪の大蔵大臣たちは、サラリーマンとその妻たちが先陣を切ってくれるものと期待したが、倹約が身に染みついていた、あるいは単純に忙しすぎて買いものをする暇がなかった年長の世代は、代わりに余った現金を子どもたちに託した。日本のティーンは一気に奮い立った。戦前の慎ましさにも、戦後の貧しさにも縛られていなかった彼らは、嬉々として拡大の一途を辿る消費者市場に参加し、親たちの円を浪費した。

こうして若者たちのポケットに流入した現金から、直接的に恩恵を受けたのがVANだ。1954年、富裕な資本家をターゲットにした小規模企業だったVANの収益は、4800万円だった。1967年になると、VANの収益は36億円に達し、60年代の終わりには69億円におよんだ。アイビー・ブームがピークを迎えた1966年から1967年にかけて、VANの製品は生産が追いつけないほどの売れ行きを示した。午前中に届いた商品は、夕方前までに姿を消した。石津の秘書を務めた林田武慶はこうふり返る。「社員が買えないんですね、ないんですよ。当時、それで東京の営業マンは100人くらいだと思うんですけど、大阪で当時作ってましたから、大阪から入荷して1週間でもう商品ないんですよ。お得意さんには。あとは1か月のほとんど半分は遊んでるわけですよ」

ＶＡＮは大きな利益を上げると同時に、社会の最上層部にも、新たなアイビー・ファンを獲得した。天皇の甥、三笠宮寛仁《みかさのみやともひと》親王はアイビー・ファッションを愛好し、ハイカットの3ボタン・スーツで公式行事に出席した。『メンズクラブ』の1965年5月号には、一張羅を着た三笠宮の写真が、「皇族アイビー」という不遜なキャプションつきで掲載されていた。

ＶＡＮはいつしか、東京と大阪に1000人を超えるスタッフを抱えていた。このＶＡＮの黄金時代を代表する社員のひとりが貞末良雄――成功を収めた日本のアパレルメーカー、メーカーズシャツ鎌倉の創立者であり、現在はその会長職にある人物である。彼は父親が広島でＶＡＮのショップを経営していた関係で、この会社の正社員となった。以前は電気技師をしていた26歳の貞末が大阪のオフィスに足を踏み入れたのは、1966年4月1日のことだった。すると先のとがったピカピカの靴を履いていた彼を

VAN社員時代の貞末良男。
（提供：メーカーズシャツ鎌倉）

見て、VANのセールスマンが「おいおい。魔法の靴履いた男がやってきたよ」と叫んだ。翌日、貞末は倉庫送りにされ、以後6年間そこで働く羽目になった。

しかし会社から支給されたアイビーのワードローブを身に着けるようになると、貞末はVAN製品の魅力を肌で感じることができた。「VANの服着て街に出かけるとみんな振り返るんです。マドラスのブレザーを着たり、ショートパンツ履いてですね。お金持ちが行くクラブとか、お金持ちしか入れないようなプールに行ってですね、ポケットに100円しかないんですけども、その格好見たら入れてくれるんですね。VANの服さえ着ていれば絶対どこでもお金持ち風に見えたんです。それが、VANジャケットの戦略として当たったところ」

大阪における貞末の経験は、アイビーがまちがいなく全国的な流行となっていたことの証でもあった。それはもはや、都会の洒落者だけのものではなくなっていたのだ。現に日本のハードコアなアイビー・ファンは、当時も現在も、大半が首都以外の場所に住んでいる。全国に散らばった石津のフランチャイズ店は、地方に暮らす、本来なら大都会のトレンドとはまったく無縁だったはずの若者たちを、アイビーに目覚めさせる教化センターとなった。アイビーはマスメディアとファッション・ブランドのためにまったく新しいパラダイムを提示し、そのなかで『メンズクラブ』は、最新の東京ファッションの解説者的な役割を果たしていた。

1960年代の末におけるVANの成功ぶりをあらわすもうひとつの現象が、似非ブランドの大量発生だった。直近のライバルだったJUNは、VANのアイビー製品のコピーを、ほんの少し安い値段で提供した。ほかにもACE、TAC、JAX、JOIといった、いわゆる三文字ブランドが次々に生まれ、あげくはYANなどというブランドも登場した。服地メーカーの東レは原始的なコンピューターを使って、残された3文字の組み合わせを可能な限り商標登録した。石津祥介は当時、『平凡パンチ』にこう語っている。「われわれは、まるでモルモットです。でも、まねるんなら、そっくりまねてくださいといいたいですね。色とか、形をちょっと変えてみようなんていうのがいちばん困るんです」。競合はあったものの、社会に与えるインパクトという意味で、VANの対抗馬となりうるブランドは皆無だった。ポール長谷川はいう。「JUNやその他のブランドは、服しかつくっていませんでした。でも**わたしたちはライフスタイルを丸ごと売っていたんです**」

他の追随を許さない支配力をファッション界でふるっていたVANは、その後も新しい、そしてよりきわどいアメリカのスタイルを導入しつづけた。そのひとつがTシャツだ。1960年代のなかばまで、日本人はTシャツを完全に下着あつかいしていた。占領時代の日本人は、下着1枚で街なかを歩きまわるGIたちを見てクスクス笑っていたのである。VANが最初にTシャツを売り出そうとしたのは1962年のことだったが、消費者は尻込みした。宣伝用のグッズとして、ステンシルのロゴをプリントしたTシャツを配布しても、家の外で着ようとする者は皆無だった。社内ではそもそもTシャツをつくるべきなのかについて、激論が闘わされた。

風向きが変わったのは、『TAKE IVY』がきっかけだった。くろすはこうふり返る。「Tシャツが売れるようになったのは、1965年に『TAKE IVY』の取材で向こうの学生がみんな自分の学校のロゴの入ったTシャツ着てるのを真似して作って、それが当たった。スクールカラーで多分作ってると思う。白はやっぱり下着のイメージが強いんで、オレンジ色に黒のプリントとか。それからイエールだったらイエールブルーのやつとか。たぶんねそういう色のTシャツだったと思う。カラーTって言い方してた。アメリカの学生はみんなこれだ！　みたいに書くからさ、ほおそうかそうかってみんな買っちゃう。爆発的に売れたね、あのやつはね。だから次の年の夏だろうな。66年の夏でしょうね、きっとね」

『TAKE IVY』の成功を受けて、VANは季節ごとに総合的なセールス・キャンペーンを打ちはじめた。そのもっとも象徴的な事例が、1967年の春／夏におこなわれた〝ケープ・コッド・スピリット〟――ヨットに乗ったジョン・F・ケネディの時代を超えた魅力を、自社製品に援用しようとしたキャンペーンだった（ただしVANの社員は誰ひとり、地図でケープ・コッドの場所を指すことができなかった）。次に来たのが南西部の牧場をシックに描いた〝ディスカバー・アメリカ〟で、このフレーズは日本国有鉄道が1970年に打ち、大々的な成功を収める国内旅行キャンペーン〝ディスカバー・ジャパン〟の元ネタになった。

こうしたキャンペーンは、石津謙介が先駆的に用いたメディア横断型プロモーション戦略の一例

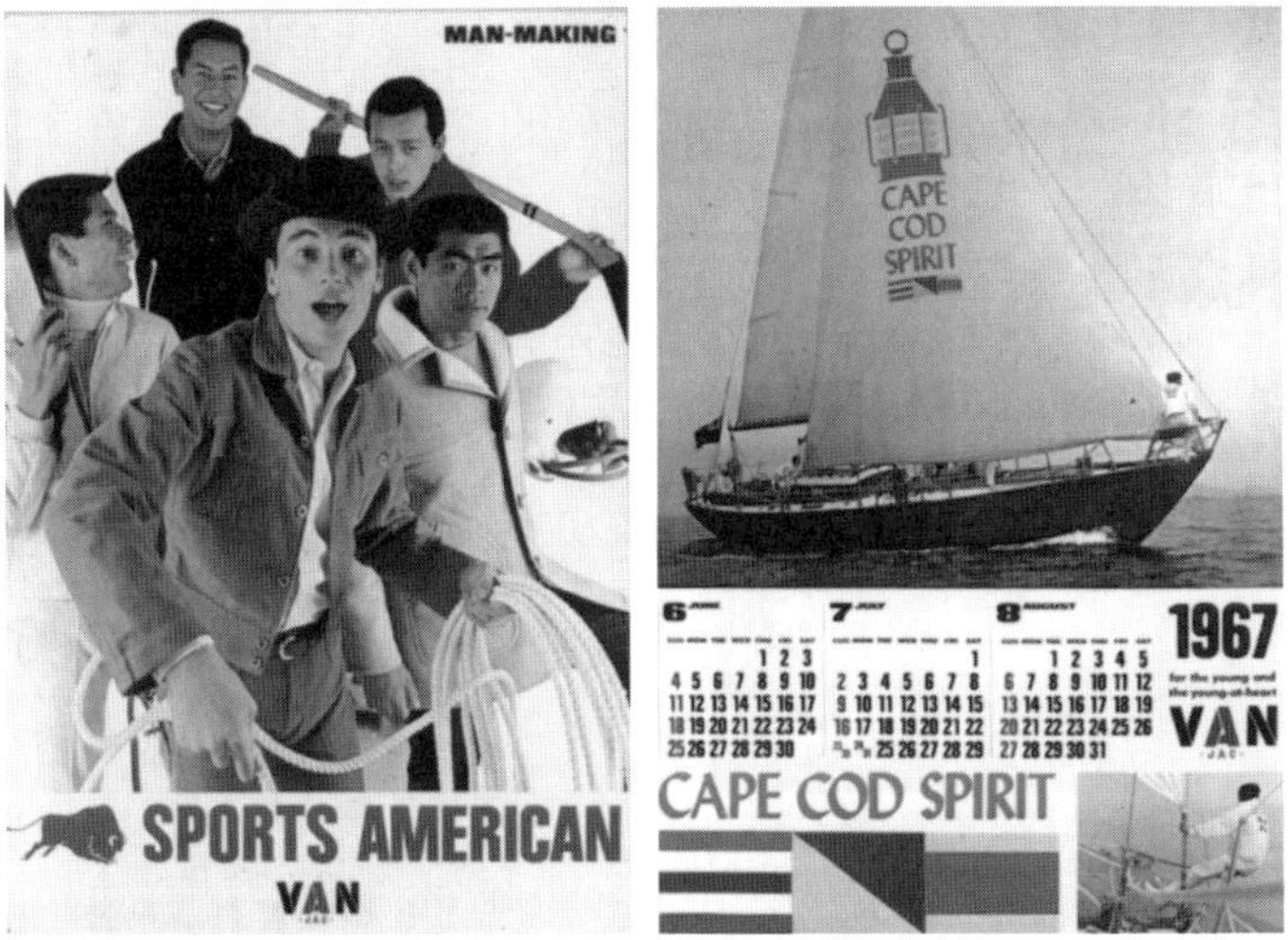

VANが1960年代末に展開した“スポーツ・アメリカン”と“ケープ・コッド・スピリット”のキャンペーン。(©VAN JACKET INC.)

にすぎなかった。ＶＡＮはくろすと祥介と長谷川が男性のファッションについておしゃべりするラジオ番組「アイビー・クラブ」のスポンサーになった。その後、石津はＴＶに進出し、最新のアイビー・ファッションに身を包んだ高名なジャズやポップのミュージシャンが自分たちのヒット曲を披露する土曜夜の30分番組「ＶＡＮミュージック・ブレイク」を１社提供した。ＶＡＮはまた、アスリートやカーレーサーとエンドース契約を結んだ、日本初のファッション・ブランドでもあった。石津謙介はヴアンガーズというアマチュアのフットボール・チームを結成した。１９６６年になると、銀座にＶＡＮスナックというレストランをオープン。この店は、同じ通りの先でマクドナルドが開業する3年前から、ハンバーガーを出していた。

VANは日本のビジネス界に、米国的な風物《アメリカーナ》を日本人に売る手立てを伝授した。するとその手際のあまりの見事さに、多国籍企業の日本支社を経営する在留外国人までが、この会社に着目しはじめた。ペプシ・ジャパンのCEOだったアラン・ポタッシュ――1963年に〝ペプシ・ジェネレーション〟のキャンペーンを打った広告界の伝説的存在は、1968年にポール長谷川をVANから引き抜いた。長谷川はこうふり返る。「アランはVANのわたしたちの仕事ぶりが気に入っていました。彼に会うまで、自分たちの仕事をプロフェッショナルな視点で見たことは一度もなかったんですが」。のちにはコカコーラがVANの戦略的パートナーとなり、1970年代を通じてプロモーション・グッズを共同制作することになる。コカコーラがVANのコマーシャルの絵面をそのまま、自社のTVキャンペーンに流用したこともあった。

石津はアイビー・リーグのスタイルを、日本のファッションのベーシックなテンプレートにしたいと願っていた。だがその願いとはうらはらに、若者のファッションを独占していた東海岸のスタイルは、次第に支配力を失いつつあった。1966年を皮切りに、エレガントなヨーロッパ風のスーツ――日本では〝コンチネンタル〟、あるいは略して〝コンチ〟と呼ばれた――が、このスタイルに新たな活路を見いだしたVANのライバル、JUNのあと押しで注目を浴びはじめる。いかに〝ミスター・アイビー〟と呼ばれていようと、個人的には英国ファッションを愛好していた石津は、カーナビー・ストリート直送のきらびやかな洋服をつくるサブレーベル、MISTER VANをスタートさせた。おりしも1966年6月に、派手なモッド・スーツ姿のビートルズが日本武道館で3日間の歴史的なコンサートをやったばかりだったため、石津の動きは時代の流れに抜け目なく乗ったものと見なされた。しかしあまりにけばけばしかったせいか、日本でモッズ・ファッションに火がつくことはなく、MISTER VANは失敗に終わった。それでもVANはひるむことなく、異なる顧客層のために、VAN BROTHERS、VAN MINI、そして10代はじめの少年たちに向けたVAN BOYSなどの新たなラインで、多様化を進めつづけた。

しかし気まぐれに変化するティーンエイジャーのスタイルについていこうとするVANの戦略には、思わぬ副作用があった。このブランドを初期の時代からずっと忠実に支持してきた人々に、そっぽを向かれてしまったのだ。1964年にボタンダウン・シャツを着た銀座の少年たちを見て、最初の恐慌をきたしたハードコアなアイビー・ファンは、中流の学生たちが遊び着として〝アイビー・シャツ〟を当たり前のように着るようになると、ますます違和感を募らせた。テイジンメンズショップで買いものをする20代の顧客は、アイビー族のメンバーと思われたくないからと、自分たちの購入品は、VANのロゴが入った袋に入れないでくれと頼んでいた。

1966年、石津はかつての顧客を取りもどすために、VANの大人向けライン、Kent（スローガンは「for the exclusive man」）の建て直しをとくろすとしゆきに依頼した。年長の顧客は以前と変わらずアメリカン・ファッションを愛好していたが、〝アイビー〟という言葉には、ますます嫌悪感を抱くようになっていた。賢明にもくろすは、Ｋｅｎｔのイメージを〝トラッド〟という新たな用語で刷新した。くろすは２０１０年、〝ザ・トラッド〟というアメリカのブログに「'traditional' というのは既存の言葉ですが、発音がむずかしく、日本ではほとんど使われていませんでした。それで覚えやすい短い言葉を探していると、ジャズの本で〝トラッド・ジャズ〟という表現を見つけたんです」と語っている。

トラッドという呼称は、日本におけるアメリカン・ファッションの未来にとって、きわめて重要な役割を果たすことになる。流行もののはかなさを感じさせるアイビーとは明らかに相反する言葉だったトラッドは、単にアメリカに留まらず、さまざまな国々の伝統あるブランドをひとくくりに表現していた。トラッドの男たちは、〝アメリカ・オンリー〟というアイビーの厳格なルールを気にすることなく、古典的なバーバリーのジャケットやアイルランドのフィッシャーマンズ・セーターに身を包むことができた。ＫｅｎｔにはＶＡＮのような永続的な影響力はなかったが、日本人が以後40年間、英米のファッションにこだわりつづけることができたのは、くろすが〝トラッド〟を発明したおかげだったのである。

ＶＡＮがベビーブーム世代に与えた影響力の甚大さをよそに、大人たちの多くはアイビーに反感を抱きつづけた。大衆紙はお決まりのように石津を叩いた。たとえば『週刊現代』は１９６６年に、

「亡国のデザイナー・石津謙介氏の評判」と題する無署名の記事を掲載している。匿名の筆者は、VANが若者たちにセックスを奨励していると批判し、スポーツライター、寺内大吉の以下の発言を引用した——

戦前の若者は、国家社会に貢献してきたが、戦後二十年間、若者たちはなにもしていない。体ばかり大きくて内容はちっぽけ。その現われの1つが、あの服装だ。あれは、舞台でいえばワキ役の着るもの、主役が中央で堂々と着るもんじゃない。女のおしゃれは本能だから仕方ないとしても、アイビーだのVANだのというのは、おしゃれとちがう。あれは女の子にモテたい、というだけ。

この中傷は、中年男性の石津に対する嫌悪感がいかほどのものであったかに加え、禁欲的な日本人のマチズモという戦前の理想を、年長の世代がどれだけ捨てきれずにいたかを示している。彼らはVANのようなスタイリッシュなメンズウェアを、性倒錯の兆候と見なすことしかできなかった——女性的な装いをするのは、肉欲の裏返しだったのだ。しかしそうした不平不満はもはや、断末魔の叫びに近かった。VANは若者たちに、消費者時代により見合った、ファッションへの新たな接し方を教示していた。

現在のベビーブーム世代は大半がVANを、自分なりのファッションや、アメリカ的なライフスタイルへの入口として好ましく記憶している。〝アイビー〟の世界観を伝えるなかで、VANの社員たちは、単に服装だけに留まらず、音楽、趣味、自動車、そして食べものについても、若者たちの夢や憧れをかき立てた。第2次世界大戦の敗北によって、伝統文化に対する敬意を奪われた彼らは、新たな価値観を切望していた。するとまさにぴったりのタイミングで、VANがアメリカ的な生活の、理想化されたバージョンを提示したのだ。デザイナーとして、あるいはマーケターとしても天賦の才に恵まれていた石津だが、実際に財を成したのは、文化的な裁定取引《アービトラージ》（価値の差を利用して利益を上げる取引）という形態においてだった。くろすはいう。「VANがやってたっていうのはそれまで過去全くないものを突然発明したわけではなくて、前からあったもの、それから日本にはないけどアメリカにはあったもの、みたいなやつをただそっくり真似してやってるんだけれども、そんなこと気がつく人がまだいなかった。当たったたんだろうね」

東京の風景から、本物のアメリカ人が徐々に姿を消しつつあったという事実もVANに味方した。1960年代のなかばになると、GIの数は激減し、たいていは辺鄙な地域のベースに引きこもっていた。代わりに東京の若者たちは、VAN、『メンズクラブ』、そしてハリウッド映画から、アメリカ人に関する知識を得た。彼らはアメリカを戦時中の敵や戦後の占領者ではなく、ジャズ、おしゃれな大学、ボタンダウン・カラー、そしてセクシーなブロンド女性の本場と見なすようになった。

日本のファッション史のなかで、アイビーは男性たちがおしゃれをしはじめた、１９６０年代の重要な転機を示しているが、それ以上に重要なのは、この国が以後50年間、アメリカのファッションを輸入し、消費し、修正していくパターンが、このスタイルによって決定づけられたことだった。日本に最新のアメリカン・ファッション——ニューイングランドのこざっぱりした若者たちの服装に留まらず、カウンターカルチャーのより野放図なスタイルまでも——を再現し、全国に広めるためのインフラストラクチャーが整備されたのは、アイビーがきっかけだったのである。

第4章

ジーンズ革命

The Jeans Revolution

人口7万5000人の児島《こじま》は岡山県の南端、瀬戸内海ぞいに位置している。塩気の多い土壌と少ない降水量のせいで稲作には不向きだが、綿花栽培にはうってつけの土地だった。白い繊維の収穫が安定すると、織物業や藍染めといった付随産業も集まり、20世紀までに児島は、帆布や伝統的な足袋のソールに使われるあや織り綿布といった、日本一頑丈な布地の産地として知られるようになった。1921年、地元のあるビジネスマンが町に20台のミシンを寄付し、そこからまったく新しい分野への進出がはじまった——学生服の製造である。それはあっという間に大規模な産業へと膨れ上がり、**1937年になると、日本の学生の90パーセントは岡山県産の学生服を着用していた。**

戦後になっても児島は学生服ビジネスを支配しつづけたが、輸出ブームのなか、大半の綿織物が海外に出荷されるようになると、現地のメーカーは軽量で防水性のある合成繊維、ビニロンで制服をつくりはじめた。しばらくはそれでうまくいっていたが、1958年、それよりもはるかに品質のいい、テトロンというポリエステル繊維が市場に登場した。メーカーの東レとテイジンは、この新しい驚異の繊維を売り出すために大々的なキャンペーンを張り、日本全国の学校はじきにテトロン製の学生服を求めはじめた。しかし東レとテイジンは、この繊維を傘下の業者以外には提供しようとせず、児島の代表的なメーカーは、どこも参入できなかった。

この街いちばんの学生服メーカー、マルオ被服の従業員たちは、需要のなくなったビニロン製衣類の在庫の山を、悲しげにながめていた。創業者の尾崎小太郎は、なにか手を打たなければと考えた。1964年秋、彼はふたりのトップ営業マン、柏野静夫と大島年雄を本社に呼びもどし、会社の将来に関する会議を開いた。9世紀の学者兼詩人、菅原道真が登場する奇妙な夢を数夜連続で見た彼は、とりあえずこのふたりを連れて、道真が祀られている九州の神社、太宰府天満宮に参拝の旅をすることにした。お参りを済ませたマルオのチームが天啓を得たのは、近場の温泉で休息を取っていたときのことだ。尾崎はどんな服をつくれば、マルオの窮状を救うことができるのかと訊いた。柏野と大島はともに間髪を入れず、「ジーパン」と答えた。またの名を〝GIパンツ〟という、アメリカ人には〝ブルージーンズ〟と呼ばれていたズボンである。

柏野が最初にジーパンのことを知ったのは、東京のアメ横にあるマルセルという店を通じてだった。1950年代後半のこのエリアは、もはや闇市場ではなくなっていたものの、相変わらず混沌としていた──漬け物や魚、くすねられたホテルの備品、密輸された禁制品、合法スレスレの並行輸入品、そしてPXから違法に調達された贅沢品を売る露店が何百も軒を連ね、つねに人がごった返していたのだ。そんななか、マルセルを経営する檜山健一《ひやまけんいち》は、マルオのようなメーカーがつくるアメリカ風の作業コートやズボンに加え、アメリカ軍が放出する中古の衣類に独自の儲け口を見いだした。

占領期間中の米兵は、パンパン・ガールへの支払いを現金ではなく中古の衣類で済ませることが多く、街娼たちはその足でマルセルのようなアメ横の店に向かい、受け取った服を売り払っていた。檜山はそうした女性たちの多くが、色のあせた、インディゴブルーの作業ズボンを持ちこんでくることに気づいた。うわさによるとそれは、アメリカの囚人服の下半分だった。しかし米軍基地を訪ねたことがある人間は、勤務外の兵士がしばしば、それによく似たズボンを履いていることを知っていた。**檜山はとりあえず〝Gーパンツ〟という呼び名をつけ、それを短くした〝ジーパン〟（あるいは〝Gパン〟）が、この界隈での通称になった。**

1950年の時点でジーパンは、マルセルの売り上げの半分以上を占めていた。檜山の妻のチヨノは1970年に、『週刊朝日』でこうコメントしている。「仕入れ値に三百円から五百円かけて売ったが、三千二百円ぐらいで売れた。品薄だったので、仕入れたGパンをお店へ出し、値段の紙をつけ終わらぬうちに売れてしまう、という状態でねー」。その当時、男性の大半はウール製のズボンを履いていたが、日本の温暖な気候には、コットン製のジーパンのほうがずっと適していた。また戦時中の国民服や米兵の制服がつくるカーキ色の海のなかで、青い色はひときわ目を惹いた。作家の北本正孟《きたもとまさたか》の言葉を借りると、ジーンズは「勝利のブルー」で輝いていたのだ。

さらなるジーパンを探し求める檜山夫妻は、アメリカの家族が日本に派遣された米兵に荷物を送る際、しばしば破れたジーンズを詰めものの代わりに使っていることを知った。ふたりはこうしたスクラップを買い取り、業者に穴や破れ目を繕わせた。その結果生まれたのは、ズタズタのズボンのパーツを継ぎ合わせたフランケンシュタインの怪物のようなシロモノだったが、それですらあっという間に売り切れた。

1950年代の初頭に入ると、アメ横の衣料店は中古のジーパンの売買で活況を呈していたが、日本人は誰も新品を買えなかった。ただしひとりだけ、注目すべき例外がいた――エリート官僚の白洲次郎である。ケンブリッジで教育を受けたこのハンサムなビジネスマン兼外交官が最初にジーンズを知ったのは、サンフランシスコで暮らしていた1930年代のことだったとされている。戦後の彼は日米政府の関係改善のために力を尽くし、ダグラス・マッカーサー将軍のGHQともきわめて近い立場にあったおかげで、真新しいリーバイスの501をPXで買うことができた。当初は車いじりの時に履くと言っていたものの、白洲は結局、始終デニム姿で過ごすようになる。1951年、アメリカとの講和条約調印のためにサンフランシスコ行きの飛行機に乗ったときも、彼はすぐさまスーツを脱ぎ捨て、機内ではずっとリーバイスを履いていた。彼がジーンズを愛好していることは、この年、お気に入りの格好でくつろぐ白髪の紳士の姿をとらえた写真によって、日本中に知れ渡った。

白洲のパリッとした新品のジーンズは、マルセルで売っていた縫い目だらけの履き古したズボンとはまるで別物だった。かくして日本ではブルージーンズが、ふたつの顔を持つことになった――おいそれとは手に入らない高級な衣類が、同時に闇市場といううしろ暗い世界と直結していたのである。この二重性は、朝鮮戦争の休暇を取る米兵が新たに大挙して東京を訪れた1950年代の初頭になっても引き継がれた。制服を脱いだ兵士たちは、履き慣れたジーンズ、CPOシャツ、原色のラムズウールVネックセーター、白いソックス、それにローファーという出で立ちで、東京を練り歩いた。ただし見てくれはスタイリッシュだったものの、外国の兵士は街の怪しげな界隈に出没するきらいがあったため、ブルージーンズのイメージはますますややこしいものになった。

1950年代の中盤になると、こうしたアメリカの兵士たちとマーロン・ブランドやジェームズ・ディーンの映画と相まって、ブルージーンズは感度の鋭い日本の若者たちのあいだで、新たな文化的価値を持ちはじめる。アメ横にはジーンズと米軍の放出品を専門に売る、アメリカ屋やロンドンといった名前の店が次々に登場した。残念ながらアメリカ産のジーンズは、日本人の身体にあまりうまくフィットしなかった。体格がよく、脚が長いアメリカ人用につくられていたからだ。マルセルを訪れる客は、たまたま自分と同じサイズのアメリカ人が古いズボンを手放していますように、と祈る以外になかった。サイズの問題を解決するために、アメ横の店は中古のジーンズを児島のマルオ被服のような業者に送り、日本人の身体に合わせて寸法直しをさせるようになった。

1957年、日本政府は衣類の輸入に対する保護貿易主義的な規制を緩和し、海外の中古衣料が、大手を振って売買できるようになった。このニュースを知った東京の放出品店、栄光商事の高橋重敏《たかはししげとし》はすぐさま太平洋を横断する飛行機に乗り、シアトル郊外の洗濯施設で2万本の中古ジーンズを買い入れた。この大量のデニムの山が、はじめて日本に大規模輸入されたアメリカ産のジーンズだった。獲物を抱えて高橋が帰国した直後、官僚たちは規制をさらに緩和し、新品の衣類の輸入も可能になる。彼はすぐにまたアメリカ行きの飛行機に乗り、新品のリーのジーンズを8万本卸売りする契約を結んで帰国した。同じころ、競合する大石貿易は、リーバイスを毎月3万本輸入する契約を結んだ。

この2つの契約によって、日本には本物のアメリカ産デニムがどっと流入し、放出品店は顧客たちが、本格的なアメリカ産ジーンズに飛びつくものと期待した。しかし日本人客の反応は鈍かった。彼らは肌触りがやわらかで、複雑な色落ちがある洗いざらしのデニムを好んでいたのだ。新しいジーンズの糊がきいた繊維は硬くて色が濃く、履き心地が悪かった。アメリカ人は本当にこんなカチンカチンのズボンを我慢して履いているのだろうか、と彼らはいぶかった。

『メンズクラブ』のイラストレーター、小林泰彦は、もっとも早い時期にこうした新品のジーンズを買った顧客のひとりだ。彼はハリウッドの西部劇を見て、デニムに強い憧れを抱いた。だがアメ横で買えることを知ったのは、その後何年もたってからのことで、たまたまリーバイスのジーンズを見つけた彼は、代金の3800円を支払うために、1か月ぶんの美術用品代をまるごと注ぎこむ羽目になる。色が濃すぎると考えた小林は、裕福な隣家の奥さんに頭を下げ、長時間モードにセットした洗濯機で、このズボンを何度も洗ってもらうことにした。おかげで色は薄くなり、履き古した感じを出すために、彼は夜闇に紛れてジーンズの布地をたわしでこすった。その甲斐あって小林は、1950年代後半の若者としては珍しく、映画からそのまま出てきたようなブルージーンズで新宿を闊歩することができた。

こうした初期の時代、高い店頭価格のせいで、ジーンズを入手できるのは若手俳優、熱心な美術学生、そして金持ちの家庭の不良子女といった一部の人種に限られていた。そもそも1870年代にリーバイ・ストラウスがジーンズをつくったのは、金鉱掘りという荒っぽい仕事に耐えられるズボンが求められていたからだった。だが戦後の日本ではあまりにも高価すぎて、ブルーカラーの労働者にはとうてい手が出せなかった。ブルージーンズはあくまでも、舶来の輸入品だったのである。だがそうした高級感をもってしてもなお、〝手に負えない連中〟が履くズボンというイメージを払拭することはできなかった。中学生時代の1950年代にジーンズを履いていたファッション評論家の出石尚三は、次のようにふり返っている。「アウトロー的に見えるから履きたくなる。僕は中学のころから買っていました。そのために僕は何も悪いことしないんだけど、不良だと」

アメ横ではマルセルの檜山夫妻が、ジーンズの上がりが悪いのは、高い値段と供給量の少なさのせいだと分析していた。露面店の多くは安っぽいイミテーション——5ポケットで藍染めにした、軽量の綿混紡ズボン――を売っていたが、檜山はアメリカ産のオリジナルに似た感触を持つ、手頃な値段の自国産バージョンを誰かにつくらせたいと考えた。マルオ被服の柏野が縫い直した中古ジーンズの荷を下ろしに来るたびに、この夫婦は日本初の本格的なブルージーンズをつくってくれ、と頼みこんでいた。1964年秋、あの温泉の旅館でマルオのチームは再度、このリクエストを社長の尾崎にプレゼンした。だが今回、それ以上ボスを説得する必要はなかった。**マルオ被服は日本一のジーンズをつくれる会社になる**――それがこの会社を救う、唯一の手立てだった。

『メンズクラブ』の1963年春号に掲載された輸入品のアメリカン・ジーンズ。（提供：ハースト婦人画報社）

1964年の暮れにジーンズの製造に乗り出すことが決まると、マルオ被服の柏野静夫はマルセルにもどり、バラバラにして細かく分析するために、アメリカ産のジーンズを1本買い求めた。解体の途中で柏野は、布地の奇妙なディテールに気づいて首をひねった――青い綿糸は、芯まで染まっていなかったのだ。ほかの染料に比べると、藍はなかなか綿の中心まで浸透しない。そのため工業的な藍染めではたいてい、糸の外周に青い輪をつくるだけで、まん中は白いままになっている。だがジーンズに独特な美しさをもたらしているのは、まさしくこの欠点なのだ——乱暴な履き方をして藍が剥がれると、染まっていない綿が顔を出し、表現力に富んだ、微妙な色落ちのレイヤーを生み出すのである。

日本の職人たちは7世紀以来、藍染めの腕を磨いていたが、彼らの伝統的な手法——発酵した有機染料の桶に糸を何度も漬け、その糸をよじって染め色を酸化させる——を用いると、綿に青い染料が完全に浸透してしまう。当時の日本の染色職人は誰も、アメリカ産のデニムのように、まん中がぽっかり白い藍染めの糸をつくることができなかった。柏野はやむなくマルオのジーンズに、シャンブレー織りに似た軽量の素材を使おうとしたが、檜山ははっきり異を唱えた。「ダメダメ、もっと真剣に工夫してアメリカ製そっくりにしてくれなくちゃあ」。もはや、マルオに選択の余地はなかった——アメリカから布地を輸入するしかない。

官僚との裏ルートを通じて、柏野は以前リーバイスを輸入していた大石貿易が、つい先ごろ、アメリカ産デニムの独占輸入権を得たという話を聞きつけた。社長の大石哲夫は、ノースカロライナ州でリーバイスに布地を供給していたコーンミルズからデニムを入手しようとして果たせず、だが最終的にはジョージア州のキャントンミルズという、協力的な商売のパートナーを見つけ出した。1964年、大石は東京に縫製工場を建て、キャントンというブランド名で日本市場向けのジーンズをつくりはじめたが、マルオにとっては幸運なことに、この会社はデニムを余らせていた。マルオ被服は日本の西部でキャントンのジーンズを製造し、販売する契約を大石と結んだ。契約書への署名を済ませ、先方に現金の札束を手渡すと、1965年2月、マルオ被服の児島工場に3000ヤードぶんの頑丈な14・5オンスデニムが到着した。

しかしマルオの女性裁縫師がいくらデニムに手をつけようとしても、彼女たちの三菱やジューキのミシンは、硬い布地に針ひとつ入れることすらできなかった。マルオの上司たちは別の縫製法をためしてみたが、どの方法を使っても、糊のきいたキャントンの布地にはまるで歯が立たなかった。尾崎はリサーチにリサーチを重ね、最終的にはアメリカに、中古のユニオン・スペシャル・ミシンを注文した。すると工場の人々は、ほかにもいくつか、特殊な素材が足りないことに気づいた——ジーンズの縫製に使うオレンジ色の糸、ジーンズの耐久性向上に欠かせない銅のリベット、そして前を閉じるスチール製のジッパー。彼らはふたたびキャントンミルズに、もっと糸を送ってくれと要請し、ジッパーはタロンというアメリカの会社に注文し、リベットはやはりアメリカの会社、スコヴィルから調達した。日本でアメリカ風のジーンズをつくろうとしたマルオ被服は結局、すべての素材——とミシン——をアメリカから輸入する羽目になった。

マルオ被服は1965年のなかばに、キャントンのブランド名で初のジーンズをつくり上げた。だが小売店をまわりはじめた柏野と大島は、前世代の輸入業者たちと同様の抵抗に遭遇する——日本人の客は粗いデニムの肌触りが好きじゃない。アメリカから輸入される中古ジーンズが、１４０円というとんでもない値段だったのに対し、新品のジーンズの値段はわずかに８００円。にもかかわらず売れ行きは、10対１で中古ジーンズの勝ちだった。

解決策ははっきりしていた。一度洗って素材をやわらかくし、色を落とすことだ。しかし１週間の酷使をへて、工場の洗濯機はすべて故障した。柏野は２倍の料金を支払うという条件で、この仕事を近くのクリーニング店にアウトソーシングしようとしたが、結局は藍色の染料が、大半の洗濯機を台無しにしてしまう。怒り心頭に発したオーナーをなだめるために、マルオ被服はすべての洗濯機を買い取り、工場の空きスペースに設置した。縫製工場は今や、洗濯施設を兼ねるようになった。機械だけでは手に負えなくなると、工員たちは水を張った裏庭の溝にジーンズを投げ入れ、出っ張りや梁にかけて乾かした。

このブランドの〝ワンウォッシュ〟ジーンズはいくぶんましな売れ行きを示したものの、苦戦中の学生服ビジネスを、完全に肩代わりすることはできなかった。そこまで持っていくためには、一部に熱狂的なファンを持つジーパンを、一般の消費者も巻きこんだトレンドにしなければならない。マルオ被服はＶＡＮを大成功に導いた、同じ岡山生まれの石津謙介のやり方を見習って、若者を直接ターゲットにすることにした。さらにマルオの大島年雄は、アイビーが重要な市場を手つかずにしていると考えていた――「キャンパスのアメリカ人学生は、チノパンよりもジーンズを履いていることが多かった。それなのにＶＡＮはチノしか出していなかったんです」。柏野の訪問を受けた石津は、気のおけない会話を交わしながら、まず伊勢丹――東京のスタイルを審判する役目を果たしていた新宿のデパートを味方に引き入れるべきだとアドバイスした。

その後の伊勢丹とのミーティングは、悲惨な結果に終わってしまう。デパートのバイヤーたちは、マルオのワンウォッシュ・デニムを見て色をなした。「洗濯したものを持ってくるのは失礼じゃないか」。ミーティングの終わりに、バイヤーのひとりは汚らわしいといわんばかりにワンウォッシュのジーンズを床に投げ捨てた。伊勢丹を追い出された柏野は競合する西武デパートに売りこみをかけたが、ここでもバイヤーは洗濯済みのズボンを売ることに対して同様の懸念を口にした。そして通常は薄汚いＧＩの放出品店で売っている製品を並べることに二の足を踏んだ。

マルオが昔ながらの小売業者に拒絶されていたのと同じころ、東京に競合する新たなデニムのブランドが登場する。ブランドを創立した常見《つねみ》米八《よねはち》は、アメリカから中古ジーンズを輸入する放出品の業者だった。マルオがキャントンに取り組む一方で、常見はエドウィン（Ｅｄｗｉｎ）というブランド名の下、独自の日本製ジーンズの製造ラインを着々と整備していた。常見はこのブランド名について、〝デニム（denim）〟の文字の順番を入れ替え、〝Ｍ〟を上下逆さまにしたと説明している（あるいは駐日アメリカ大使、エドウィン・ライシャワーの名前をいただいた可能性もある）が、マルオ被服はそれを、自分たちへの挑戦状と受け取った――〝エド（Edo）〟が、日本西部の会社に〝勝つ（win）〟というわけだ。

日本のデパートの要求に応え、と同時にエドウィンに対するリードを保つために、マルオ被服はオリジナルのジーンズ・ブランドづくりに着手した。彼らはノースキャロライナのコーンミルズと交渉し、廃棄品や半端な長さの布、そしてB級品はすべて、自分たちのところに送らせる手はずを整えた。こうして材料を確保すると、彼らはじっくり腰を据えて、キャッチーな名前を考えはじめた。柏野は当時、優れたブランド名はすべて〝ん〟という音で終わる——日産やブリヂストンやキリンのように——という説を信奉していた。また、日本のブランドは創業者の名前をもじって、西洋風に聞こえるブランド名をつくることが多かった。たとえばサントリーというウィスキーのブランド名は、創業者の鳥井信治郎、すなわち〝鳥井さん〟に由来する。そのひそみに倣って、大島と柏野は尾崎のファーストネーム、小太郎のバリエーションを次々に考えた。〝小〟という漢字は英語の〝small〟を意味し、太郎はアメリカの〝John〟に相当する名前だったことから、彼らは〝リトル・ジョン〟というブランド名を考え出した。だが身長が150センチしかなかったボスのことをからかっているとは誤解されたくなかったため、代わりに〝ビッグジョン〟で行くことにした。それは〝ビッグジョン〟・ケネディ（JFK）を連想させる、いかにも本格的なアメリカのブランドらしい名前だった。

1967年、マルオ被服はストレートレッグ、プリシュランクのビッグジョンM1002ジーン

ビッグジョン・ジーンズの初期の広告（左）と販売タグ（右）。1968年。(©ビッグジョン)

ズをデビューさせた。セールスタグには〝Authentic Western Jeans〟（本格的なウエスタン・ジーンズ）と記され、ロデオの牛から振り落とされそうになった男が描かれていた。少なくともこの図像に関する限り、ビッグジョンのジーンズは、アメリカの西部辺境から密輸された商品であるかのごとき印象を、日本の若者たちに与えることに成功した。売れ行きは最初から好調だった。このラインを採用した西武は、日本ではじめてデニムを売ったデパートとなり、以前は高圧的な態度だった伊勢丹も、数か月後にはおずおずと、ビッグジョンのワンウォッシュ・ジーンズを置かせてもらえないだろうかと連絡を入れてきた。

　手頃な値段だったおかげで、若者たちはビッグジョンのジーンズに飛びついた。しかし19

67年に入ってもなお、おしゃれな東京のティーンは、大半がその当時における、2つのまっとうなスタイルに固執していた。アメリカのアイビーとヨーロッパのコンチネンタルである。単にブランド名を変えるぐらいでは、ジーンズにVAN並みの勢いを持たせることはできない——マルオ被服が必要としていたのは、革命だった。

VANが『TAKE IVY』で西海岸のキャンパスをドキュメントしたわずか数か月後、まさしくそのキャンパスが、文化的な実験と反戦デモの急進的な温床へと変貌を遂げた。ボタンダウン・シャツ、フラットフロントのカーキ、そしてスムースなバイタリス・ヘアーというこざっぱりした学生たちの外見は崩れ去り、政治的なスローガンを掲げたTシャツ、ボロボロのジーンズと、ボサボサの髪型に取って代わられた。数人の孤立したキャンパスのトラブルメイカーが、まるでドミノ倒しのように、フルスケールの全国的な反体制文化——左翼の平和主義的な行動と、サイケデリックな意識改革、そして非物質的な生き方への回帰を謳うボヘミアンの融合——へと拡大していったのだ。

同時期、日本の若者たちも、同様の、だがずっと底の浅い精神的変化を経験していた。戦争を禁じた憲法のおかげで、米軍がヴェトナムに出兵しても、支援のために、日本人が徴用されることはなかった。娯楽用のドラッグを入手できる人間はごく限られ、この国の消費者社会はまだ、反物質

新宿駅の線路を占拠する学生のデモ隊。1968年10月。（©時事通信フォト）

主義のしっぺ返しを食らうほど成熟していなかった。それでも反抗の気運ははっきりと感じられた。急進的な若者たちは仕事第一の日本的なライフスタイルに叛旗を翻し、右翼的な現状に挑みかかった。サブカルチャーのセクトによって、目指すところはちがっていたものの、反抗を象徴する服装に関しては好みが一致していた——ブルージーンズである。

当時の日本でもっとも規模の大きい反体制文化勢力が、マルクス主義的な学生運動だった。若者の行動主義が最初に大スケールで火を噴いたのは1960年、日米安保条約——〝アンポ〟に反対する学生たちが、数十万人単位で国会議事堂前に集まったときのことだ。60年代が進行するにつれて、エリート大学のキャンパスで何十という左翼学生の小集団が結成され、左翼政党の日本共産党よりもさらに急進的なコースを辿りはじめた。マルクス主義者のセクトは街路にあふれ出し、〝ゲバ棒〟と呼ばれる長い木の棒や、時には火炎瓶で警察と闘った。何度かの小競り合いをへて、学生革命は1967年10月8日、ヴェトナム戦争へのさらなる支援を約束するために、訪米しようとしていた佐藤首相に抗議する若者たちが羽田空港でくり広げたデモをきっかけに本格化した。政治活動が授業料の値上げに対する抗議運動と一体化し、激しさを増していくにつれて、学生たちが全国の大学の建物を占拠しはじめ、なかでも全共闘と呼ばれるグループは、東京大学の安田講堂をまる1年にわたって封鎖した。

マルクス主義者の学生たちは、街頭でも武装闘争をくり広げた。土曜の夜の新宿は政治的なデモの現場となり、当然のようにそれは、機動隊との闘争に発展した。催涙ガスにまみれたこれらの衝突は、もともと退廃的だとされていたその界隈の評判を、さらに落とす結果になった。新宿は夜の盛り場として、長年、銀座のライバル的存在だった。しかし西ヨーロッパ風の銀座が明るく照らされていたのに対し、かすかにロシアの匂いを感じさせる新宿は、影の中に潜んでいた。1950年代、新宿のバーは日本のビート族や実存主義者のホームグラウンドとなり、1960年代のなかばに入ると、その裏道にはモダン・ジャズやゴーゴーのクラブが軒を連ねていた。サイケデリック・ムーブメントのうわさが海外から伝わってくると、〝LSD〟や〝アンダーグラウンド・ポップ〟

ロック・フェスティバルに集まる日本のヒッピーたち。1971年。（©共同通信）

などと名乗るアングラ・バーが次々に登場した。

１９６７年に入ると、新世代の反抗的なティーン――〝**フーテン族**〟の名で知られるホームレスの若者たちが、新宿駅の西口を占拠するようになる。同世代のマルクス主義者たちと異なり、フーテン族は単にドロップアウトしただけで、政治闘争には参加しなかった。彼らは〝グリーンハウス〟と呼ばれる植えこみのまわりに座り、友人たちからもらい煙草をし、草藪の中で午後の密会を楽しんだ。小遣い銭が必要になったときは、アルバイトをして稼ぐ。この国にＬＳＤはなく、マリファナもごく少量しか出まわっていなかったため、大半のフーテン族は処方薬――睡眠薬、精神安定剤、生理痛緩和剤――のカクテルを飲み、透明なビニール袋に入れたシンナーを吸うという、悪癖に染まった者も多かった。彼らの生態を報じた

『ニューヨーク・タイムズ』紙はほかに、「フーテン族は全員、ゴーゴー・ダンスの達人だと言われている」とも書いている。

フーテン族を〝日本版のヒッピー〟と見なすのは簡単だ。だがこの国にはそれとは別個に〝ヒッピー族〟なるものが存在していた。社会から疎外された、自堕落な、ジャズ好きのフーテン族と異なり、日本版のヒッピーは、ボヘミアン的なアイデンティティをアメリカからじかに借用した。彼らはアメリカ産のロックを愛聴し、田舎のコミューンに移り住みたいと夢見ていた。それに対してフーテン族は、新宿以外のどこにも行く気はなかった

両グループのピーク時には、新宿駅に毎晩、2000人の髪が長いティーンが群れ集まっていた。ハードコアなヒッピーは、この地域の若者人口の20パーセントを占めるにすぎなかったが、週末になると、〝ツーテン〟（〝通勤〟との語呂合わせ）たちが彼らの仲間に加わった。これは駅で降りてからはじめて、ボロに着替えるフーテン族のことだ。若者文化を記録してきたイラストレーター、小林泰彦の説明によると――「日本のヒッピーはそのほとんどが、相変わらず社会的な規則に縛られていた。だから特定のエリアでしか、ヒッピーになれない子どもたちも多かったんだ。友だちといるときはヒッピーでも、そこに着くまでは普通の格好をしていた」

社会の周縁に存在していたにもかかわらず、新宿の反体制文化は当時のストリート・スタイルに多大な影響をおよぼした。そしてブルージーンズはこれらの不満分子的な族を結びつける要素と見

なされ、最大の注目を集めることになった。ファッション評論家のうらべまことは当時をふり返って、「ヤングパワーの暴力着として最適なのが、Gパンだったのである」と書いている。**フーテン族とヒッピー族はどちらも、基本的なワードローブをアメリカのヒッピーから借用していた**――Tシャツ、汚いジーンズ、そしてサンダル。左翼の急進主義者たちはそれをもとに、より好戦的なアクセサリー――頑丈な靴、カメラと催涙ガスから顔を守るタオル、そしてセクト名を記した色つきのヘルメットをつけ加えた。

数字の面で見ると、日本の反体制文化は、決してアメリカ並みのスケールには達しなかった。それでも新宿のムーブメントは文化的な尖兵の役割を果たし、若者たちはきちんとプレスした綿のチノパンから、ぞんざいにあつかえる衣類に移行した。1965年ならVANの顧客になっていたはずのトレンディな若者たちが今や、地元の放出品店で、ブルージーンズを買い求めていた。政治的、文化的な反逆の波はジーンズの市場にも達し、1966年には200万本だった売り上げが、1969年には700万本に急伸していた。

逆に影響力を増大させる反体制文化の犠牲になったのが、日本の急進派からイデオロギー的な攻撃を受けたアイビーだった。勇み立ったマルクス主義者の革命派はアメリカ合衆国を最大の敵と見なし、ヴェトナム戦争を指揮するエリートたちはボタンダウン・シャツを着ていると指摘した。アングラ劇場はVANを、政治の季節においてはなんの意味も持たない〝ノンポリ〟的な存在として糾弾し、反体制文化を代表する劇作家、寺山修司の『書を捨てよ町へ出よう』に登場するキャラクターは「実際、私は〝良家のお坊ちゃん〟というのが大嫌いである。スポーツカーのシートにVANのジャケットを脱ぎ捨て、ポケットに石津謙介の『男のお洒落実用学』などをしのばせて」と公言してはばからなかった。

事実、あの動乱の時代にあって、アイビーはいかにもおとなしく見えた。長年、不良少年の象徴とされてきたアイビーが、いつしかお行儀のいいファッションの代名詞になっていたのだ。貞末良雄が説明するように、「アイビーはそれは確かに最終的にはPTAファッションというあれでですね、お父さんお母さんが一番安心する服になっちゃったんですね」。アイビーを日本に持ちこんだ男たちまでが、このスタイルとの関係を考え直しはじめた。たとえばくろすとしゆきはかつて、「着はじめたときのアイビーは、反体制の服だった。でもその後アメリカ——アイビーのお手本——が悪に走り、わたしはもう失望を隠せなくなった」と書いている。

マルオ被服はもともと、アメリカに憧れるティーンが綿のチノパンと一緒にブルージーンズを買ってくれればいいと願っていたが、1960年代の末になると、ティーンたちはジーンズを、アイビーに対抗する、もっとも強力なアンチテーゼと見なすようになった。皮肉にも、**アメリカの覇権に対する日本人の若者の抗議活動には、アメリカを象徴する、もっともあの国らしい衣類を身にまとうことがふくまれていたのである。**この明らかな欺瞞をよそに、あえて伝統的な日本の衣類に回

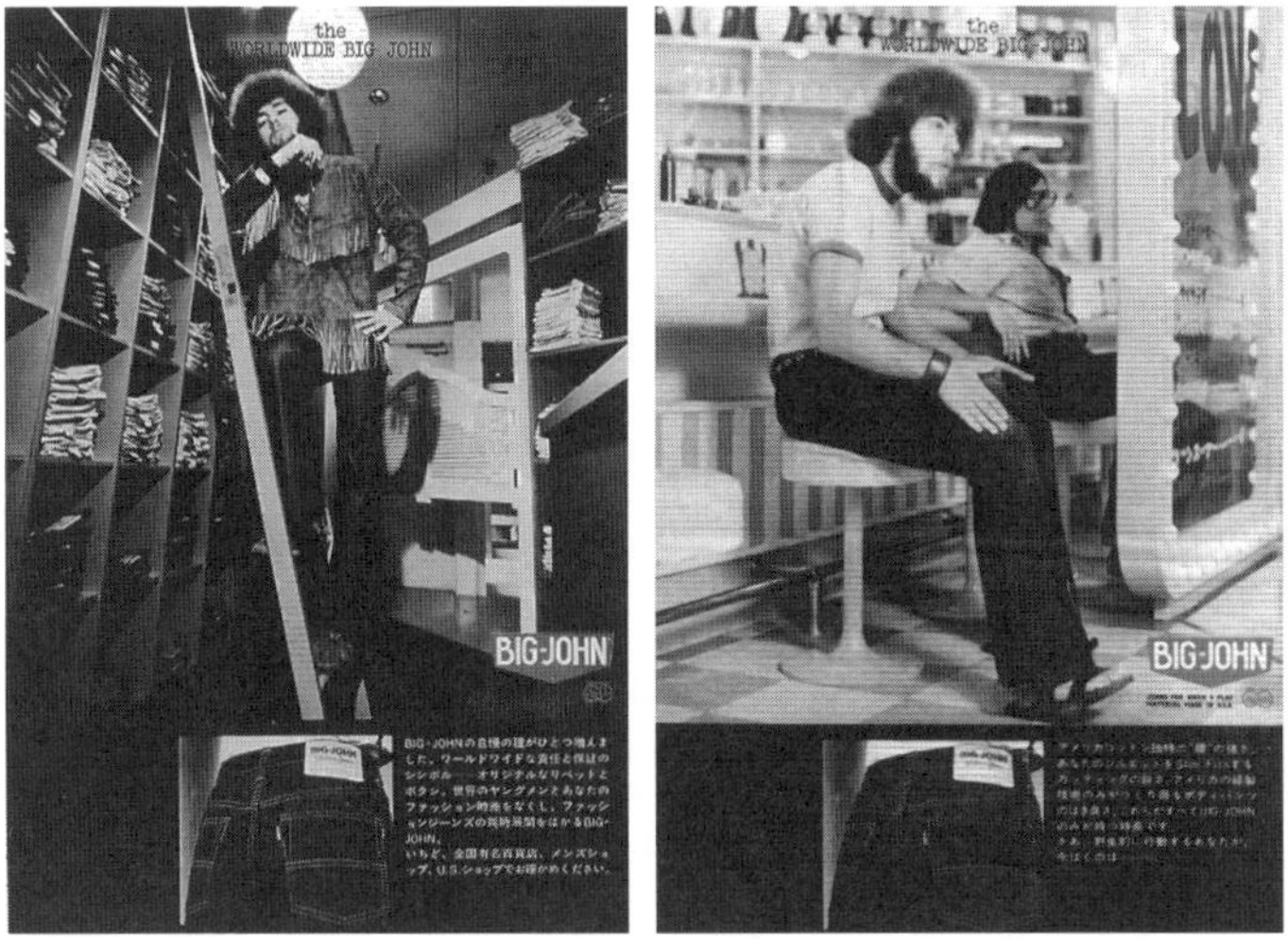

本物のアメリカ人ヒッピーをフィーチャーした、1960年代末のビッグジョンの広告。(©ビッグジョン)

帰しようとする者は誰ひとりあらわれず、ファッション業界はヨーロッパ産の衣類を、東海岸のファッションよりもさらにエレガントで、ブルジョア的なスタイルとして位置づけた。1960年代末の時点で、日本社会における若者ファッションは両極端に分かれ——ボタンをきちんと留めたアイビーと、薄汚いヒッピー——アメリカのクラシックなアイテムが、その両方を肉付けしていた。

ビッグジョン、キャントン、エドウィン、そしてビッグストーンといった日本のデニム・ブランドは当初、カウボーイやアメリカ西部のイメージを売りものにしていた。しかし1960年代の末になると、マルオ被服は反体制文化の本場たるカリフォルニアの太陽や楽しさを連想させる広告を打ちはじめる。広告はまず、サッパリとした表情のサーファー的なノリでスタートした――西海岸のキャンパスで跳ねまわる、カラージーンズを履いたフォークっぽい若者たちの写真である。第2弾の広告はさらにその先を行き、本物のヒッピーのモデルを起用して、サンフランシスコの反体制文化に奥深く食いこんだビジュアルを展開した。

もしもそのヒッピーたちが児島という小さな町にあらわれたら、完全に場ちがいに見えていただろう。しかしこうした文化的な距離をよそに、若者の反乱《ユースクエイク》を活用したビッグジョンのビジネス戦略は見事に大当たりを取った。1970年に入ると、日本の国内ブランドはアメリカからの輸入品の4倍にものぼる売り上げを記録し、そのトップの座を占めていたのは、一度は危機に陥った尾崎の学生服メーカーだった。反体制文化はマルオ被服を救ったが、この会社は不安を抱きはじめた――急進的な時代が終わっても、ジーンズは生き延びていけるのだろうか?

ヒッピーと左翼は日本産のジーンズに、最初の大きな市場をもたらした。だが狂信的なグループとは無縁のアイデンティティを確立しない限り、デニム・パンツが本当の意味での成功を収めることはできない。ビッグジョンほかのブランドにとって幸運だったのは、日本の若者の反抗が、1970年代の初頭に入ると一気に沈静化したことだった。

これは一部に、増大する警察の締めつけが原因だった。それを象徴するかのように、1970年

2月には、ロック・ミュージカル『ヘアー』の日本版キャストが全員マリファナ所持の嫌疑で、逮捕されるという事件が起こる。警官たちはその後、新宿の〝グリーンハウス〟から若者たちを一掃し、ハードコアなヒッピーたちは東京を逃れて、各地の無人島にコミューンを設立した。

次に消えたのは学生運動だった。1970年3月31日、赤軍派——地下で活動する、日本新左翼の武闘的な分派——が日本刀と拳銃とダイナマイトで東京から福岡に向かう日航機をハイジャックし、マルクス主義の〝同盟国〟、北朝鮮に行き先を変更させた。

この事件を機に、学生運動は暴力的な新時代を迎え、対立する派閥同士の内ゲバが、多数の犠牲者を生み出した。こうした内部抗争は、すでにかなり傷ついていた学生運動のイメージを着実に悪化させた。1972年2月には、長野県の浅間山荘に立てこもった連合赤軍なるグループが警察隊と交戦する事件が起こり、それとともに新左翼は大衆の支持を完全に失ってしまう。一部始終が全国放送のTVで生中継されるなか、過激派は2人の警官と1人の民間人を殺害した。その死だけでも十分ショックだったところに、追い打ちをかけるように、さらにおぞましいニュースが伝えられた。拘留されたセクトのリーダーたちが、事件前の数週間のあいだに、行きすぎた〝総括〟（メンバーに政治的な反省を迫る行為）の一環として、自分たち自身のグループのメンバー14人を殺害したと認めたのだ。浅間山荘での残酷な殺人につづいて、1972年5月には、イスラエルのロッド国際空港を日本赤軍が急襲し、26人の死者を出した。結果的に学生たちのグループは、彼らを抑圧していた保守勢力以上に邪悪な存在と見なされてしまう。政治的な熱気は一夜にして、日本の若者文化から、あとかたもなく消え去っていた。

こうして過激な文化的、政治的要素が消失した結果、60年代のより穏当な美学――ドレスダウンして、地に足を着け、基本に立ち返る――が、大衆の支持を勝ち取ることになった。なかでも最大の恩恵を受けたのがジーンズだった。1971年には前代未聞の1500万本が売れ、1973年にはそれが、3倍の4500万本になる。これはひとつにつながると、地球から月に90回行き来できる量のデニムだった。この成功の鍵がベルボトムで、ストレートとスリムのジーンズが男性向きだったのに対し、裾がフレアしたこのスタイルは両方の性別にアピールし、おかげで市場が倍加したのである。

マルオ被服がビッグジョンで収めた大々的な成功は、児島のその他の製造業者にも波及した。1970年代の初頭に入ると、マルオの売り上げに感銘を受けたコーンミルズは、高品質のデニムを安定的に供給するようになる。マルオの社長、尾崎小太郎は山尾被服工業で働いていた弟を引き抜き、ボブソンというより安価なデニムのラインを立ち上げた。カネワ被服はエドウィンの縫製を受け持ち、その2年後にはジョンブルという独自のジーンズ・ブランドをスタートさせた。以前は全国の学生服を一手に引き受けていたこの町は今や、全国のブルージーンズを一手に引き受けていた。ジョンしかしこうして競合しつつも、これらの各ブランドはほぼ似たような製品をつくっていた。ジョンブルの従業員から転じてキャピタルを設立する平田《ひらた》俊清《としきよ》は、ブランドが独自の個性を出せるのは、お尻のポケットのステッチぐらいだった、と不満を漏らしている。

しかし児島が日本で縫製するジーンズの製造を加速させたとたん、アメリカ産デニムの供給が枯渇しはじめた。アメリカ南部の工場でのストが出荷の遅れや不足を招き、その結果、日本のジーンズ・メーカーは注文をこなせなくなってしまう。となると岡山や隣県広島の福山市にある織物工場や藍染め工場で代わりの布地を調達するのが、もっとも手っ取り早い手段かと思われたが、残念ながら日本の業者はまだ、ジーンズに使われる分厚いデニムをつくる方法をマスターしていなかった。

１９６０年代、日本の繊維メーカーや染物工場はもっぱら安価で質の高い布を世界市場に輸出していたが、このパターンは１９７０年に突然断ち切られた。赤字に苦しむ南部の工場を救済するために、ニクソン政権から日本に、布地の輸出を控えてほしいという要請が入ったのだ。ニクソンはさらにドルと金の交換を停止し、おかげで人工的に円安をつくり出していた１ドル３６０円の円相場は、１ドル３０８円に跳ね上がった。アメリカが門戸を閉ざし、しかも価格も吊り上がってしまった今、日本の繊維メーカーはもはや、それまで売り上げの95パーセントを占めていた輸入に頼るわけにはいかなくなった。そこで児島の近隣に工場を構える彼らは、デニムの国内生産に目を向けはじめた。

この〝ニクソン・ショック〟と相前後して、ビッグジョンはクラボウ（倉敷紡績）という近場の繊維メーカーと組み、初の本格的な自国産デニムの製造に挑みはじめる。彼らの目標はコーンミルズの〝686〟――リーバイスのストレート・ジップフライ505で使われている14・5オンスのプリシュランク・デニムに対抗できる製品を生み出すことだった。クラボウはまず、それまで日本では知られていなかった太い綿糸を紡ぐために、工場の機械を一新する必要があった。次に彼らはアメリカ産デニムの〝中白〟を再現できる、藍染めの工場を探した。

クラボウは最終的に、広島県福山市のカイハラと手を組んだ。1893年以来、伝統的な着物で使われる〝かすり〟の染色と機織りを手がけてきた皇室ご用達の業者である。戦後のカイハラはイスラム世界に藍染めのサロン（巻きスカート）を輸出していたが、1967年にイギリスがイエメンから退去すると、アデンの輸入業者との関係を絶たれてしまう。あと数か月で倒産するというところまで追いこまれたカイハラは、会社の命運をデニムに賭けることにした。コーンミルズは〝ロープ染色〟という技術を使っていると聞かされた社長の息子、貝原良治はベテランの職人たちと組み、糸を藍の水槽にくり返し出し入れする機械システムを設計した。

そうして染色されたカイハラの糸は、アメリカ産のオリジナルとも遜色なく見え、KD－8というクラボウの新しいデニムは、コーンミルズのそれにも匹敵する出来映えだった。もっぱら輸入されたパーツでキャントンのジーンズをつくってから8年、**マルオはついに完全に地元産の材料だけで、ビッグジョンのために〝純然たる日本製のジーンズ〟を生み出すことができたのだ。**ジッパーは日本のＹＫＫが提供し、三菱とジューキは分厚いデニムに対応できるように、自社のミシンを再調整した。クラボウにＫＤ－８を見せられたリーバイスのボブ・ハース・ジュニアは、彼らの手仕事を称賛し、東洋での事業用に50万ヤードの布を買い取った。

ジーンズを開発したリーバイ・ストラウス社は、輸入品をモニターする程度で、日本ではさほど存在感を持っていなかったが、アメリカの競合他社は、次々に進出を開始していた。長年、デニムを輸入してきた堀越商会は１９７２年にリー・ジャパンを設立し、ＶＡＮは布地メーカーの東洋紡、および商社の三菱と組み、１９７２年にラングラー・ジャパンをスタートさせた。１９７０年代のなかばになると、日本の消費者は、ビッグジョン、ボブソン、ベティ・スミス、バイソン、ジョンブル、そしてエドウィンといったアメリカまがいの自国産ブランドから、リーバイス、リー、ラングラーといった本場アメリカの伝統的なブランドまで、おそろしく多種多様なジーンズを手に入れることができた。１９５０年から１９７５年までの25年間で、日本のデニム市場は、兵士が履き古したうす汚いジーンズの山から、全国のすみずみに行き渡る、競争力の高い小売ネットワークへと変貌を遂げた。くろすとしゆきは１９７３年のはじめに、「ジーンズもただ、はやっているとか、皆んなはいてるなッ、てな表現を完全に越えたカンジだねえ。ジーンズ・ジェネレーションなんてコトバもでているけど、完全に現代の風俗として定着したといえるだろう」と書いている。最初に参入したビッグジョンはその立場を活かし、長年、業界のリーダーシップを握っていた――１９７

6年にはほぼ150億円相当のジーンズを売り上げ、対してエドウィンは65億円、リーバイス・ジャパンは56億円だった。

飽食の時代だった1970年代、日本の若者たちはもはや、1本のジーンズを買うために、貯金をはたく必要はなくなっていた。大半のティーンは5、6本買う余裕があり、ブルージーンズのデニムの修理を専門とする店が、日本全国の小さな町に次々に誕生した。デニムに対する途切れのない需要は、岡山県と広島県の両方に経済的な恩恵をもたらし、藍染めの工場、紡績工場、そして縫製工場は、新たに息を吹き返した。22歳以下の人間は例外なくジーンズを必要とし、日本人はそれを今や、自給自足することができた。多様化するジーンズ市場では、〝着古し感〟に対する需要も高まり、それが今度は児島の周辺に、生のデニムを洗い、脱色し、ダメージを与える、新たな加工産業を生み出した。

日本社会に完全に溶けこもうとしていたジーンズを阻む、最後の障壁となったのは、皮肉なことにアメリカ人だった。1977年5月、56歳になる大阪大学の非常勤講師、フィリップ・カール・ペーダが教室にいたジーンズ姿の女子大生に退出を命じた——「ジーパンを履いた女の子は出ていきなさい!」。教室を出た学生はその後、気むずかしい教師に正式に抗議し、男子学生はキャンパスでジーンズを履いているのに、なぜ女子は駄目なのか、と大学当局に訴えた。このいわゆる〝ジーンズ論争〟は以後数週間にわたり、マスコミの話題を独占する。ペーダは独善的な反ジーンズの立場を崩そうとせず、当時の『ジャパン・タイムズ』に、「女性は一級品の女性であるべきです。ジーパンを履いて授業に出る女性は二級品の女性です」などと辛辣なコメントを寄せた。しかしそうした思いを抱いていたのは、このアメリカ人だけだった。大半の教育者はジーンズを履いた若い女性の味方につき、日本中の学校が服装規定を改定して、女性たちにもデニムの着用を許可した。新品のジーンズの輸入から20年、そしてビッグジョンのデビューから10年をへて、高名なアメリカ産の青いデニムのズボンは正式に、この国のワードローブに加えられたのだ。

石津謙介が撮影したプリンストン大の学生たち。『メンズクラブ』18号（1960年4月）に掲載。（提供：石津家）

穂積和夫がポスター用にはじめて描いた“アイビー坊や”。（©穂積和夫）

『メンズクラブ』の「街のアイビー・リーガース」に掲載されたみゆき族の写真。1964年夏。
（提供：ハースト婦人画報社）

銀座のアイビー族。1965年。
(©野上透)

リーバイスのジーンズを履いた
白州次郎。1951年。
(©片野恵介、濱谷浩アーカイブ)

新宿の日本人ヒッピー。1969年。(©毎日新聞社)

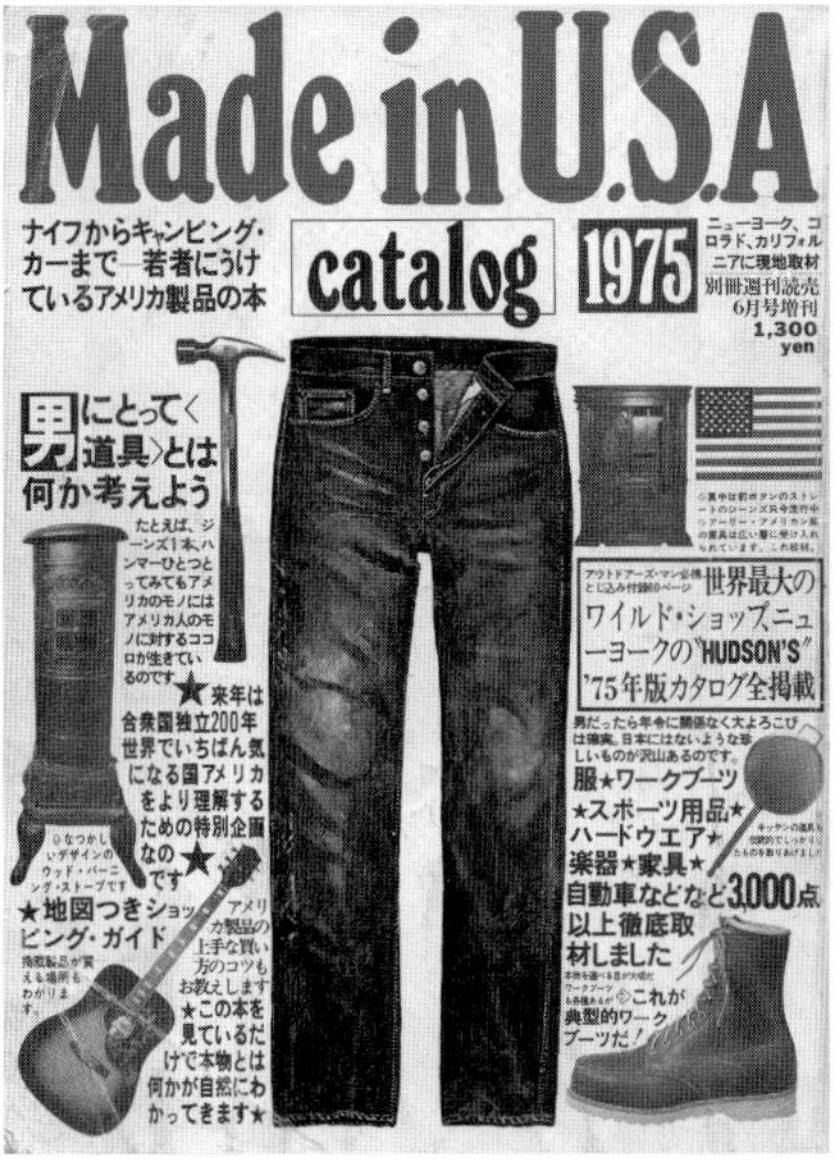

『Made in U.S.A.』の表紙。
(©読売新聞社)

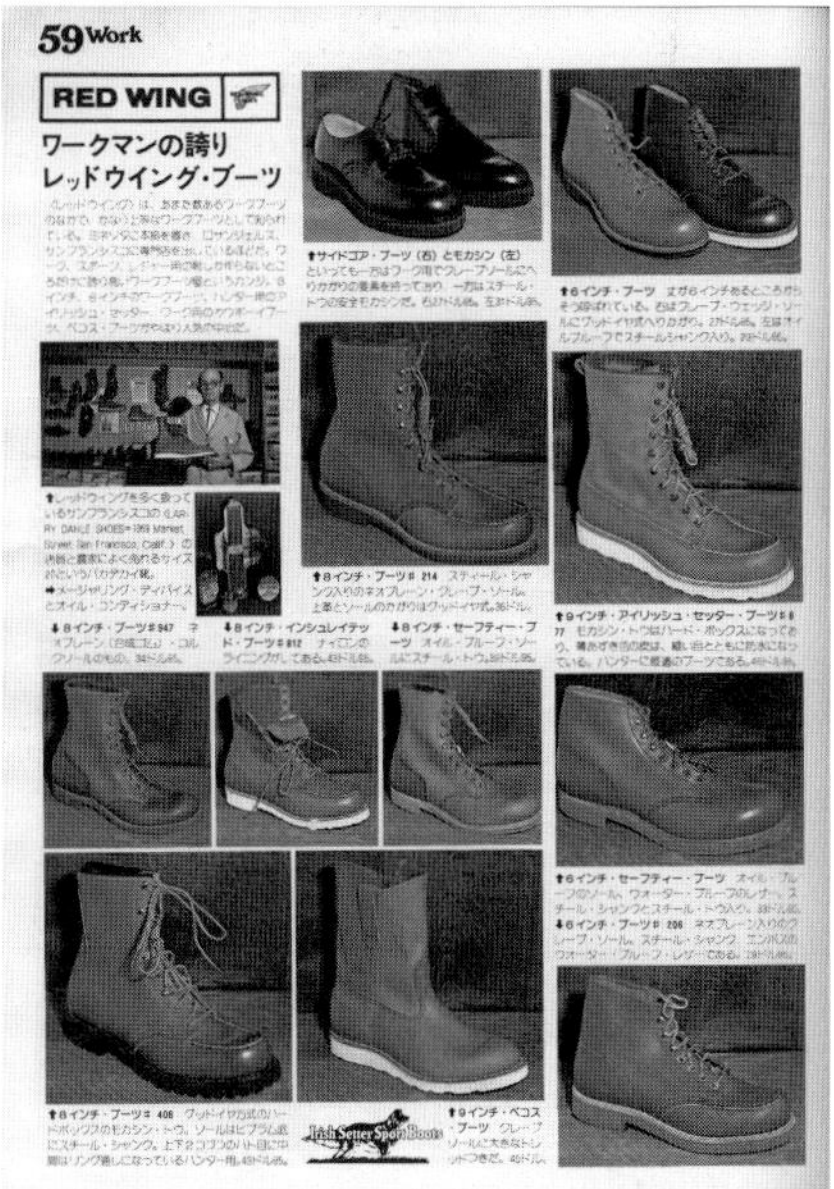

レッドウィングのブーツを紹介した『Made in U.S.A.』のページ。
(©読売新聞社)

HEAVY-DUTY IVY
ヘビアイ党宣言

いまここに確立された新しい世代の風俗体系――
ヘビーデューティー・アイビー・ルックの全貌を発表！

構成／イラストレーション＝小林泰彦

ヘビアイ・ナンバーワンと自他ともにみとめるのがこれ　マウンテン・パーカなり　生地は言わずと知れた誇り高き60／40すなわちヘビーデューティーのシンボル　機能的にもこれ以上は改めようのない決定版であるからしてすなわち古典＝アイビーたるゆえんだ　ならばこそフードのドローコードエンドのレザーやデルリンジッパーのつけ方まで気になってあたりまえ　501ジーンズにクライミングブーツ　いやなんといってもヘビアイ青年は読書家です　デイパックの中にヘミングウエイやフォークナーは欠かせません

151

『メンズクラブ』の1976年9月号に掲載された「ヘビアイ党宣言」。（©小林泰彦）

横須賀マンボ・スタイルの若者。
1967年、横須賀にて。
(©東松照明)

表参道の歩行者天国を練り歩く
"ツッパリ"のティーンたち。
1977年6月。(©毎日新聞社)

THIS IS IVY

THE IVY'80

どんなに時代が変わっても、ぼくたちにとってアイヴィ精神は永遠なんだ。

フレキシブルだなあ。

IVY'80

DR. IVY

とにかく頑固です。

IVY'60

『ホットドッグプレス』の1980年5月号では、1960年代と1980年代のアイビー・ファッションが比較された。（提供：講談社）

「ザ・サルトリアリスト」にアップされた『ポパイ』編集長、木下孝浩の写真。
（撮影：スコット・シューマン）

第5章

アメリカのカタログ化

Cataloging America

1969年8月、ウッドストック・ミュージック・フェスティバルのわずか数日後にニューヨークのダブルデイ書店を訪れたイラストレーターの小林泰彦と『平凡パンチ』の編集者、石川次郎は、壁一面がひとつの雑誌で覆われているのに気づいた。その表紙には漆黒の外宇宙を背景にして月の上に浮かぶ〝青い大理石《ブルー・マーブル》〟、地球の写真が使われていた。タイトルは『ホール・アース（全地球）・カタログ、道具へのアクセス』。ふたりの男にはまだ知るよしもなかったが、この雑誌は1970年代における日本のファッションを方向づけるだけでなく、**日本のあらゆる雑誌のスタイルを、永遠に変えてしまうことになる。**

『ホール・アース・カタログ』はアメリカのアーティスト兼活動家、スチュアート・ブランドの手になる、自立したコミュニティづくりに必要な道具をあふれんばかりに満載したガイドブックだった。ブランドはこのカタログのページが「個々人が自分自身の教育を実施し、自分自身のインスピレーションを見つけ出し、自分自身の環境を形成し、誰であろうと関心を持ってくれた人物と自分の冒険を分かち合うパワー」を育むことを願っていた。小林と石川は雑誌を手に取り、ページをパラパラとめくってみた。ふたりとも、すっかり煙に巻かれていた。なぜこんなに質の悪い紙に印刷

小林泰彦。初渡米時、1967年。（提供：小林泰彦）

されているのか？　なぜ安っぽい日本の漫画雑誌のように白黒なのか？　なぜほかのカタログをまるごと再録してるのか？　小林は雑誌を棚にもどした。

ふたりは小林のコラム〝イラストルポ〟――海外の文化とファッションをリアルタイムでフォローしようとする、日本のメディア界初のこころみ――のために各地を旅していたが、これはおそらくそのなかでも、もっとも理解に苦しむ出会いだった。異国の写真を撮る代わりに、小林は自分の旅のスケッチに短いエッセイを添えた。コラムがスタートしたのは1967年9月のことで、ふたりの男はまだ日本には上陸していなかったアメリカの反体制文化に深く食いこんだ。サンフランシスコのヘイト・アシュベリー地区でヒッピーたちに会い、マンハッタンのイーストヴィレッジでサイケデリック革命を体験し、ハーレムでは黒人の国家主義者たちと食事をともにした。これらの記事は日本の若者――そしてその筆者たち――が、海外にいる同世代の若者のぶっ飛んだ趣味を志向するきっかけのひとつになった。1967年の末になると、小林と石川はどちらもアイビーのボタンダウン・シャツを脱ぎすて、髪の毛を伸ばしはじめていた。

翌年、小林と石川は日本の若者のあいだで高まっていたコンチネンタル・スタイルに対する関心に応え、このコラムのためにヨーロッパを旅した。ロンドンでは髪を伸ばし、黒いサングラスとカビ臭いアンティークの衣類を身にまとった青白い幽霊のようなヒッピーの男たちを観察した。パリではダブルのブレザー姿でサン＝ジェルマン＝デ＝プレをぶらつく学生たちの、プレッピーなスタイルを読者に紹介した。

1969年の連載に際し、小林と石川は再度アメリカを訪ねるのが妥当なのかどうかを話し合った。日本のマルクス主義的な学生運動は最高潮に達し、ヴェトナム戦争はノンポリ層のあいだでも、アメリカのイメージを悪化させていた。NHKが1968年におこなった世論調査によると、**「アメリカが好きだ」と答えた日本人はわずか31パーセント**にすぎず、1964年の49パーセントから急落していた。同調査によると、ヨーロッパに旅したいと考える日本人は30パーセント、対してアメリカはわずか13パーセントだった。

小林にはアメリカに対する敵意が理解できた。彼はアメリカ文化——とりわけジャズとハワイアン音楽——を愛好し、週末になるとしばしば、横須賀の海軍基地の近くで米兵たちとビールを酌み交わしていた。だがその一方で彼は、アジア全域における米軍の駐留を苦々しく思っていた——「昼間は『アメ公帰れ』って叫んで、夜はおもしろがって兵隊と酒呑んでるわけ。まったく矛盾した生活をしてたんだ」

しかし1967年の初渡米で、小林は何万というアメリカの若者たちが、彼と同じように、政治的、文化的な変革を求めていることを知った。彼と石川は最終的に、1969年の夏に何週間かアメリカにもどることに決め、その際にニューヨークでは改革主義への志向がさらに強まっていることに気づいた。こうした変化の物的証拠を探すうちに、小林の心は何度も、あの謎めいた『ホール・アース・カタログ』に引きもどされた。理解はできなかったものの、彼はそれが新しいアメリカの青写真になるのではないかと当たりをつけた。旅の終わりにダブルデイにとって返した彼は、カタログを1部買い求めた。

『ホール・アース・カタログ』のフォーマットが小林を戸惑わせたとすれば、そのメッセージはそれに輪をかけて意味不明だった。生まれてまもない日本版ポップ・カルチャーの先駆者たちは、消費主義を賛美した——ジャズ、ロックンロール、アイビーの服装、ダイナーでの食事、スポーツカー、さまざまな電子機器……。対照的にスチュアート・ブランドは、大衆文化の移ろいやすい無意味なトレンドは無視し、もう一度自分たち自身の手で文明を築くべきだ、とアメリカの若者に訴えていた。アメリカの音楽とファッションにおける最新のトレンドとしてなら、日本人もヒッピーを理解することができた。しかし『ホール・アース・カタログ』は、それとはまったく別のベクトルに向かい、社会のあり方を根底から変える、革命的な価値観、アイデア、ライフスタイルを提唱していた。日本にもどった小林は、カタログを友人たちに見せてまわったが、**誰ひとり、内容を理解することはできなかった。**

1970年、小林と石川は〝イラストルポ〟の取材のためにニューヨークを再訪した。すると今回はブランドのビジョンが、将来を予見しているように思えてきた。「一年ぶりのニューヨークで、いちばん強く感じたのは若いアメリカ人たちの〝自然への回帰〟の姿勢です」と小林は自分のコラムに書いている。長年アメリカのことを〝自動車の王国〟と考えていた彼は、目的意識を持ってセントラルパークの周辺を走る男女を目にした──〝ジョギング〟と呼ばれる、新形式のエクササイズである。公園の広々とした緑のスペースでは、ティーンの少年たちが〝フリスビー〟と呼ばれるプラスチック製の奇妙な円盤を投げていた。田舎道では持ちものをすべて、背中の巨大なデイパックに詰めこんだひげ面の若者たちが、ヒッチハイクでこの国を横断していた。そしてアメリカはもはや、ハンバーガーとホットドッグの国ではなく──ニューヨークやサンフランシスコの生活協同組合では、長髪の顧客たちが、オーガニックでヘルシーな食べものを好きなように選ぶことができた。コラムのために小林は、『マザーアースニューズ』誌のＤＩＹ農業を実体験し、ハワイのヌーディスト・コロニーでは、『パンチ』のスタッフたちと一緒に全裸になった。

　ドラッグや急進的な政治活動に比べると、シンプルさへの回帰は小林にも理解しやすかった。

「僕は山登りとかしていたから、これは自分の世界に近いと思って、大歓迎だった（中略）この世界だったら、自分がやってきた世界と関係あるから、いいじゃんと思って、ヒッピーの時よりはやりやすいと思った。ＨＥＡＶＹＤＵＴＹみたいなものになってから、自分の世界だと思った。大歓迎だった。やりやすかった」。小林は１９７０年代のはじめにアイビーの名残をすべて払い落とし、アウトドア指向のファッション――ジーンズ、Ｔシャツ、そしてゆったりとしたセーターに移行した。エコツーリズムを信奉する彼はアラスカとヒマラヤ山脈に旅し、日本における『ホール・アース・カタログ』の非公式大使とでもいうべき存在になった。

1972年版の“イラストルポ”で描かれた、エコ・フレンドリーなアメリカの文化ムーブメント。(©小林泰彦)

　一方で『平凡パンチ』のスタッ

フは、アメリカの改革を取り上げた彼の記事に、懐疑的な眼を向けていた。反米意識を捨てきれない編集部は、カルチャーの導き手として、代わりにイギリスに目を向けた。日本のセレクトショップ、ユナイテッドアローズを共同で設立した栗野《くりの》宏文《ひろふみ》は、次のようにふり返る。「その間にロンドンポップ、グラムロックがあるの。それが1972年から1974年だから、そのときにそれまでコンサバティブな格好をしてた人が、ものすごくポップな格好とか、ちょっとフェミニンな格好とか、派手で変わった格好に変わるのね」。フランスのエレガンスも、やはり強い影響力を持っていた。日本の大手アパレルメーカー、レナウンは1971年、フランス人俳優のアラン・ドロンを起用した新ライン、ダーバンの蠱惑的なCMで、ビジネススーツ市場を席巻した。

ブルージーンズのメーカーまでが、ヨーロッパに目を向けて、ブランドを刷新しはじめた。ビッグジョンはその当時の広告で、自社のパンツにヨーロッパ的なアングルから光を当てた——「イギリス人やフランス人はアメリカ人の物真似を嫌がります。しかしコカコーラとビッグジョン（インディゴ・ジーンズ）は、ヨーロッパ人のあいだでも大人気を博しています」。一方でラングラー・ジャパンは、リヴィエラに新製品のアイデアを求めた。社長の石津祐介（VANの石津謙介の次男）は1973年の夏にサントロペを訪れ，完全漂白のジーンズを履いた一群のフランス人女性を目にした。数か月のうちにラングラー・ジャパンは、独自のタイトな〝アイス・ウォッシュ〟デニムをデビューさせた。

表面的に見ると、日本のポップ・カルチャーはヨーロッパのトレンドとのつながりをますます深めていたが、もっと奥深いレベルでは、アメリカの〝自然回帰《バック・トゥ・ネイチャー》〟志向を後押ししたのと同じ、近代の生活の見直しが進められていた。長年にわたる経済成長、工業の発展、そして都市開発は、列島の自然環境に悪影響をおよぼしていた。東京の大気は眼を痛め、咳の発作を引き起こす光化学スモッグで汚染されていた。1970年7月18日には郊外の学校の校庭で、4人の女生徒が昏倒するという事件が起こる。大気の汚染が原因だった。公害反対運動は、ミドルクラスの有権者を行動に駆り立てた。日本が西ドイツを制し、自由世界第2位の経済大国にのし上がる一方で、市民は政府に工業生産を最優先する姿勢を改め、大気と水の浄化をはかるべきだと要求した。社会主義者の東京都知事、美濃部亮吉は、「東京に青空を」というスローガンを掲げて1971年の選挙戦に勝利した。

すると1973年にOPECが原油禁輸措置を打ち出し――日本では〝オイル・ショック〟と呼ばれた――戦後初の大々的な不況がこの国を襲った。消費者は財布の紐を締め、必需品だけに支出を絞った。物資不足を危惧する中年の主婦は食糧雑貨品店に押し寄せ、トイレットペーパーを買い占めた。銀座は有名なネオンを消した。衣料品の売り上げは一気に落ちこんだ。

日本経済は結局、予想よりもずっと早く石油危機を乗り越えたが、消費者の意識はその後も何年か倹約一色になり、文化もその影響を受けた。1974年のベストセラーは反物質主義の寓話『かものジョナサン』だった。都会の現代性は時代遅れになった。週末になると〝アンノン族〟――女性ファッション誌『アンアン』と『ノンノ』の若い読者――は、フォークロア調の服を着て列車に乗り、田舎に出かけて〝日本を発見《ディスカバー・ジャパン》〟した。

日本の若者が東京に背を向けはじめると、日本は新たにアメリカから学ぶべきことがあるという、かつては異端とされた小林の考えに、以前は否定的だった編集者たちが群がってきた。小林も福音を伝道する準備はできていた。今、彼に必要なのは、その言葉を広めるのにふさわしい、情報の発信地だった。

1970年代の日本が総体的に物質主義から一歩退いた結果、『平凡パンチ』はいよいよ窮地に追いこまれていた。当たり年つづきだった1960年代以降の同誌は、先鋭的でわかりにくい誌面展開と、『週刊プレイボーイ』のようなエロティック路線の競合誌の台頭によって売り上げを急落させ、1号あたりの部数はかつての100万弱から、30万に落ちこんでいた。対抗策として平凡出版は誌面の知的レベルを下げ、編集面での舵取りを誤った責任者を一斉に追放する。そのなかには〝イラストルポ〟の石川次郎もふくまれていた。同時期、『パンチ』の元編集長、木滑良久《きなめりよしひさ》はまったく別の理由で会社を辞め、平凡企画センターという子会社に移った。木滑は編集部を追われた石川を口説き、この会社に移籍させた。

メイン州のL.L.ビーン本社前に立つ小林泰彦。（提供：小林泰彦）

平凡企画センターは、ノベルティ用トランプの印刷を主な業務にしていたが、木滑が入った時点で、トランプの売り上げは急激に落ちこんでいた。新たな収入源が必要となり、彼は請け負いで他社出版物の編集を手がけることにした。すると読売新聞社から、苦戦中のスキー・ガイド『スキー特集』をなんとかしてほしいという依頼が来た。これは基本的にスキー用具メーカーの広告を取るための雑誌で、載っているのはもっぱら無味乾燥な技術的データと、老齢のスキーの達人たちによる、役に立たないお説教だった。編集面の強化をはかるために、平凡企画センターのチーフは石川、小林泰彦、そして〝史上最強の助っ人エディター〟寺崎央《てらさきひさし》ほかからなる腕利きぞろいのチームを編成した。

全員がスキーについてはずぶの素人だったものの、小林はこの雑誌が、アメリカのアウトドア・ブームに関する記事を発表する、絶好のメディアになるのではないかと考えた。それまで日本のスキー界は、ヨーロッパをお手本にしていた——最良の用具はフランスかドイツからの輸入品、そして人々が夢見るのはアルプスでのスキー。だが小林の指揮のもとで、平凡企画センターのスタッフは、代わりにアラスカのスロープを取材することにした。小林はおなじみのイラストルポ的なスケッチを描き、カメラマンは雪の斜面で、ダウンジャケットに身を包んだノリのいいひげ面のアメリカ人を、ストリート・スナップ的に撮影した。すっかり夢中になった編集者たちは、スキーそのものよりも、自由気ままなスキーヤーのライフスタイルに焦点を当てて取材をつづけた。

雑誌は1974年10月、『SKI LIFE：スキーについて考えなおす本』のタイトルで店頭に並んだ。日本でのスキーに関するベーシックなガイド本を依頼した読売新聞社がその代わりに受け取ったのは、スキーをやらないスタッフがつくったウィンター・ファッションの雑誌だった。しかしティーンのニーズは、疑いなくそこにあった——雑誌は記録的な短時間で売り切れたのだ。『SKI LIFE』の成功で意を強くした木滑は、読売に新たな雑誌づくりを持ちかけた。出版社側は今回、男性向けの高級品を紹介する〝ムック〟（マガジン＋ブック）をリクエストした。すぐさま『ホール・アース・カタログ』のことを思い出した小林泰彦は、その〝日本版〟をつくろうと提案した。しかしスチュアート・ブランドの出版物のように哲学的なマニフェストを打ち出す代わりに、彼はアメリカ製品——衣服、靴、アウトドア用品、電子機器、楽器、道具、家具の通販カタ

『SKI LIFE』創刊号（右）。『SKI LIFE』に掲載された、アラスカのスロープを滑るスキーヤーたちの写真（左）。（©読売新聞社）

ログを模したムックをつくりたいと考えていた。

平凡企画センターのチームは全員、成長期にアメリカの通販カタログを貪り読み、それがアメリカのライフスタイルを象徴する、きわめつけのメディアだと思っていた。小林が説明するように「シアーズ・ローバックのカタログで、アメリカのことが全部分かる」と考えていたのである。暖炉のまわりでくつろぐアメリカ人の一家を想像しながら、彼らはページをめくり、よりよい暮らしを夢見ていた。当時の日本には通信販売の文化がなかったため、そうしたカタログづくりには、どこかエキゾティックで魔法じみたところがあった——ちょうどアメリカ人が、〝浮世絵〟の本をつくるときのように。

チームはコロラド、ニューヨーク、ロスアンジェルス、サンフランシスコに向かい、アメリカでの生活のさまざまな局面に登場する、3000種類以上のアイテムを撮影した——マディソン街のレップ・タイ、カウボーイが着るペンドルトンのノックアバウト・カーディガン、ジェフ・ホーのゼファー・プロダクション製サーフボード、そして郊外のガレージで見かける、なんの変哲もないシャベル、熊手、鋤、ネジまわし、ペンチ。こうしてできあがった274ページのカタログは、インディアン・モカシン16足、ケッズ・スニーカー23種、カウボーイ・ブーツ24足、コロンビア大学の小物40種、NFLのヘルメット18種、アコースティックギター29本、アバクロンビー&フィッチのサファリプリント旅行バッグ13点、そしてターコイズの宝石300点ほかの製品写真で、読者を圧倒した。また巻末にはどのページをめくっても、テントや火鉢や寝袋が満載されているハドソンズ・キャンピング・ヘッドクオーターズの1974年~1975年版通販カタログが56ページにわたって再録されていた。自分のジャケットの内側についていた小さなタグのスローガンに目を留めた石川は、完璧なタイトルを考えついた——『Made in U.S.A.』

『Made in U.S.A.』は、ボタンフライのリーバイス501、ハンマー、薪ストーブ、アコースティックギター、レッドウィングのブーツ、そしてコロニアル調のタンスを表紙にあしらって、1975年6月に店頭に並んだ。その序文には、これが単なる高級品のムックではなく——新時代のためのビジュアルなマニフェストであることが、はっきりと打ち出されていた。

アメリカには〝Catalog Joy〟（カタログのたのしみ）とか〝Catalog Freak〟（カタログきちがい）という言葉があります。実用されているいろいろなカタログを集めて、ながめては楽しむ人たちのことです。この本はアメリカで作られ当地の若者たちに広く支持されている生活の道具を集めたものであり、自分たちの生活文化を〈道具〉で表現するアメリカの若者たちの新しい生き方を採取したものです。そして、カタログという形態を通じて、日本の若者のための〈ニュー・ライフスタイル〉の提案になればとも考えます。さらにこれは、1970年代の若者の文化を収納したタイムカプセルでもあります。後年1970年代の地球を知る上での貴重な資料になることと信じています。

〝Catalog Joy〟は正確な英語表現ではないかもしれないが、この巻頭の惹句で編集者たちは、未来の世代のために物質文化の記録を残すという、『ホール・アース・カタログ』からヒントを得た、自分たち自身の使命をはっきりと表明した。『Made in U.S.A.』には米国大使館の商務官、ジョン・R・マロットによる署名入りの讃辞が掲載されていた。「私は、この『Made in U.S.A.』カタログが、アメリカの現在のライフ・スタイル、そのさまざまな局面を、日本の若い人々に紹介することになると信じます」

先に出た『SKI LIFE』と同様、『Made in U.S.A.』はすぐさまヒットを記録し、

150万部以上を売り上げた。アメリカ的なるものすべてのカタログという触れこみだったものの、最初の数十ページは衣類のブランドに焦点を当てていた——リーバイス、レッドウィング、J．プレス、ペンドルトン、エディー・バウアー、ザ・ノース・フェイス、ハンティングワールド……。このムックの成功で、アメリカのスタイルを追い求めるようになった。1968年以来、日本人の美学はアメリカン・ファッションは一気に表舞台に返り咲き、まったく新しい世代の若者たちが、アメリカによる世界文化の独占的支配を拒んできた——だがここに来て**古典的かつ典型的なアメリカーナが復活を遂げたのだ。**ただしこの新しいアメリカのトレンドは、東海岸の大学生ファッションではなく、ゴツゴツしたアウトドア衣類、古典的なレギュラーフィットのリーバイス501、ワークブーツ、そして両肩から吊り下げる頑丈なバックパックに焦点を当てていた。

『Made in U.S.A.』はこうしたブランドの多くをはじめて日本の市場に紹介すると同時に、〝カタログ雑誌〟のフォーマットを確立した——現在もなお、日本のファッション・メディアの基本となっているスタイルである。こんなにも広範囲の有形物を雑誌が紹介したことはかつてなかった。『メンズクラブ』や『平凡パンチ』が現行のトレンドを取り上げた刺激的な写真、エッセイ、討論会などの幅広いメニューを読者に提供していたのに対し、『Made in U.S.A.』では、情報が生のまま放り出されていた。ティーンはいつまでも終わらないアメリカ産グッズのリストに、嬉々として目を通した。

小林やその他の編集者たちは、このフォーマットがアメリカ的なライフスタイルに必要な〝道具〟を紹介する一助になればと考えていたが、読者は単純にこのカタログを、オイル・ショック以前の物質主義に逆もどりするための詳細な地図として用いた。編集者の寺崎央はその何年もあとに『ホール・アース』にヒントを得ているけれど、理屈の部分をわざと避け、新しい生き方を志向する若者が一番気にする道具の部分に焦点を絞り、単純に道具の紹介と正確で豊かな情報を提供したものであった」と書いている。小林泰彦はアウトドア志向のカタログの影響で、ファッション界では機能性が強調され、人々は愚かしい業界のトレンドや意図的な流行り廃りよりも、より理性的で社会意識の強い理由で服を選ぶようになるのではないかと期待していた。しかしこれはすぐさま、各アイテムの技術的な仕様――〝スペック〟に対するこだわりに取って代わられた。若者たちは単なる〝アメリカのジーンズ〟や〝レインジャケット〟ではなく、〝14オンスのデニム〟や〝60%コットン／40%ナイロンのパーカー〟をほしがるようになっていたのだ。

『Made in U.S.A.』はアメリカの衣類に対する若者たちの興奮を再燃させたが、誌面で紹介されていた服は、大部分が入手不可能だった。カタログには「これだけかかるけど、おまえさんには買えないよ」といわんばかりに、価格がドルで記載されていた。入手できる場所があるとしたら、それはかの有名な東京のショッピング街、アメ横以外にありえない。だが雑然とした店でじっくりと品定めをするには、大胆さと忍耐力の両方が必要とされた。ビンテージ衣類のエキスパートでアパレル業界のベテラン、大坪洋介はこうふり返る。「アメ横にはアメリカのファッション・グッズを売る小さな店が数軒あっただけで、服は全部積み上げられていた。店員は強面で、彼らに受け入れられないと、ホンモノの客にはなれなかった」。一方で東京の外で暮らすティーンは、近くに基地を構える米軍にアルバイトをさせてくれと頼みこんだ。そうすれば売店で、輸入品を買うことができるからだ。

スタイルのガイドとして受け取られた『Made in U.S.A.』は、昔ながらの無骨なアメリカの衣類と、機能的なアウトドア・ギアのワードローブを提唱していた。しかしこのスタイルには当初、決まった名前がついていなかった。すると1975年の秋、小林泰彦が『メンズクラブ』で、ゴム底の作業靴やエプロンやナイフなどをつくる日本の伝統職人のもとを次々に訪ねる「ほんもの探し旅」という新連載をスタートさせた。連載のリード文には、これが〝ヘビーデューティー〟なものを探し歩くシリーズになると予告されていた。日本はあまりに〝デリケート〟でファッションを重視しすぎていると考える小林は、**この国の文化に、「粗野で素朴な」L.L.ビーン的フィーリングを取りこみたいと願っていた。**彼はこう説明する。「〝ヘビーデューティー〟がやっぱり気になったのは、L.L.ビーンのカタログはそうなんだけど、向こうのカタログもヘビーデューティーなんとかというのは、多いんですよ。カタログによく使われた言葉だなと思いました」。小林の狙い通り、〝ヘビーデューティー〟という言葉の多用は読者の共感を呼び、何か月かするとこの用語は、アメリカに影響された新しいアウトドア・ファッションの、事実上の呼称となっていた。

ヘビーデューティーの素朴なアメリカーナは、一見すると、1960年代に起こったアイビー・ブームの洗練されたアメリカーナとはまったく異なる印象を与えたが、小林はヘビーデューティーとアイビーを、同じコインの両面としてとらえていた。どちらもファッションの〝システム〟――時と場所と場合に応じて使い分ける、伝統的な衣類の幅広いセットだった。アイビーのシステム内で学生たちは、ブレザー姿で通学し、冬になるとダッフルコートをまとい、結婚式のときは3つボタンのスーツ、パーティーに出るときはタキシード、そしてフットボールの試合を観戦するときは学校のスカーフを着用した。ヘビーデューティーのシステム内で男たちは、悪天候になるとL.L.ビーンのダックブーツを履き、ハイキングの時はマウンテンブーツ、カヌーに乗るときはフランネルシャツ、春になると大学のナイロン製ウィンドブレーカー、秋にはラグビーシャツ、そしてトレイルに出るときはカーゴショーツを着用した。『ヘビーデューティーの本』という単行本の序文に、小林は「ヘビーデューティーのトラディショナルな部分はトラディショナル体系のアウトドア部門かあるいはカントリー部門のわけで、だからヘビーデューティーはアイビー＝トラディショナルのアウトドア版と言ってもよいくらいだ」と書いている。

小林はその後、1976年9月の『メンズクラブ』に寄せた「ヘビアイ党宣言」という記事で、アイビーとヘビーデューティーを正式に結びつけた。彼はこのハイブリッドな新しいスタイルを

〝ヘビアイ〟と名づけた。冒頭のイラストに描かれていたのは、マウンテンパーカーとリーバイス501に、登山靴姿の若者だった。読者はこの記事を、単にアウトドア用具としてではなく、よりおしゃれなやり方でヘビーデューティーな衣類を着こなすためのガイドに使った。小林はあくまでもジョークのつもりだったが、実のところその仮説は、基本的な部分で正確だった。アメリカの大学、とりわけダートマスやコロラド大学のような田舎の大学では、学生たちがアウトドアの衣類とクラシックなアイビー・ファッションのあいだを、切れ目なく行き来していたのだ。彼らはもはやブレザーやレップ・タイではなく、ダウンジャケットを重ね着したボタンダウン・シャツに、ジーンズとスニーカーを合わせていた。

ヘビーデューティーのトレンドをスタートさせたのは『Made in U.S.A.』だが、そのスタイルを街着として一般化させたのは「ヘビアイ党宣言」だった。1976年の後半になると、小林が「ヘビアイ党宣言」のイラストに描いたキャラクターを完璧にコピーした少年たち――グースダウンのベストとハイキングブーツに60／40のパーカー――が日本全国にあらわれはじめた。ダウンベストはそれ以前、日本ではまったく知られておらず、1974年に平凡企画センターの編集者たちがそれを着てアラスカから帰国した際には、ヨットに乗ってライフジャケットを脱ぎ忘れたのか、と通りすがりの人々に質問されたほどだった。ヘビーデューティー・ブームによって、銀座は救助復旧作業員たちの、毎週の会合のような様相を呈した。

日本のブランドもひと儲けを目論んで、ヘビーデューティー・ブームに参入した。ジーンズ市場は裾の広いベルボトムやアイス・ウォッシュから、ふたたびストレートなリーバイス501のコピーに移行した。ビッグジョンはワールド・ワーカーズという頑丈なデニム・パンツ、ジャケット、オーバーオールの新ラインを、田園地帯で錆びついた車のとなりに立つ、白髪交じりの白人中年男性をビジュアルに使ったビンテージ風の広告で売り出した。VANジャケットは〝Good Old American Jacket（なつかしのアメリカ風ジャケット）〟、そして〝Ride On! Tweed Jacket（乗っていこうぜ！　ツイード・ジャケット）〟と銘打ったキャンペーンを展開し、1975年の秋には〝My Woody Country（わがウッディカントリー）〟キャンペーンの一環として、3000人の幸運な顧客に大工道具のフルセットをプレゼントした。1976年に入るとVANは、SCENEという独自のヘビーデューティー・ブランドをスタートさせた。

ビッグジョン・ワールド・ワーカーズの広告。
1970年代中期。（©ビッグジョン）

1970年代の後半を通じて、ヘビー

デューティーは日本のメンズウェア市場を支配しつづけた。小林泰彦の〝自然回帰〟のビジョンが現実になったのだ――少なくとも外見上は。『ホール・アース・カタログ』に刺激された小林と平凡企画センターの協力者たちは、生まれてまもない日本の若者文化が反アメリカ的な姿勢をもっとも深めていた時期に、それをそもそもの出自だったアメリカに引きもどしたのである。焦点は東海岸から西海岸に移ったにせよ、アメリカはふたたび表舞台に立っていた。

しかし1960年代と異なり、文化的なパイオニアは衣料品ブランドの設立者ではなく、一匹狼的なフリーランス編集者の小集団だった。若者たちは月刊誌のツヤツヤしたページを新しいファッションの参考にし、編集者は自分たちの虜となった観衆に、独自の特異な好みをプッシュした。そのため当の自分たちがヘビーデューティーに飽きてくると、平凡企画センターのグループはさっそく、読者たちを新しい場所に誘う準備に取りかかった――もっと晴れ晴れとした気候の場所に。

『Made in U.S.A.』カタログの成功で浮上した木滑良久と石川次郎は、1976年、自分たちの好きな雑誌をつくってもいいという条件で平凡出版に復帰した。どんな雑誌をつくるにせよ、すでに実績のあるカタログのフォーマットを踏襲することははっきりしていたが、ふたりの編集者はヘビーデューティーと一線を画す、新しいスタイルをなかなか見つけられずにいた。アイデア探しに苦しむ木滑と石川は小林泰彦の家を訪ね、ブレインストーミングを敢行した。小林は彼らに、新雑誌の文化的な支柱となるべき言葉を教えた――〝**ポロシャツ**〟。これはとても正気とは思えない言葉だった。日本でポロシャツを着るのは、中年のゴルファーに限られていたからだ。ＵＣＬＡやＵＳＣの学生は好んでこのシャツを着ている、と小林は反論した。この言葉に納得させられた木滑と石川は、その場で新雑誌では、スポーツを志向する西海岸のティーンのライフスタイルに焦点を当てることを決断した。石川は創刊号用のネタを探す60日間の取材旅行のために、６人のスタッフを連れてロスアンジェルス行きの飛行機に搭乗した。

石川は新雑誌を『シティボーイ』と名づけるつもりでいたが、競合するサブカルチャー雑誌の『宝島』はすでに、〝The Manual for Cityboys〟を標榜していた。その何週間か前、コミックのキャラクター、ポパイ（Popeye）の英文綴りをはじめて見た木滑は、それが〝pop〟と〝eye〟に分解できることに気づいた。これは完璧な雑誌名になる、と彼は考えた――〝ポップ〟に〝眼《アイ》〟を向けつづけるのだ。ポパイは１９５０年代の後半に、日本の若者たちのあいだでも人気を博し、木滑の世代にも、子ども時代に見たマンガ映画の思い出を鮮明に蘇らせてくれるキャラクターだった。ずっと年下の石川はこれを嫌い、ロスアンジェルスに「もしもし、『ポパイ』という雑誌の者なんですが……いえ、マンガ雑誌ではありません」と切り出す電話をかける羽目になったらたまらない、と考えていた。木滑は年下のパートナーの異議を無視し、ポパイの版権を持つキング・フィーチャーズ・シンジケートとの数週間にわたる交渉をへて、名前の使用権を獲得した。

『ポパイ』は1976年6月、〝Magazine for City Boys〟というサブタイトルと、コーンパイプをくわえたポパイをエアブラシで描いたイラストをあしらった表紙でデビューを飾った。巻頭特集の〝From California〟では、ハングライダー（〝ナチュラル・ハイ〟）、スケートボード、ジョギング、スニーカーが取り上げられ、小林泰彦のイラストルポは、UCLAのキャンパスの詳細なショッピング・ガイドだった。

『ポパイ』のスタッフは大部分、『Made in U.S.A.』の編集チームがそのまま移行していたが、雑誌の美意識はヘビーデューティーのトレンドとは異なっていた。アウトドア・ブームのフランネルシャツとハイキングブーツは、秋の雲にかすむ岩山のイメージを喚起した。またそのスタイルは、本質的にノスタルジックなものだった――自然と昔ながらの生き方に〝回帰する〟ことを謳っていたからだ。対照的に1976年の『ポパイ』は、ほかの文明世界に先がけて未来を形づくる、カリフォルニアの若者たちを明るい側面から取り上げた。西海岸のティーンは新しいスポーツを発明し、新しい種類の服を着用し、新しいヘルシーな価値観を採り入れていた。ロスアンジェルスの若者文化は、いまだにヴェトナムとウォーターゲートの後遺症で苦しむ暗いアメリカにあって、一条の明るい光のように見えた。

木滑は巻頭のエディトリアルに、日本は「漂流状況」にあり、もっと健康を意識したライフスタイルを若者たちに紹介したい、と書いた。編集部はスポーツこそが、日本の未来を支えることになるだろうと主張した――「ポパイ創刊号では、カリフォルニアの若い世代の暮らし方、特に彼らのスポーツ・ライフを紹介することに、多くのページをさきました。スポーツ・ライフは現代人として生きのびるために、かけがえのない自分を健康にするために、とても重要なことだと考えたからです。スポーツを楽しもうよ、というのは、アメリカの同世代からのすばらしいメッセージだと思います。どんなささいなことでもいいから、自分の時間をスポーツに使いましょう」

日本人は老若を問わず、野球や相撲のようなスポーツの観戦を愛好していたが、高校を卒業してからも、なんらかの形で運動をつづける人間は皆無に近かった。人口密度の高い東京では、公共の公園や運動場を設けるスペースがひどく限られ、ゴルフをやるのは高額なプレー料金を会社に請求できる、ホワイトカラーのエグゼクティブだけだった。というわけで『ポパイ』編集部は、都会的な環境のまっただなかでスポーツやアウトドア活動に興じるＵＣＬＡの学生たちに、

1976年の夏に刊行された『ポパイ』の創刊号。
(©マガジンハウス)

インスピレーションを求めたのである。なかでも専用の施設やチームの編成を必要としないフリスビー、スケートボード、ローラースケートは、日本に打ってつけのスポーツだった。

若い読者の目をスポーツに向けさせるために、『ポパイ』編集部は創刊号で、とっつきやすいスケートボードに焦点を当てた。カリフォルニアを中心とするスケート・ムーブメントを特集した同誌の記事は、単に日本人にとって新鮮だっただけでなく、アメリカの基準で考えても時宜を得ていた。というのも『ポパイ』が創刊されるほんの1年前に、『スケートボーダー』誌が復活し、伝説となるゼファー・プロダクションズの〝Zボーイズ〟チームがサンタモニカで結成され、デル・マー・フェアグラウンドは1960年代以来初となる、大規模なスケートボード選手権を開催していたのである。『ポパイ』は創刊号でジェフ・ホーのゼファー・ショップを取材し、いかにもカタログ然とした見開きのページで、31種類のスケートボードを紹介した。パブリシティの一環として、46歳になる編集長の木滑良久は、カリフォルニア風のショートパンツ姿で、深夜の六本木周辺をスケートボードで滑走した。このスポーツは信じられないほどのスピードでブームになった。日本にスケート文化が根づいたのは、『ポパイ』のおかげといっていいだろう。現に日本スケートボード協会は現在、同誌の創刊を、日本におけるこのスポーツの歴史の、鍵となる瞬間のひとつに挙げている。

カリフォルニアに焦点を当てた『ポパイ』はまた、日本のサーフィン・シーンを活気づけた。日本にはいい波の立つスポットがいくつもあるが、戦後、アメリカ人が千葉と湘南のビーチにこのスポーツを持ちこんでくるまで、誰ひとり、波に乗ろうと考える者はいなかった。日本のサーフィン・クラブに正式に所属するメンバーの数は、1971年の時点で5万人。しかし『ポパイ』がサーフィンに目を向けると、日本は世界第3位のサーフィン大国にのし上がった。そして1977年に入ると、サーファー・ファッションはビーチを離れ、都市部に進出した。東京の渋谷や六本木エリアのストリートには、日焼けを装い、タンクトップ、ショートパンツ、ビーズつきのベルト、そして虹色のビーチサンダルを着用した何千ものティーンが群れをなした。若い女性たちのあいだでは、〝サーファーカット〟と呼ばれる、ファラ・フォーセット風のふんわりとしたロングヘアーが流行した。ハードコアなビーチ族は都会の住人たちを〝陸《おか》サーファー〟と呼んで揶揄したが、スポーツとファッションが融合した結果、サーフィンは都会と沿岸部両方のティーンにとって、ポップ・カルチャーに欠かせない要素のひとつとなった。

『ポパイ』編集部は少なくともスケートボードとサーフィンに関する限り、〝スポーツ・ブーム〟を日本に持ちこむことに成功した。しかしこの雑誌は『Made in U.S.A.』と同様、依然として読者の注意を、大部分、アウトドア活動のファッション的な側面に向けさせていた。『ポパイ』の創刊号はスニーカーを、土踏まずのサポートと適切なジョギング走法という視点からではなく、トレンディなファッション・アイテムとして紹介した。たしかにカタログ兼雑誌というフォーマットを創設したのは、『Made in U.S.A.』だったのかもしれない。しかし定期刊行物化することで、『ポパイ』はファッション・メディアと読者のコミュニケーション・スタイルを永遠に変える〝カタログ雑誌〟の決定版となった。『ポパイ』編集部は毎号、何百ものグッズを選び出し、カテゴリーによって分類した上で、正確な価格、店の住所、電話番号を伝え、そうやって読者とスポンサーになってくれた日本の小売店を結びつけた。ティーンはまだ店に足を踏み入れもしないうちから、ショッピングをはじめていたのだ。

このフォーマットは広く成功を収めたが、それなりに反動もあった。1970年代後期のカリフォルニアには、ニューエイジの精神主義、瞑想、陰謀論、娯楽用のドラッグ、そしてタトゥーがはびこっていたが、批判派は『ポパイ』が「値札のついているもの」にしか関心を示さない、と非難した。日本では古くから、男性誌には3つのSが必要だといわれていた――セックス（sex）、スーツ（suits）、社会主義（socialism）である。『ポパイ』にはそのすべてがなく、代わりに物質主義の魅力に焦点を当てていた。『ポパイ』の健全さはその名前を使用する条件のひとつだったとする声、あるいは〝ヘルシー〟なライフスタイルを反映したものだとする声も高かった。だが真相はこうだ。編集者たちは実際に、異性よりも商品を好んでいたのである。

同時にこの物質主義的な傾向は、平凡出版のビジネス戦略をダイレクトに反映したものでもあった。記事と広告の境界があいまいなカタログのフォーマットは、スポンサーの受けがよく――平凡出版は雑誌売り場での売り上げよりも、ビッグ・ブランドの出稿で儲けを上げるほうを好んだ。批判派は『Ｍａｄｅ ｉｎ Ｕ.Ｓ.Ａ.』と『ポパイ』が、〝モノマニアック〟世代を生んだと指摘した――〝グッズ〟を意味する日本語の〝もの〟から生じた、バイリンガルな混成語である。60年代のアイビー・ブームに比べると、70年代の日本の若者たちは、新しいファッションを着ることよりも、物的財産のコレクションとして、衣類を所有することに関心を持っていた。若者がものを買うのは、もはや新しい経験に向かうための経路としてでは――レコード・プレイヤーはジャズを聴くために、スーツは女の子を感心させるために、そしてマウンテンパーカーはハイキングで着るために買うものでは――なくなっていた。若者たちはものをものとして崇拝していたのだ。

次々に新しいトレンド――ＵＣＬＡのＴシャツ、スケートボード、サーフィン、スニーカー――をスタートさせていた『ポパイ』だが、雑誌自体の売れ行きは、最初の何年か不振だった。平凡出版は創刊号を16万部刷り、だがその半分が返品されてきた。

それでも『ポパイ』は海外に旅行する余裕がある、裕福なティーンのあいだで熱心な読者を獲得した。最初の号が出ると、日本の若者が絶えずＵＣＬＡの学生会館に侵入し、ＳサイズとＭサイズのＴシャツを買い占めるようになった。アメリカ全土のスポーツ用品店にツアー・バスが横付けし、そこでは日本の若者たちが、自分に合ったサイズをくれ、と『ポパイ』に紹介されたグッズを指さしながら、スタッフに頼みこんでいた。

もっと高いレベルでは、『ポパイ』は『Ｍａｄｅ ｉｎ Ｕ.Ｓ.Ａ.』で再燃したアメリカ熱が、一時的なものではなかったことを証明した。ティーンはふたたびアメリカのグッズを愛するようになった。日本の反体制文化の残党たちからすると、この逆転劇は不可解きわまりなく、彼らは舞台裏で邪悪な力が、一般人の意識を操作しているのではないかと疑った。そのもっとも忌むべき証拠は、ほかならぬ『ポパイ』の創刊号のクレジット・ページに掲載されていた――「With the support of the American Embassy of Tokyo United States Travel Service（協力：米国大使館旅行サービス）」。この一文が、**この雑誌はＣＩＡ、あるいはその他のアメリカ政府機関から資金を得ているのではないか**という、長年の疑惑――『ポパイ』のスタッフのなかにも、そう疑う者がいた――を招くことになった。その陰謀論では、１９６０年代末に革命的マルクス主義を掲げて蜂起した日本の学生たちの熱気に警戒心を抱いたＣＩＡが、〝心理作戦〟のテクニックを用いて、日本の若者の支持を勝ち取ったことになっていた。出版社はスパイの資金提供を受けて、自社の雑誌をナイキのスニーカーやパタゴニアのラグビーシャツで埋めていたのだ。

石川と木滑はふたりとも、アメリカ政府からの資金提供を長らく否定してきたが、平凡出版が〝イラストルポ〟以来、ずっとロジスティックス面で米国大使館の援助を受けていたことは、すでに周知の事実となっている。アメリカに旅する日本の編集者は、どこに泊まり、なにをするべきかについて、なんらかのガイドを受ける必要があった。そして１９８０年代に入るまでは、東京でそうした情報を得るのにいちばん適した場所が、米国大使館だったのである。『ポパイ』の主な資金源は、はっきりとビジネス的な意図を持った商業組織だった——航空会社や商事会社が、記事によって若者たちがより多く海外に旅し、輸入品を買うようになることを見こんで、『ポパイ』の海外取材の経費を肩代わりしていたのだ。

だが陰謀があろうとなかろうと、ＣＩＡはまちがいなく、『ポパイ』の上げた成果に満足していたはずだ。**日本におけるアメリカは、ふたたびクールな存在になっていた**——希望、夢、そして魅力的なファッション・グッズに満ちた、輝かしい場所と見なされていたのだ。小林泰彦はかつて、こんな皮肉を飛ばした。「アメリカ政府は、大使館の前かどこかに、『パンチ』や『ポパイ』に感謝する記念碑でも建てるべきじゃないかな」。ＮＨＫの世論調査によると、１９７４年における〝アメリカ好き〟はわずか18パーセントにすぎなかったが、最低の落ちこみを見せたこの年から、１９７６年には27パーセントまで回復し、以後は毎年上昇をつづけ、１９８０年にはその数が39パーセントに達していた。

しかし『ポパイ』の編集者の多くは、依然としてアメリカに懐疑的だった。スタッフ・ライターの松山猛《まつやまたけし》も「アメリカに関して言えば、今はまったく興味がないね。世界でいちばん嫌いな国かもしれない」と認めている。この世代の人々はよく、〝アメリカの文化〟は好きだが〝アメリカという国〟は嫌いだというういい方をしていた。ＶＡＮのポール長谷川は、そうした心情を次のように解説する。「当時のわたしたちはみんな、〝アメリカ合衆国〟と〝アメリカ〟は別物だと考えていました。コークや大リーグの野球やハリウッドはみんなアメリカのものですが、それは政府とは別にできると考えていたんです」

しかし1970年代の後半に入ると、ヴェトナム戦争が終結し、占領時代はもはや、遠い昔話と化していた。最新世代の日本の若者には、反米主義のルーツが理解できなかった。木滑と石川はどちらもアメリカを愛し、カリフォルニアの新しいヘルシーなライフスタイルが、学生運動の崩壊後、日本に生じていた実存的な穴を埋めることができると信じていた。木滑はこう説明している。「日本になんか足りないなって。石川次郎なんてさ、『もうみんなでアメリカ人になっちゃおうか！』とか言ってたんだもの。日本がダサいから。面白くないから」

売り上げの不振をよそに、『ポパイ』のチームは自分たちの使命を推進しつづけた。編集者たちはくり返しアメリカに飛び、ホテルのイエローページを開いて新しい訪問先を探し、帰国すると読者にその旅の模様を報告した。旅のたびに、彼らは誌面で取り上げるアイテムを大型のダッフルバッグにたっぷり詰めこんで帰ってきた。このシステムを通じて、編集者、ライター、カメラマンからなる『ポパイ』の小規模なチームは、そもそもはVANヂャケットがアメリカと日本の文化のあいだに築いた情報リンクを、ほぼリアルタイムで機能するかたちに刷新したのである。

『ポパイ』が西海岸ブームに火をつける一方で、1960年代の東海岸ブームを牽引した人々の先行きは暗かった。1978年4月6日、石津謙介とVANヂャケット取締役会のメンバーは、同社の破産を公表した。これはその当時、アパレル業界史上最大、そして戦後の日本企業のなかでも、5番目にランクされる規模の倒産劇だった。彼以前の日本人経営者の多くがそうしていたように、石津がみずからの命を絶とうとするのではないかと懸念した警察は、記者会見場から自宅まで、彼を個人的にエスコートした。

なにがよくなかったのだろう？　石津はクリエイティブなアイデアマンであり、マーケッターであり、セールスマンだった。しかしポール長谷川が説明するように、「彼は帳尻の合わせ方を知りませんでした。トップにいたのはみんな腕のある商人でしたが、VANのような大会社の経営には、とても手が回らなかったんです」。パートナーの商社、丸紅の影響で、VANは考えうるすべての分野に進出し、さらに高い収益を上げようとした。20以上におよぶ自社のレーベルに加え、会社はスポールディング・ゴルフやGANTのような海外ブランドともライセンス契約を結び、インテリア・グッズ・ショップのオレンジハウス、花屋のグリーンハウス、さらにはVAN99ホールという小劇場もオープンさせた。

多様化するにつれて、VANの収益も膨れ上がり、1971年にはわずか98億円だった額が、ピークの1975年には452億円に達していた。しかしこうした利益の追求は、ブランドからいっさいの威信を奪い去る結果となる。以前はティーンエイジャーが何年もお金を貯めて買っていたブランドの商品が今や、スーパーマーケットで安売りのチューブソックスを探す郊外の母親たちを相手に売られていた。倉庫に在庫が山積みされるようになると、VANは大規模なバーゲンを開きはじめ、それがまたブランドの価値を下落させた。しかも『Made in U.S.A.』と『ポパイ』が積極的に、コピーではなく輸入される〝ホンモノ〟を買うべきだと唱えていた時期だけに、VANにとうてい勝ち目はなかった。ポール長谷川はいう。「リーバイスとレッドウィングは、まぎれもない本物です。VANは決してリーバイスにはなれませんでした。VANはとても革新的なイミテーションのつくり手でしたが、〝ホンモノ〟ではなかったのです」

1976年ごろ、売れ行きは修復不能なレベルまで落ちこみ、1978年に入ると、倒産以外の選択肢はなくなってしまう。石津謙介は借金の片がつくまで、個人的に毎月10万円ずつ返済したいと申し出たが、会計士たちはそれだと400年かかってしまうと指摘した。破産後、石津はアパレル業から引退した。1980年の『スタジオボイス』誌に彼は「僕は今着ることにまったく興味がないんです」と語っている。

この倒産に1970年代のなかば、VANの広報担当をしていた『ポパイ』のライター、内坂庸夫《うちさかつねお》は多大なショックを受けた。いてもたってもいられなくなった内坂は、編集長の木滑に、VANのレガシーを取り上げた特集を組むべきだと提言した。木滑は当初、悲惨な倒産劇の最中にある会

VANの遺産を特集した『ポパイ』の1978年6月10日号。表紙のイラストは穂積和夫が手がけた。(©マガジンハウス)

社を聖人伝的に特集した号を出すのは、不見識ではないかと考えた。しかしひと晩考えた上で、彼は内坂にゴーサインを出した。『ポパイ』はまさしくアイビー的なイラストレーターだった穂積和夫に表紙を依頼し、ブランドの元社員や友人たちを取材した。「VANっていうのは会社じゃなくて、学校だった」と信じる内坂は、大学の同窓生のような筆致で記事を書いた。その視点から彼は、伝説的な表紙コピーを考え出した――「**VANが先生だった**」

メイン記事の冒頭のパラグラフは、次のようにはじまっていた。「僕たちはいま、たくさんのアメリカを知っている。けれど、いちばん最初にアメリカを教えてくれたのはコークとVANだった。VANの服でアメリカの学生生活を知り、VANのキャンペーンでスポーツ・ライフに目覚めました。いま、僕たちはいわなければならない―〝ありがとう、VAN〟と」。最初の2年間、『ポパイ』はその文化的なリーダーシップに見合った売り上げを達成することができなかった。しかしVANを特集した1978年の7月10日号は圧倒的な成功を収めた――それまでで最大の人気を博した号となり、21万7000部が即座に売り切れたのだ。

1960年代、1970年代にアイビーで育った世代は、懐かしさからこの号を手に取った。しかしVANの特集は、若い読者の目をクラシックな東海岸ファッションに向けさせるきっかけにもなった。その2年前、小林泰彦はアイビーに代わるものとしてヘビーデューティーを提唱したが、今や『ポパイ』の読者たちは、アイビーそのものに関する情報をもっともっとほしがっていた。日本はわずか10年でアメリカン・ファッションを一巡し――アイビーからヒッピー、アウトドア・ヘビーデューティー、ヘビーデューティー・アイビー、そしてカリフォルニアのキャンパス・ルックをへて、今ふたたび東海岸のファッションに回帰した。VANの消滅という危機中の危機を迎えた瞬間に、アイビー・ファッションは灰のなかから蘇ってきたのだ。

しかしこうしたアメリカン・ファッションの連鎖が当てはまるのは、日本でもとりわけ裕福で、高い教育を受けた若者たちに限られた。1970年代の労働者階級の若者たちもやはり、アメリカのファッションに群がった――しかし彼らが求めていたのは、ヒッピーやサーファーではなく、もっと男っぽいスタイルだった。

第6章

くたばれ！ヤンキース

Damn Yankees

1982年、37歳になるバー経営者兼ファッションプロデューサー、山崎眞行《やまざきまさゆき》は若者のファッション・タウン、原宿と渋谷のちょうど中間地点に、5階建てのパステル・アールデコ小売スペース、ピンク・ドラゴン（粉紅之龍）を完成させた。1階と地階では50年代にインスパイアされた山崎のブランド、〝クリームソーダ〟の衣類やアクセサリーが売られ、2階にはドラゴン・カフェという、ビニール製のヒョウ革ソファやジュークボックスを完備したアメリカン・スタイルのダイナーがあった。山崎は最上階の贅沢なアパートで暮らし、地下2階のスペースを子飼いのロカビリー・バンド、BLACK CATSのリハーサルに使わせていた。だがきわめつけの贅沢は、屋上のプールだった。なぜなら山崎は泳げなかったからだ。

このとてつもない建造物は、ロックンロールの衣類をティーンに売ることを生業としてきた山崎の成功の証しだった。28億円を懐に収めた彼は、原宿をしばしば未開拓の〝金鉱〟に例えた。しかし山崎の富は単に、アイビーとヘビーデューティーにつづく新たなファッションのトレンドを、1970年代の後半に生み出したことから得られたものではない。**彼はそれまで無視されていた若者の集団――高校の落ちこぼれや不良少年たち――にアピールするスタイルを生み出すことで、独自の**

成功への道を築き上げたのだ。

１９７０年代の末になるまで、おしゃれな日本人ティーンの大多数——似非アイビー・リーガーであれ、週末ヒッピーであれ、シックなバックパッカーであれ、ＵＣＬＡグルーピーであれ——は恵まれた育ちをしていた。ブランドや雑誌が想定するターゲット層は、給料が右肩上がりで、可処分所得も増えるばかりのホワイトカラー職に就く若者だった。『平凡パンチ』はオフィスの働きバチに、出世の階段を上っていけ、とはっぱをかけ、『ポパイ』は〝シティ・ボーイ〟に、大学のテニス・サークルでいちばん女子に受ける輸入グッズを伝授した。

実のところ、こうした裕福なライフスタイルを享受できる日本人は、きわめて数が限られていた。１９７０年代の男性大学進学率は20パーセントにも満たず、女性になるとさらに少なかった。大半のティーン、とりわけ大都市以外の場所で暮らす少年たちは中学か高校で学業を終え、ブルーカラー職に

原宿のピンクドラゴン。1995年ごろ。
(©ピンクドラゴン)

就いていた。しかし経済は絶好調で、単純労働に従事するティーンですら、服を買ったり、友だちと飲みに行ったり、自分の車を持ったりすることができた。

消費者として台頭するようになってからも、こうした労働者階級のティーンは社会経済的上位者のあとを追おうとはせず、それとは別の新たなスタイルに引き寄せられた。人類学者の佐藤郁哉が指摘したように、ブルーカラーのティーンエイジャーは大学生を「女々しい気どりや」と見なし、「わざと野卑さを強調した、徹底的に派手な」衣類をほしがった。山崎やその他のメディアからの影響を通じて、これらのティーンは過去の怖れを知らない反逆者に、最大のインスピレーションを求めた——具体的には終戦後の日本のチンピラと、1950年代アメリカの典型的な不良少年である。この2つのファッションの流れはやがて、〝ヤンキー〟と呼ばれるサブカルチャーへと融合していく——これはもともと無骨な〝米国人《ヤンキー》〟のGIを指す言葉だが、その後、日本独自の意味を持つようになった。

自分の城のピンクドラゴンを拠点に、山崎眞行はこの国を代表するファッション・デザイナー、モデル、スタイリスト、有名人たちと交遊した。しかし彼が共感を寄せていたのはずっと、**地方の不良たち**だった。名声のきわみにあった1977年に、山崎は「アウトローになりたいのです。それもチンピラでいいんです」と書いている。少年時代、型破りな格好をしていたせいでのけ者にされた山崎は、労働者階級のティーンというものいわぬ大衆《サイレント・マジョリティ》が、自分たちのアウトサイダー的な地位を誇りに思えるようにしてやりたいと願っていた。彼は日本をもう少しロックンロールさせたいと考えた。そしてまさしくその望みを叶えたのである。

1945年生まれの山崎は、北海道の赤平という炭鉱町で育った。父親は炭鉱で働き、母親は重役たちの邸宅で、パートタイムの掃除婦をしていた。安普請の長屋で暮らす山崎は、とにかく派手やかなものに目がなかった。彼は芸能雑誌に掲載される日本のトップスターの写真に目を凝らしたが、赤平でいちばんおしゃれな服を着ていたのは、決まって近隣のヤクザたちだった。山崎はまだおさないうちに、「かっこいいファッションっていうのは、みんな不良ファッション」だということを理解した。

戦後の最初の10年間は、とくにこの傾向が強かった。貧困にあえぐ大衆がボロをまとうなか、〝愚連隊〟と呼ばれる強面の若いギャングたちは、スリーピースのスーツで街を闊歩した。彼らは単に服に使える金があっただけでなく、パンパン・ガールを通じてアメリカの兵士を買収し、軍のPXから布地を調達することもできた。

次に登場したのが裾を出したアロハシャツとナイロン・ベルト、ラバーソールの靴、マッカーサー将軍風のサングラスでカジュアル・シックを体現した〝アプレ〟の不良たちだった。アプレはとりわけ〝リーゼント〟と呼ばれるヘアスタイルで悪名を馳せた――グリースで両サイドをうしろになでつけ、前髪を高く盛り上げた《ポンパドール》スタイルである。戦後の若者たちは、代わり映えのしない丸刈りに対する反逆の手段として、あえて1930年代に流行ったこの髪型を復活させた。親たちは慎ましさを愚弄し、と同時に家計にも大きな負担をかける（闇市場に出まわるポマードは高価だった）という理由でリーゼントを毛嫌いした。ジャズ・ミュージシャンや下っ端のヤクザが愛好したおかげで、このヘアスタイルはいかがわしさの同義語となった。

中学生のとき、山崎は〝マンボズボン〟で不良ファッションへの第一歩を踏み出した――サスペンダーで吊る先細の黒いハイウエストのパンツで、名前は1955年に大流行したマンボ・ミュージックから来ている。この年、若いカップルは夜ごとに汗臭いクラブで、このラテンのリズムに合わせて踊った。マンボの男たちはおそろしく肩幅の広いひとつボタンのジャケットに、派手なシャツ、細長いタイ、そして前述のパンツを合わせていた。マンボ・ブームはあっという間に消え去ったものの、この特徴的なファッションと、クラブのうさんくさい客層のおかげで〝マンボ〟は〝チンピラ〟を意味するスラングとなる。マンボズボンはその後も、反抗的なティーンが愛好するスタイルとして生き残った。

リーゼントのヘアスタイルは、1958年、マスコミがロカビリー・シンガーのミッキー・カーチス、平尾昌章、山下敬二郎を熱狂的に取り上げたことで、さらに大きな注目を浴びた。これらの日本製エルヴィス・プレスリーもどきは、テカテカのカールしたポンパドールに、マンボズボン、そしてカントリー&ウエスタン調のジャケットという出で立ちだった。日劇の〝ウエスタン・カーニバル〟で激しいパフォーマンスをくり広げた彼らは、1週間で4万5000人を動員し、女性ファンはステージに自分の下着を投げこんだ。ロカビリーの全盛期は短かったものの、日本全国の不良少年にリーゼントのヘアスタイルを広めるだけの時間はあった。13歳の山崎眞行はその光景を赤平のTVで見た――「すごく影響された。強烈なショックだった」

田舎のティーンエイジャーはリーゼント、マンボ、そしてロカビリーに憧れたが、裕福な東京のティーンはそうしたファッションを馬鹿にした。イラストレーターの小林泰彦はこう説明する。「学生はそれで嫌がった。マンボの時でもアロハシャツとリーゼントのころでもそうだけど、そういうのは見下していた。僕らは大学生だったから、あれは不良だという」。なかでもポンパドールは、そうした下品さの象徴だった。浜辺をぶらつく裕福な太陽族は、もっと短いスポーツマン・タイプの髪型を好み、1960年代の初頭になると、こざっぱりとしたアイビー・ファッションが人気を博したおかげで、リーゼントはますます過去の遺物あつかいを受けるようになった。

高校を卒業すると、山崎眞行はガールフレンドのあとを追って上京する。しかし彼女は何か月もしないうちに、彼を捨ててとあるインテリア・デザイナーのもとに走った。山崎はスタイリッシュな仕事を見つけて、新しい恋人を獲得してみせる、と心に誓った。自分のイメージを刷新し、東京での主流だったみゆき族風ファッションに合わせるために、彼はズボンの丈が短いVANのスーツを買い、髪型をケネディ・カットに変え、不格好なドレスシューズを履いた。こうしたワードローブのおかげで新宿のトラディショナルな紳士服店、三峰に職を得た彼は、そこで商売の秘訣を学び、アイビー・ルックのお手本として、『平凡パンチ』にモデルとして登場したことすらあった。

そんなある日、仲間の店員が黒の革ジャン、黒のシャツ、黒のスリムジーンズにテカテカのリーゼントという出で立ちで店にあらわれた。それをきっかけに、すべてが変わった。その少年は横須賀という、東京から1時間ほど離れた沿岸都市――〝**スカマン**〟（横須賀マンボ）と呼ばれる労働者階級ファッションの中心地でもある街の出身だった。横須賀の米軍基地周辺をうろつくスカマンのティーンは、愛想のいいアフリカ系アメリカ人兵士だけでなく、この上なく荒っぽい下士官兵からも、ファッションのヒントを仕入れていた。彼らは基地の近くの仕立屋に、光沢のある素材を使ったワンボタンの〝コンポラスーツ〟をオーダーした。それは細身のスリーボタン・アイビー・モデルに対する、意図的な反撃だった。スカマンのティーンのなかには、短く刈りこんだアメリカ人GIの髪型を真似る者もいたが、リーゼントのほうがより一般的だった。

スカマンのティーンは〝souvenir jacket〟（土産物のジャケット）を愛好した――アメリカの古典的なスタジアム・ジャケットの、レーヨン・サテン・バージョンである。ただしその背中には、東洋の鷲、虎、龍などの刺繍が入っている。地元のティーンはそれを〝**スカジャン**〟（横須賀ジャンパー）と呼び、休暇中の米兵を相手にしている店で買い求めた。最初にそのジャケットに

“スカジャン”と呼ばれるサテンのスーベニール・ジャケット。
（提供：FAKE α / BerBerJin）

〝植民地ならでは《コロニアル》のおしゃれさ《シック》〟を見いだしたのは横須賀のティーンだが、全国的に知れ渡ったのは、1961年の映画『豚と軍艦』の主人公が着用したのがきっかけだった。

スカマンたちと同じバーにたむろしていたイラストレーターの小林泰彦は、次のようにふり返る。「横浜はちゃんとしたクラブとか高級なバーとかがあったんですが、横須賀と横田のほうは、兵隊さんは若くて下のほうが多いから不良みたいな人がたくさんいたのよ、きっと。町に出るのにジーパンとかはくとして、そういう感じで口笛吹いたり、言っちゃいけない言葉をどんどん言ったり」。『平凡パンチ・デラックス』のイラストルポで横須賀の流行を取り上げたとき、小林は非常に具体的な言葉で彼らのファッションを描写した

――〝**ヤンキースタイル**〟。彼はこう説明する。「アメリカの不良のファッションを〝ヤンキー〟と呼びはじめたわけです。ピシッとしたスーツは学生にはなかなか真似ができない。お金がないでしょう。でも不良がやっている格好が真似しやすいんですね」

スカマン・ファッションに身を包んだ横須賀の友人を見た翌日、山崎眞行はアイビーを捨て、髪型をリーゼントにした。1966年夏、三峰を辞めた彼は、葉山という浜辺の町の、流行らないリゾート・ホテルで働きはじめる。できるだけスカマンの現場の近くにいたい、と考えてのことだった。山崎が人気《ひとけ》のないホテルを管理するかたわらで、アイビー・ファッションに身を包んだエリートの大学生たちは、もっと上等なホテルを占拠し、ギターでフォークソングをつま弾いていた。後年、彼は「そーゆーの見ると、ムカッとしたね」と書いている。彼は毎号、『メンズクラブ』を読んでいたが、それは「書いてあることとは逆の方向に」いくためだった。

1967年になると、スカマン・ファッションは東京にも広まり、労働者階級の暮らす下町ではじまっていた、似たような若者のムーブメントと融合した。スカマンはジェイムズ・ブラウンのようなアフリカ系アメリカ人ソウル・シンガーを愛好し、彼のカールしたフワフワのポンパドールは、リーゼントのいいお手本にもなっていた。新宿のクラブで、ソウルのレコードに合わせてガールフレンドと踊るのがこうしたティーンの夢だったが、東京のゴーゴー・バーは、リーゼントとサングラスを出入禁止にしていた。

東京がふたたび盛り上がってきたのを見て、山崎はかつての雇い主に頭を下げ、新宿で2軒の小さなバーを開いた。残念ながらどちらの店も客足はかんばしくなく、1年もするとオーナーは、店の売却を彼に命じた。山崎はどうにか資金をかき集め、2軒のうち、より成績が悪いほうの店を買い取った。エレベーターがないおんぼろビルの4階にあったこの店を、1969年、彼は怪人二十面相というリズム&ブルース・バーとして再オープンした。壁は黒く塗られ、その上に友人のアマチュア画家が、エルヴィス・プレスリーとマリリン・モンローの下手な肖像画を描いた。怪人二十面相はひと晩中、ソウルのレコードをフルボリュームでかけつづけ、前髪をポンパドールにしたスタッフは、全員が揃いの革ジャンとジーンズを着用した。新宿――もっぱら過激な学生運動や、長髪のヒッピーで知られていた街――の薄暗い片隅で、山崎は、この国のポマードくさい不良たちに、彼らだけの居場所をもたらしたのである。

山崎眞行（右端）と怪人20面相のスタッフたち。
（©ピンクドラゴン）

1970年代のはじめごろ、東京でアメリ

カのグリーサーのようなロカビリー・ファッションをしている大人は、自分とこのバーのスタッフぐらいなものだろうと山崎は考えていた。そんなある日、『週刊プレイボーイ』をパラパラとめくっていた彼は、ロック・バンドのキャロルという、4人のソウルメイトにめぐり会う。ベーシスト兼シンガーの矢沢永吉は、原爆で破壊された廃墟の広島で生まれた。母親に捨てられ、父親を放射線病で亡くした彼の唯一の楽しみは、ラジオでアメリカの音楽を聞くことだった。高校卒業後、横浜のスラム街に移り住んだ彼は、アルバイトをしながらデモテープづくりに励んでいたが、どれもものにならなかった。

1972年8月15日——27回目の終戦記念日——に矢沢はキャロルを結成した。そのコンセプトはイカした4人《ファブ・フォー》になる以前、ハンブルクのいかがわしいクラブでマラソン的なライヴに明け暮れていたビートルズがプレイしていたロックンロールを甦らせることだった。キャロルのギタリスト、ジョニー大倉はバンドにはユニフォームが必要だと考え、当時、ロンドンで人気を博していた1950年代調のレトロな〝ロキシー〟・ファッションに着目した。彼らは前髪をポンパドールにし、威圧的な黒の革ジャンをまとい、大型のバイクにまたがってポーズを取った。『週刊プレイボーイ』はこのファッションを、アメリカの古いタイプのならず者を戯画化したものと解釈して〝**ヤンキー・スタイル**〟と呼んだ。

全国放送のNHKは、こうしたバイカー・ファッションを〝教育上よろしくない〟と見なし、何年もキャロルを電波に乗せようとしなかった。大都市のコンサート会場は、喧嘩、暴動、施設の破壊などを危惧して、キャロルの出演を拒んだ。しかし民放の「ぎんざＮＯＷ！」に出演したおかげで、グループは大々的なブレイクを果たし、彼らのヤンキー・ファッションは全国津々浦々のティーンに知れ渡った。ライターの速水健朗《はやみずけんろう》は、グループの魅力を次のように説明する。「学校内で締めつけが厳しかった当時、教師たちが色んな事を規制しはじめて、反抗する奴ら、いわゆる学校内で暴れる校内暴力の時代になってきてるところに、一番のヒーローとして矢沢永吉がサングラスに革ジャン、つっぱりでバイクで登場し、不良少年文化がアメリカのロッカーズを矢沢永吉を経由した形で共有していく」

ロック・バンドのキャロル（右から２人めが矢沢永吉）。
(©ユニバーサルミュージック)

　一方で東京のファッション・シーンは、キャロルのリーゼントとクラシックなロックンロールを、イギリスのグラム・ロック・ムーブメント内で起こっていた**フィフティーズ・リバイバルの日本版**と見なした。この流れの一環として、ファッション誌の『アンアン』は怪人二十面相の短い宣伝記事を掲載し、おかげでバーには有名人も顔を見せるようになる。ファッション・デザイナーの山本寛斎やキャロルのメンバーは常連になった。ピーク時には毎夜、100人以上の客が詰めかけ、列は4階から1階のビルの入口まで、えんえんとつづいていた。

怪人二十面相はアメリカの不良少年を真似るファッション・エリートだけでなく、ホンモノの不良少年にもアピールした。こうしたゴロツキたちは派手なアロハシャツに革ジャンをまとい、髪型はリーゼントにしていた。毎晩のように喧嘩がはじまり、山崎と彼の部下たちは、屋上で護身術のトレーニングをした。しかしマーシャル・アーツ程度では、ときおりバーにあらわれる新種の危険な不良少年――〝暴走族〟には対処できなかった。集団での走行、縄張りをめぐる抗争と、過激な服装で知られるティーンエイジの無法者集団である。

暴走族は1970年代中盤、日本全国の地方都市で悪名を馳せはじめた。土曜の夜になると、彼らは大きく改造を加えたマフラーのないバイクで目抜き通りを駆けまわった。からっぽのジュース缶に入れたシンナーを吸い、初期の時代には対立するグループと、文字通りの死闘をくり広げることもあった。しかしとりわけ暴走族の評判を悪くしていたのは、主としてリーゼントにレザーという、キャロルの〝ヤンキー・スタイル〟に影響を受けたそのファッション・センスだった。外見だ

集団で東京の街路を走る暴走族。1978年11月。（©読売新聞社 / アフロ）

けを取り上げると、これらのバイク乗りたちは、VANのファンがアイビー・リーグの大学生に似ていたのと同じ程度に、アメリカの〝グリーサー〟に似通っていた。しかし暴走族の場合、ティーンたちはそのスタイルの起源がアメリカにあることをほとんど知らなかった。**彼らは単純に矢沢永吉をコピーしていたのである。**彼らのファッションにお墨付きを与えていたのは、海外ではなく、国内の権威的存在だった。

キャロルからの影響以外にも、暴走族はまっとうな社会を脅かすようなものなら、なんだろうとかまわず取りこんだ。学校に通う年代のメンバーは正体を隠すためにマスクを着けた。ヘルメットをかぶる代わりに、鉢巻きで髪の毛をうしろに押しやり、坊主頭も珍しくなかったが、大半の暴走族はパーマをかけていた――毛のつまった〝パンチパーマ〟、あるいはアフロもどきの〝ニグロ〟である。そしてそれを頭のてっぺんに乗せ、両サイドを少量のグリースでうしろになでつけていた。その髪型はエルヴィスよりもミュータントのジェイムズ・ブラウンを思わせたが、それでも暴走族は〝リーゼント〟と呼びつづけた。

山崎眞行は、遠く離れたイギリスを模倣して彼の愛するリーゼントのヘアスタイルを採り入れたトレンディなファッション人種よりも、ホンモノの不良たちを好んでいた。しかし新宿の荒くれたちとの蜜月には、ある日、唐突にピリオドが打たれた。不良の集団が仕事の終わったあとで彼を襲ったのだ。犯罪者たちは彼の首筋にナイフを突きつけ、指輪が外せないとみると、彼の指を切り落とそうとした。この事件と、増えつづける店内での喧嘩に嫌気が差した山崎は、場所を移すことにした。

新宿のダークサイドに対する山崎の個人的な嫌悪感は、1970年代初頭における反体制文化のより広範な変化を反映していた。学生運動は瓦解し、警察はヒッピーの生き残りたちをすべて、藪のなかから追い出した。1970年8月以降、警察は日曜日ごとに道路を封鎖して〝歩行者天国〟をつくり、おかげでバイク乗りたちは、公道でのレースができなくなった。新宿が浄化されると、アングラの若い残党たちは別の集合場所を探し求めた。最有力候補は電車で数駅しか離れていないひっそりとした住宅街——原宿と呼ばれる場所だった。

原宿は通勤通学客で賑わうターミナル駅、渋谷から歩いてすぐの距離にあり、緑豊かな代々木公園と明治神宮に隣接している。占領期間中には米軍の士官が暮らし、1964年にはこのエリアにオリンピックの主要会場が設けられた。しかしその短い全盛期以降、原宿は休眠状態に陥っていた。作家の森永博志の言葉を借りると「原宿は南太平洋の小島のようにちっぽけで、昼も夜も静かだった」。

唯一動きらしい動きがあった場所が、明治通りと片側3車線の表参道との交差点に建つ、セントラルアパートだった。そこでは新進のファッション・デザイナーがワンルームの部屋を借り（和製英語ではそれを〝マンション〟と呼ぶ）、非実用的な衣類を少量ずつ縫製していた。これらの〝マンション・メーカー〟は新たなクリエイター階級を形成し、彼らは休憩の時間になると、1階にある喫茶店のレオンで、自分たちと同じように髪の長い、ひげを生やした友人たちと交遊した。怪人二十面相のスタイリッシュな顧客は、大半がセントラルアパートかその周辺で働いていたため、山崎は次のバーを開くなら、原宿がうってつけだろうと考えた。

1974年、彼は父親に、企業年金から250万円を前借りしてほしいと頼み、その金を保証金にして、ビルの地下に粗末な酒場を開いた。彼はこの店をキングコングと命名し、壁をヒョウ柄のプリントと、熱帯のビーチを見わたすカリブ人女性を描いた、巨大な壁画で覆い尽くした。客は空のビールケースに座った。

最初の何か月か、この哀れをもよおすスペースにはほとんど客が来なかった。しかしあるひとりの客が、山崎の人生を永遠に変えることになった――イギリスで生まれ、半分日本人の血が入ったモデルのヴィヴィアン・リンである。カタコトの日本語で何時間か言葉を交わした山崎とリンは、すっかり意気投合した。数週間後、19歳になる資生堂のキャンペーン・モデルと29歳になる炭鉱夫の息子は、カップルになっていた。それからの何か月かで、山崎は日本と海外を行き来するリンのジェット族的なライフスタイルについていくために、自分たちの事業の銀行口座を完全に空にしてしまう。しかしクリエイティブなミューズの役目を務めた彼女は、最終的に大きな儲けを生み出した――東南アジアでリンと忘れがたい逢瀬を楽しんだ山崎は、1975年5月、シンガポール・ナイトという、熱帯をテーマにした50年代風のキッチュなバーをオープンする。この店はすぐさま、有名人とバイク乗りの両方に好評を博した。

リンはまた、山崎が自分の好みに磨きをかけ、それを明確に打ち出すための手助けをした。山崎は山本寛斎のファッション・ショウで訪れたパリで見た、ジョージ・ルーカスの映画『アメリカン・グラフィティ』にすっかり心を奪われていた。彼は自伝にこう書いている。「映画を見ながら赤平の町のことを思い出した。高校時代、夜、友だちと自転車にのって町をウロウロしていた。商店街には拡声器からポップスが流れていた。女の子に声をかけたり、ダンス・パーティーに行ったり、ケンカしたり」。そのヨーロッパ旅行の途中で、山崎はフェリーでイギリスに向かい、マルコム・マクラーレンとヴィヴィアン・ウエストウッドのロカビリー・ブティック、レット・イット・ロックを訪れた。この旅のあいだに彼は、ポップ・カルチャーの周囲を漂う、愛するアメリカの不良少年のイメージをあちこちで目の当たりにしていたが、自分のレトロ趣味はあくまでも、個人的なこだわりにすぎないと考えていた。

すると1975年の終わりになって、リンがとうとう山崎を引きずるようにしてロンドンに連れもどし、ネオ・テディ・ボーイ・シーンをその目で直接確認させた。ブライトンのマーケットで、山崎は古着を売っている屋台をいくつか見つけ、ボウリングシャツ、アロハシャツ、ラバーソール、ボクシースーツ、タック入りのズボン、そして肩パッド入りジャケットの入った箱を拾い上げた。リンの母親が口をはさんだ。「ヤマちゃんはフィフティーズが好きなのね」。山崎にとってははじめて耳にする言葉だが、これですべてが腑に落ちた。**彼は〝フィフティーズ〟が好きだったのだ！**

ロンドンから持ち帰った古着を売るために、山崎ははじめて小売専門の店を原宿にオープンした――クリームソーダである。この界隈ではこれが、最初の古着店だった。山崎は店のファサードに〝Too fast to live, too young to die〟（生きるには速すぎるし、死ぬには若すぎる）と書いた。このスローガンはマクラーレンがレット・イット・ロックにつけた新しい店名を、そのままいただいたものだった。クリームソーダはほんの数週間で、山崎が手がけた店としては、最大の成功を収めることになる。服はロンドンで買った値段の6倍の額で売れ、以前は金策に四苦八苦していたバー経営者は、安定した現金収入を得られる身になった。

　しかし何週間もしないうちに、アパレル業界の関係者たちがオリジナルの古着を買い尽くしてしまい、やむなく山崎は安価なクリームソーダのオリジナル製品をつくりはじめた。ティーンは古着以上にこれらの製品を愛し、このブランドのけばけばしいヒョウ柄や、シャーベットトーンの派手なシャツやスカートを求めて、店の前に列をつくった。

　じきに山崎は需要に応えるために、もっと在庫を増やす必要に迫られた。カリフォルニアで安い中古品が手に入るといううわさを耳にした彼は、1976年にサンフランシスコに向かった。しかしどの古着店をまわっても、彼のフィフティーズ趣味に合致した服はまったく売られていなかった。もう諦めようとしていた瞬間、謎めいたイギリス人ヒッピーが彼に近づいてきた。家には山のように服が溜めこんであるという。山崎は彼に連れられてヘイト・アシュベリー区域に足を踏み入れ、その日いっぱい、ビンテージ衣類の膨大なコレクションを漁りつづけた。彼は200万円相当の商品を原宿に送り、それが早々に売り切れると、さらに1000万円を支払って、30フィートコンテナにいっぱいのカビ臭い衣類を追加で送らせた。これが東京の街頭では、1億円の値段で売れた。

　レトロなアメリカの衣料を日本の若者に売ることで、クリームソーダは濡れ手で粟の利益を得た。山崎の成功に刺激されて、ペパーミントやチョッパーといった同工のブランドが、そのおこぼれにあずかろうと、近場で営業を開始した。そこまで良心的でないバイヤーはクリームソーダの在庫を

原宿クリームソーダの初期の外観。（©ピンクドラゴン）

買い、2倍の値段をつけて街角で売った。日本の代表的なアパレル複合企業やデパートはこぞって山崎にアプローチをかけたが、彼は頑として〝メジャー〟行きを拒んだ。山崎は成長をつづけるビジネスを、自分の小さな会社、1950カンパニーを中心にして展開させ、小売業に専念するために、すべてのバーを閉店させた。

1977年に入ると、フィフティーズを日本で甦らせるという、かつては夢物語でしかなかった山崎の願望が、原宿のストリートで現実になっていた。

ティーンはテディ・ボーイのお気に入りのミックス——ラバーソールと丈の長いカラフルなジャケット——に加え、かつてアメリカのティーニーバッパー〔ミーハーな10代前半の少女〕が愛用していたアイテム——赤いレタードカーディガン、スタジアムジャンパー、サドルシューズ、そしてタイトな501

——を着用した。ブームが一気に加速したのは、ソニーのポータブル・ラジオ・カセット・プレイヤー、〝ジルバップ〟の紙媒体広告に、ビンテージ・カーによりかかる、あたかも『アメリカン・グラフィティ』のセットから出てきたばかりのような白人の若者たちがフィーチャーされたときのことだ（彼らの衣裳は、むろん、クリームソーダが提供していた）。週末ごとに、ダックテールの少年とポニーテールの少女が日本全国から原宿に群れ集まり、アメリカの過去のスタイルを甦らせることで、日本の最先端に立とうとした。

フィフティーズ・ファッションが大ブームを巻き起こしたこの時期、ティーンのなかには米軍兵士のような服装をしはじめる者まであらわれた——半袖の古典的なカーキ、あるいはオリーヴ色の制服に、ミリタリーネクタイ、マッカーサー風のサングラス、そして先のとがったギャリソン・キャップ。といってこうした衣裳に身を包むティーンエイジャーが、アメリカ軍を賛美していたわけではない。だがその前の10年間における反戦運動のことを、これっぽっちも気にかけていないのはたしかだった。軍服はもはや占領や帝国主義の象徴ではなく、ノスタルジアのおしゃれな断片と化していたのだ。

1978年のヒット・ミュージカル映画『グリース』はロックンロール・ブームにさらなる拍車をかけ、クリームソーダのオリジナル商品は、1日に30万円の売り上げを記録した。日本全国のティーンが、山崎のピンクとネオンイエローのヒョウ柄サイフを買うだけのために、東京への旅を夢

1970年代中期の『メンズクラブ』に掲載されたG.I.スタイルの実例。
（提供：ハースト婦人画報社）

見ていた。5年前、〝ロックンロール〟という言葉を聞いたことがある日本人は、ほとんど皆無に等しかった――そして今、**クリームソーダは地球上で最高の売り上げを誇る、ロック・ファッションの店になっていた。**

ガレージパラダイスという新しい店のために、安価なアメリカン・グッズの在庫が追加で必要になると、山崎は全スタッフを引き連れて、韓国に探索行に出た。米軍基地のそばにある薄汚れた市場で、彼らは山積みにされている革ジャンを見つけた。値段はわずか5000円と、日本のロッカーがアメ横で同様のアイテムに支払っていた金額の、数分の一にすぎなかった。山崎は200着を買い上げ、追加を日本に送ってくれとリクエストした。この商品は即座に大ヒットを飛ばし、山崎の懐をさらに潤わせると同時に、日本の若者たちにレザーを普及させた。

クリームソーダとガレージパラダイスの登場で、静かな住宅街だった原宿は、若者ファッションの全国的な中心地となった。1970年代を通じて、日本のポップ・カルチャーは、東京以外の場所にインスピレーションを求めていた。アンノン族は小さな田舎町に向かい、ヘビーデューティー・キッズは大いなるアウトドアに目を向け、サーファーは夏の季節を湘南の海岸で過ごしていたのだ。フィフティーズ・ブームは東京を、しっかりと表舞台に返り咲かせた。この10年代の終わりになると、100キロ離れた場所のティーンが、日曜の朝に早起きして東京行きの列車に乗り、日がな、表参道や竹下通りをそぞろ歩いていた。

そしてアイビー時代とまったく同じように、若者のファッションはアメリカのファッションを意味していた。しかし山崎のフィフティーズ・スタイルは不良っぽいモチーフや衝動を強く打ち出していたため、ファッション市場は消費者を完全にコントロールすることができなかった。不良というのはそもそも、自分で自分のスタイルを決めたがるものなのだ。

1970年代の中期、地方を本拠とする暴走族のグループは週末ごとに東京に進出し、原宿の通りをゆっくりと流していた。新宿と同様この街でも、当局は日曜日になると片側3車線の表参道を封鎖し、歩行者天国にすることで彼らを阻止しようとした。しかし暴走行為は排除されたものの、このこころみは新たな不良行為を生み出した。クリームソーダで買ったロックンロール・ファッションに身を包んだ元暴走族のグループが原宿に集まり、ジルバップを取り囲んで、1950年代のアメリカン・ヒットに合わせて踊りはじめたのだ。男は黒の革ジャン、袖をまくり上げた白のポケットTシャツと、履きこんだストレート・ジーンズにモーターサイクル・ブーツという出で立ちで、前髪はポマードくさいポンパドールにしていた。その相方を務める女性はプードル・スカートでくるくる旋回し、足元はフリルの短い白ソックスにサドルシューズ、手には白いレースのカクテルグローブ、そして髪の毛は巨大なリボンでポニーテールにしていた。

この少年少女たちは、高度な振りつけが施されたツイストとジルバのバリエーションを踊った。しかしこの非常にホモソーシャル度の高いサークル内で、男女が一緒に踊ることはなかった——男は中心に群れ集まり、その周囲を女が取り囲んでいたのだ。こうしたティーンたちはやがて、正式なグループを結成し、日曜になると1日中踊りつづけた。メディアは〝ロックンローラー〟の一部を取って、彼らを〝**ローラー族**〟と呼びはじめた。

警察はじきにローラー族を表参道から追い出し、彼らはやむなく、近隣の代々木公園で開かれていた同様の歩行者天国に拠点を移した。原宿駅のすぐ外に位置するこの小さなアスファルトの空き地が、毎週日曜日、午前10時から夕暮れまで、彼らの新たな約束の地となった。基本的にはお堅い日本の社会にあって、原宿は週に1度の〝祭り〟の場となり、ティーンは親や教師の目を気にすることなく、着飾って陽気に踊りまくった。代々木におけるローラー族の人気は、派手な色合いのカンフー・ファッションでディスコ・ダンスを踊る、竹の子族という同類のサブカルチャーを引き寄せた。

ローラー族や竹の子族に加わったティーンエイジャーの大半は、ブルーカラーの仕事をしているやる気のない若者だった。全国放送のNHKで1980年6月に放映された「若い広場：原宿24時間」は、〝やよい〟という15歳の竹の子族メンバーを取材した。そのなかで彼女は、いつも親や教師のいうことを聞かなければならない自分は〝人形〟のようだと不平を漏らす。だがそんな彼女も日曜日だけは、本来の自分を取りもどし、自分のいいたいことがいえるのだ。NHKのドキュメンタリーでは、人気ローラー族グループ、ミッドナイト・エンジェルズのリーダーを務める〝ケン〟の横顔も紹介された。中学校を落ちこぼれ、田舎の秋田県から上京したケンは、ジェームズ・ディーンや暴走族やキャロルの矢沢永吉のポスターで飾られた、窓のない狭苦しいアパートで暮らし、ウィークデイはアルバイトに明け暮れている。だがNHKの撮影当日、彼はグループのメンバーたちに、秋田にもどって農家を継ぐことになったと伝えた。

このドキュメンタリーからも明らかなように、大半のローラー族は〝ツッパリ〟――10代の不良をあらわす当時の流行語――だった。かりにきちんと振りつけのされた踊りが堅苦しい印象を与え

日曜日の原宿で踊るローラー族。1982年。（©毎日新聞社）

たとしても、それぞれのグループは主に、問題を抱えたタフな落ちこぼれで構成され、グループのリーダーはしばしば、無鉄砲な暴走行為に走ったり、シンナーを吸ったりするメンバーに用はない、と通達する必要に迫られた。1980年になると、40もの異なるローラー族や竹の子族のグループに属する800人のダンサーが、日曜日ごとに姿をあらわした。1年後、ローラー族は全国で120のグループに膨れ上がっていた。ローラー族と暴走族を一緒くたにしていた警察は、週末のたびに、未成年の喫煙や飲酒といった些細な罪状で、10数人のダンサーを拘束した。

レトロなタフさをうまく利用すること

で、クリームソーダは原宿に、地方の不良とファッション人種を、どうにか共存させていた――しかし緊張は否応なしに高まっていた。1978年2月の『アンアン』には、どちらも白地に赤い縁のカーディガンを着た16歳の少女ふたりのこんな発言が掲載されている。「ツッパった男の子は大嫌いです。かわいい子がいいなぁ」。山崎もやはり、自分のスタイルがツッパリの定番となっていることに、複雑な感情を抱いていた。クリームソーダの商品が「暴走族の持ちもの」として学校の教師に没収されている現状を、彼はひどく不快に思っていた。山崎は自著で「つっぱってることとフィフティーズとは全然関係ないと思う」と説いた。しかし最終的にフィフティーズ・ムーブメントは、クリームソーダや山崎よりも、はるかに大きい存在になる――それは全国的な不良ファッションを、中心で支える柱だった。

もし中産階級のティーンたちが、労働者階級のティーンとフィフティーズ・ブームを分かち合うことを嫌がっていたとするなら、労働者階級のティーンは革ジャン、アロハシャツ、ジーンズからすべてのタフさを吸い取るファッション複合企業に、心底嫌悪感を抱いていた。**暴走族にはもっと威圧的なスタイルが必要だった。**1970年代の中盤以降、彼らは徐々に美学的な拠りどころを、〝右翼〟として知られる国粋派のグループに移しはじめる。これらの超国家主義者たちは、ネイビーブルーの清掃用ツナギでつくった間に合わせの民兵服で抗議集会に出席していた。暴走族はこの青いジャンプスーツをコピーし、あらためて〝**特攻服**〟と命名した。ティーンエイジのバイク乗りはこのスーツに、右翼的なスローガンを金色の文字で刺繍した。同様に暴走族は、英語由来のグループ名を、通常のカタカナやローマ字ではなく、あえて古くさい漢字で表記することで、帝国時代の雰囲気をかもし出そうとした。彼らはまた、集団走行中に旭日旗を振りかざし、鉢巻きに鉤十字をあしらった。ナチ、あるいはヒトラーと名乗る暴走族もいた。

こうしたファシスト的な打ち出しとはうらはらに、暴走族は右翼思想にほとんど関心を持っていなかった。京都の暴走族を対象にフィールドワークをおこなった人類学者の佐藤郁哉は、彼らが「右翼・国粋思想に否定的あるいは無関心である」ことを知った。暴走族は主に戦時中のイメージというタブーに挑むことから得られる、ショッキングなパワーを楽しんでいたのだ。

１９８０年に入ると、暴走族は連合国と枢軸国からの影響を同等に受け、右翼的なカミカゼとアメリカのバイク乗りをミックスしたような存在になっていた。１９８０年代のはじめに暴走族のメンバーは急増し、ピーク時の１９８２年にはその数が４万３０００人を超え、確認されたものだけでも、７１２ものグループが存在していた。暴走族のファッションはやがて、ひとつの型に固まった――だらりと垂らしたリーゼントの髪型、グループ名を記した鉢巻き、青いジャンプスーツ、薄い口ひげ、剃ったまゆ毛と、45度の角度に傾げたサングラス。反抗的なティーンは学校でも、伝統的な学生服に手を加え、ズボンを風船のように膨らませたり、学ランの襟をありえないほど高くしたりしていた。

暴走族が日本列島全体を震撼させるなかで、ツッパリのスタイルはファッションのゲットーを脱し、主流的なポップ・カルチャーと融合した。ロック・バンドの横浜銀蝿は1980年、暴走族を思わせるファッション——汚い口ひげ、雑なリーゼント、先のとがったサングラス、革ジャン、白のバギーパンツ——と、不良文化をことさらに取り上げた〈ツッパリ High School Rock'n Roll〉や〈横須賀 Baby〉などの曲で大々的にブレイクした。次に登場したのは〝なめ猫〟という、ツッパリの高校生風に撮影された仔猫たちだった。なめ猫の公式写真集は50万部を売り上げた。なめ猫の運転免許証——警察に止められた暴走族はしばしば、このオモチャの免許証を提示した——の発行枚数は1500万枚以上に達し、ツッパリの格好をさせられた仔猫の商品は、トータルで10億円を越える売り上げを示した。

このスタイルが広まるにつれて、ツッパリという言葉は制服に手を加えるティーンのことを指すようになる。日本は不良文化全般をあらわす新たな言葉を必要としていた。そんななか広く受け入れられたのが、ティーンの不良をあらわす大阪の言葉——〝イー〟にアクセントをつけた〝ヤンキー〟だった。この言葉のルーツは明らかに、スカマンやキャロルの〝ヤンキー・スタイル〟にあったが、直接の起源は、リーゼントのヘアスタイルを〝ヤンキー〟と呼んでいた大阪の床屋だった。

しかし1980年代の初頭ともなると、右翼的なコスチュームに身を包んだ過激な日本人のティーンがアメリカ人となんらかのつながりを持っていることなど、完全に想像の埒外にあり、多くの人々は〝ヤンキー〟という言葉が、「やんけ」という音で文章を終える、大阪のティーンの局地的な方言に由来すると考えていた。当のヤンキーはまちがいなく、この言葉の歴史などいっさい知らなかった——彼らが模倣していたのは、うす汚れた横須賀のバーのGIではなく、自分たちの兄や、日本の高名な無法者だったのである。

横浜銀蝿の1982年のシングル〈お前サラサラサーファーガールおいらテカテカロックンローラー〉。(©キング・レコード)

ヤンキーの格好をしたなめ猫。(©グループS)

1982年になると、アメリカのグリーサーと日本のヤンキーは、いずれもポップ・カルチャーにおけるピークを越え、次第に影が薄くなりはじめた。集団走行に対する刑罰の強化が、暴走族の息の根を止めた。標準的なツッパリルックは1980年代なかばに姿を消しはじめ、この10年代の終わりになると、片田舎にあるごく一部の小村以外の場所では、ほぼ完全に絶滅していた。ピンクドラゴンが原宿で開業した1982年に忽然とはじまったロックンロール・ブームは、同じように忽然と霧散した。しかしフィフティーズをめぐる熱狂は、日本のファッション界にしっかりと足跡を残した。1985年、タイトなブラック・ジーンズを履き、前髪を巨大なポンパドールにした山崎のハウス・バンド、BLACK CATSがコカコーラのCMに出演した。かつて、新宿のクラブで出入禁止を食らったアメリカの不良ファッションが、アメリカの企業のマーケティングツールになったのだ。

今の目でふり返ると、日本の不良のあいだに広まったアメリカ産ファッションは、この国の衣類と日本との関係について、重要な、だが見過ごされやすい事実を明らかにしている。ヤンキーのファッションは、日本の若者はつねに敬意を持ってアメリカのオリジナルを模倣してきたという、広く信じられている前提に異議を申し立てるものだ。たしかにVANはアイビーの完璧なコピーを提供していたかもしれない。また日本のヒッピーは、イーストヴィレッジを舞台にしたコスチューム劇を演じているように見えた。だがそれに比べると、不良たちは完璧な模倣にはほとんど関心がなかった。彼らはアメリカから受けた影響――リーゼントの髪型、アロハシャツ、汚れたジーンズ――を人々を威嚇する手段として用い、しかし右翼的な服装のほうがインパクトが強いと見て取ると、なんの未練もなく捨て去った。クリームソーダはたしかに不良の臭いをさせていたが、方法論はＶＡＮと変わりがなかった――過去のサブカルチャー的なファッションを取り上げ、それを一連の原則に沿った、スタイルに仕立て上げるパターンである。日本のメディア＝消費者複合体に組みこまれたアメリカのファッションは、概して静的になる――博物館の展示品のように――きらいがある。なぜならブランドにも雑誌にも、なにがそのスタイルの一部でなにがそうではないのかを示す、明白なルールをつくり上げる必要があったからだ。日本人のアメリカ〝崇拝〟の多くは、宣教者的な情熱でファッションを伝道したくろすとしゆきのような資料派のマニアだけでなく、それを売りたいというファッション業界の機能上のニーズにも由来していたのである。

原宿をファッションの街に変え、１９５０年代をテーマにしたファッションのブームに火をつけた山崎眞行は、おそらく20世紀でもっとも重要なファッション起業家のひとりだろう。しかし歴史家やノスタルジア愛好家は今のところ、彼のロックンロール革命に、ほかのファッション・ムーブメントほど重きを置いていない。なかには日本のフィフティーズ・ブームは、ロック・ファッションの歴史にほとんどなにも寄与するところがなかった、と主張する評論家もいる。石津謙介と同じように、山崎は知られざるアメリカ史の一部を日本に紹介することで財を築いたが、そのモデルはいつまでもエルヴィス、ジェームズ・ディーン、マーロン・ブランドどまりで、それに代わる影響力のある存在をティーンに提示することはできなかった。山崎のファンはこうした創造性の欠如を、アメリカ化された日本の戦後文化に対するメタ的な声明なのだと弁護する。クリームソーダのあるファンはかつて、次のように説明していた。「僕のリーゼントだって、ぼうしや洋服だって、みんな映画や人のマネだし、もっと大まかにいうと、日本て、アメリカのマネだと思う。もともとマネだから、それがいいとか悪いとかは思えない」。いいかえるなら、**社会全体がコピーだというのに、なぜ文化面でのコピーにだけ目くじらを立てるのか**？　ということだ。

ジョン・レノンやエアロスミスがクリームソーダでのショッピングを楽しむ一方で、その他の西洋人たちは、過去の不良たちのスタイルをかくも正確に模倣しようとする日本人のティーンを冷笑した。ジム・ジャームッシュ監督の1989年作品『ミステリー・トレイン』の冒頭では、ジュンという、カール・パーキンス好きな日本人ローラー族が揶揄された。グリーンのテディ・ボーイ・ジャケットにダックテイルで決めた彼は、聖地メンフィスに旅し、だがすっかり幻滅しているのだ。マイアミのユーモリスト、デイヴ・バリーは1990年代初頭の日本旅行でわずかに生き残っていたローラー族に遭遇し、次のように書いた――

なにしろ、最初に目にしたのが、てかてかのグリス野郎たちだったのだ。十数人の若者が、

> そろいもそろって、ぴっちりした黒のTシャツ、ぴっちりした黒のズボン、黒のソックス、先のとんがった黒の靴という、一九五〇年代のアメリカの不良少年ファッションで寄り集まっている。ひとりひとりが、五〇年代風あひるの尻尾ヘアスタイルを驚くほど入念に、驚くほど細心に作りあげ、それをクウェートの年間原油産出量に相当するグリスで塗り固めてあった（中略）自分たちが、田舎町の住民をびびらせようとしているミニスカート姿の暴走族みたいに、ちょっと間が抜けて見えることなど、露ほども感じていない。〔東江一紀訳〕

消滅しかかっていたサブカルチャーの最後の残党をこうして批判するのは、いくぶんフェアではないかもしれないが、バリーの皮肉たらたらな文章は、自国のアイコン的な不良ファッションがお決まりのユニフォームと化してしまうことに対する、アメリカ人の嫌悪感の度合いを示してもいた。なにしろ全員が同じ格好で〝理由なき反抗者〟を気取っていたのだ。

1980年代の日本の不良は、ふたつの面で誹りを受けた――アメリカ人《ヤンキー》をコピーしていることで軽視され、ヤンキーでいることで嫌悪されたのだ。といって本人たちが気にしていたわけではない。永遠のアウトローたる山崎眞行は、メインストリームの流れが変わっても、自分のロカビリー帝国を強固に維持しつづけた。しかし1980年代初頭の日本におけるヤンキー・ファッションの成功ぶりを測る最高の尺度は、その後の反発の激しさだろう。ヤンキー・スタイルが廃れると、東京のティーンは品のいい、守旧派のアメリカン・ファッションに移行した。その変わり身はとにかく徹底していて、あたかもポマードの後味を、口から完全に拭い去りたいと願っているかのようだった。

第7章

新興成金《ヌーボー・リッチ》

Nouveau Riche

1970年代の初頭、重松理《しげまつおさむ》はほかのティーンエイジャーとは一線を画した存在だった——彼は本物のアメリカ産ファッションに身を包んでいたのだ。逗子という浜辺の町で育った彼は、近隣の横須賀で、しばしば海軍の子どもたちにベースでしか売っていないアイテムを買ってきてくれと頼んでいた。19歳の時、フライト・アテンダントをしていた姉の伝手でハワイ行きの飛行機に乗った彼は、そこで自国では手に入らない衣服を、山のように買いこんだ。すでに日本のメーカーは、海外のブランド名を使ったライセンス商品をつくりはじめていたが、重松からするとそれは偽物でしかなかった——「向こうで直に買って着るものと日本で売ってる差というのは、当時ニホンナイズされたサイズになっていましたから、バランスが違ったりするのです」

大学を出た重松は、同世代の若者たちも、偽物の海外ブランドに似たような気持ちを抱いているのではないかと考えた——とりわけカリフォルニアのヒーローたちと、同じ格好がしたいと願う湘南のサーファーたちは。しかしこうしたティーンたちも、浜辺で過ごす時間を犠牲にしてまで、遠く離れたアメ横に輸入衣類の山をかきまわしに行こうとは思っていなかった。つまり東京のトレンディなショッピング街の中心部に、本物のアメリカ産カジュアルウェアを持ってくれれば、大きなビジネス・チャンスになるのははっきりしていたのである。あと重松に必要なのは、店をオープンするための経済的な支援だけだった。

1975年、友人が彼を「段ボールのおやじ」——段ボール箱の製造会社、新光紙器株式会社を経営する設楽悦三に紹介した。日本の輸出ブームと歩を一にして20年間成長をつづけてきた新光は、1973年のオイルショックで壁に突き当たった——紙の値段は上がり、各種製品の出荷が減ったぶんだけ、段ボール箱の需要も少なくなっていた。会社を復活させるためには、もっと儲けの大きい他分野に進出する必要がある。そう考えていた設楽に重松は、成功まちがいなしの新事業を売りこんだ——本物のアメリカン・ファッションを、原宿の若者たちに向けて売り出すのだ。設楽はこのアイデアに惚れこんだ。しかし新光の従業員や彼の家族は不安を隠せなかった。この53歳になる段ボール箱製造会社の社長に、ファッション・ビジネスのいったいなにがわかるというのか？　設楽は彼らの懸念を無視し、使っていなかった工場用地を売却して、原宿エリアに210平方フィートの土地を借りる資金をつくった。

場所探しは簡単だった——だが輸入する商品の手配はそうもいかなかった。競合店のミウラ&サンズ——輸入品をアメ横から東京のシックなエリアに持ってきた最初の小売店——はどうやら、『Made in U.S.A.』を商品選択の手引きにしているらしかった。ミウラは日本の輸入業者と手を組み、リーバイスのジーンズ、ネルシャツ、レッドウィングのブーツといったヘビーデューティー系の商品をストックしていた。それ以上に異国的《エキゾティック》な商品を探すとなると、直接原産地を訪ねる以外にない。姉から安い航空券を手に入れた重松は、巨大な空《から》のバッグをいくつも携えてカリフォルニアに向かった。彼は通常の小売店で大量の衣類を買いこみ、レジで値引きの交渉をした。

1976年2月1日、設楽と重松は彼らの新しい店、**アメリカンライフショップ・ビームス(BEAMS)**をオープンした。内装はUCLAの学生が暮らす寮の部屋を模し、スニーカー、スケートボード、カレッジTシャツ、ペインターパンツ、バギーチノがずらりと並べられていた。ビームスは日本では誰も見たことがない多種多様なアメリカン・グッズを販売し、そのなかには『Made in U.S.A.』で紹介されていた〝ニケ〟――またの名をナイキという、オレゴン州ビーヴァートンのブランドが製造するランニングシューズもふくまれていた。

当初、ビームスの顧客はファッション業界の関係者に限られていた。『ポパイ』のスタイリスト、北村勝彦は1998年にこうふり返っている。「1970年代の中盤は、ボクたちにとって、アメリカは遠い国だったんだ。アメリカの衣料や靴の本物に触れることも日常的ではなかったしね。それなのに、ビームスにはアメリカ製品が並んでいたもん。アメ横で一生懸命に汗流しながら探して見つからなかったものを、原宿で発見できるなんて、あんな商売、それまで出てこなかったもん」。何か月もしないうちに、ビームスの魔法は業界外にも伝わり、顧客基盤の拡大と堅調な売り上げのおかげで、設楽と重松は渋谷に2号店を開くことができた。同年、同業のミウラ&サンズは、銀座に似たような名前を持つ新店をオープンした——シップス（SHIPS）である。

1977年の暮れになると、ビームスやシップスのような店のおかげで、裕福なティーンはアメリカ製品の日本製コピーではなく、本物の海外製品を選べるようになった。もしかすると若者たちは、親世代のあとを追っていたのかもしれない。その世代は記録的な数で海外に渡航し、贅沢品をカート単位で買い上げていた。1976年から1979年にかけて、ドルに対する円の価値は1ドル300円から1ドル200円へと一気に上昇した。そして1977年になると、政府は為替に対する規制を緩和し、旅行者は最大で3000ドルを海外に持ち出せるようになった。この為替調整は〝円高成金〟——海外旅行中にお大尽気分を味わう、日本の新興成金階級を生み出した。年配の日本人女性がヨーロッパ旅行中にフランスやイタリアの高級ブランド品を買い漁り、ルイヴィトンのハンドバッグやキーホルダーが、友人や家族への土産物として持てはやされた。すると今度は安価で買える贅沢品の魅力が、さらなる海外旅行客を生んだ。1971年から1976年にかけて、日本の海外渡航者数は、1年に約200万人ずつ着実に増えていたが、1977年になるとその数が315万人に急増した。ルイヴィトン、セリーヌ、そしてグッチのハンドバッグが、東京、大阪、神戸、横浜のおしゃれなエリアに氾濫しはじめた。

贅沢品はまず、大人から若い女性にトリクルダウンした。魅惑的な港町の神戸では、女子大生が**〝ニュートラ〟**（ニュー・トラディショナル）と呼ばれるファッションに身を包み、通常は資産家の女家長を相手にしているブティックでショッピングを楽しんだ。数年後には **〝ハマトラ〟**（ヨコハマ・トラディショナル）という類似のファッションが、東日本の港町、横浜で発展した。ハマトラはニュートラの階級意識的要素を、この街の私立学校の若々しいエネルギーと融合させた——フリル付きのトップス、ミッドレングスのスカート、膝まであるハイソックス、そしてスポーティーなアンサンブル。そんなハマトラを象徴するアイテムが、原宿のトラッド・ショップ、クルーズ（CREW'S）のロゴ入りクルーネック・スウェットシャツだった。シップスとビームスはハマトラのトレンドに乗って、どちらもロゴ入りのスウェットシャツをつくり、ビームス・バージョンは初期の時代、全売り上げの40パーセントを占めていた。

1978年4月に『ポパイ』の「VANが先生だった」号が出てからは、アイビーがニュートラとハマトラに対するメンズウェア側の回答となる。ビームスは原宿にビームスFという新店を開いてアイビー・リバイバルの波に乗った。カリフォルニアのニューポート・ビーチにたむろする裕福なティーンのファッションから部分的なヒントを得て、重松はブルックス・ブラザーズ、L.L.ビーン、ラコステといったアメリカの大学生に人気があるブランドを仕入れた。彼はまた、マサチューセッツに本拠を置くオールデンという高級な靴のブランドを見つけ出し、その商品をはじめて日本に持ちこんだ。通りの先にあるインポートショップ、キャンプス（CAMPS）やシーズ（SEAS）に遅れを取るまいと必死だった重松はつねに、売れそうなアメリカの新しいブランドに目を光らせていた。

今回のアイビー・リバイバルは、同時に大人たちの心も捕らえた。さかのぼって1971年、中年の日本人紳士が高名なアイビー・ショップ、J・プレスのニューヨーク店に入り、1万5000ドルを手渡して、店内にあるサイズ37ショートの衣服をすべて買い上げたことがあった。その数か月後、弁護士からプレス一族に、〝37ショートさん〟の雇い主――巨大アパレル企業のオンワード樫山が、日本市場用にこのブランドのライセンス化を希望しているという報せが入った。彼らは破格の好条件で契約を結び、創立者のジャコビー・プレスの孫、リチャード・プレスはそれを「ルーレットで数字を当てるようなものだった」と評している。樫山はこのブランドを日本の津々浦々に行き渡らせ、1970年代のなかばになると、あらゆる年代の男性が、ほぼすべてのデパートでJ・プレスのアイビー・スタイルを忠実に再現した衣服を買うことができるようになっていた。

70年代が進むにつれて、日本の高級衣料市場はヨーロッパのレーベルを離れ、代わりにラルフ・ローレン、アレキサンダー・ジュリアン、アラン・フラッサー、ジェフリー・バンクスといったトラディショナルを志向するニューヨークのデザイナーを強く推しはじめた。渋谷では、ショッピングモールのパルコがラルフローレンのポロ・ラインと独占契約を結んだおかげで、その周辺を支配するようになった。こうしたブランドの登場によって、トラッドのシーンはマクベスやニューヨーカーといった国内のラインから、アメリカからの輸入品やライセンス商品に移行した。アレキサンダー・ジュリアンは、ニューヨークを訪れていた日本の小売業者グループと会ったのを機に、日本での販売を開始した。「彼らにデザインを見せたんだ。アメリカのバイヤーはほとんど誰も理解してくれなかったデザインをね。なんとも嬉しいことに、彼らは即座に理解してくれた！　わかってくれたんだ！　ぼくはその場で契約を提示された！　彼らが初期のぼくを理解し、支援し、成功させてくれたおかげで、アメリカでも活動をつづけ、やがてはここだけじゃなく、ヨーロッパでも頭角をあらわすことができたんだ。今のキャリアがあるのは日本のおかげさ」

1978年のVANジャケットの破産で、アイビー市場に400億円相当の空隙が生じると、ブルックス・ブラザーズはここぞとばかりに、日本に最初の店を出した。初期のVANはブルックスのデザインをコピーしていたが、この時は逆に**アメリカのブランドが、VANを参考にして日本上陸のプランを練った**。ブルックス・ブラザーズは青山の旗艦店を、VANの旧本社と同じ通りにある、かつてのVANの小売スペース内に設けた。1979年8月31日に開かれたブルックス・ブラザーズのオープニング・パーティー——米駐日大使のマイク・マンスフィールドも出席した——は、日米関係における転回点のひとつに位置づけられている。開業から1年とたたないうちに、ブルックス・ブラザーズには1万人の常連客がついた。

日本の男性はJ・プレスやブルックス・ブラザーズのような正統派ブランドの上陸を奇貨として、職場に消え残っていた個人的なスタイルに対する偏見と闘いはじめた。VANの社員だった貞末良雄は、1970年代までの平均的なユニフォームを次のように説明する。「紺のスーツと中は白のシャツ。普通の黒のプレーントウですね。ウィングチップもなかったし、コインローファーなんて会社に着て行くなんてとんでもない。ボタンダウンはないんですよ。男がピンクのシャツを着るとか、ありえないですね。ブルーもあるかないかですよ」。日本ではぱりっとしたドレスシャツが、今も〝ワイシャツ〟（あるいは〝Yシャツ〟）と呼ばれている。これは白（〝ワイト〟）のシャツしか許容されなかった時代の名残だ。

1970年代に入っても、ボタンダウンは全シャツ市場のわずか5パーセントを占めるにすぎず、多くのデパートは顧客の注文があっても、ボタンダウンのシャツをつくろうとしなかった。しかし出世の階段を登っていた初代のアイビー族は、こうした厳格なルールに挑みはじめた。貞末良雄はこう振り返る。「ボタンダウンが市民権を得たのは恐らく1980年代ではないでしょうか。それもVANの残党や愛好家たちがボタンダウンを

東京の街を歩くプレッピー・ファッションの若者たち。1982年。
(©web-across.com,PARCO Co.,Ltd.)

着たいねと言っておられた」。むろん、勝利はやすやすと訪れた。闘いの理由として、これほど穏当なものもなかったからだ——アメリカの銀行の支店長のような服装をする権利。1980年代以降は男たちも、ブルックス・ブラザーズのスリーボタン・サックスーツ姿で堂々と会社の朝礼に出席できた。金ボタンのネイビー・ブレザー——以前は完全に〝おしゃれな人種〟専用だったアイテム——も、会社の旅行やパーティーでは着用を許されるようになった。

ティーンがビームスでナイキ製品を買い、妻や母親がルイヴィトンのハンドバッグを使い、中間管理職がJ・プレスのスーツを着るようになった1970年代末の日本のファッションは、輸入品と海外のレーベルにふたたび焦点を合わせていた。誰もが日本産のイミテーションではなく〝ホンモノ〟を求めていた。だが若者たちはじきに、古典的なアメリカのファッションを着るだけでは飽き足らなくなった——彼らは同世代のアメリカ人とまったく同じ格好をしたがっていたのだ。

甚だしさを増す1970年代末の若者たちの贅沢消費と物質主義に、日本の親世代は眉をひそめはじめた。こうした社会危機を端的に象徴していたのが、田中康夫のデビュー中編『なんとなく、クリスタル』の大ヒットだった。この1980年の作品は、東京の女子大生でファッションモデルのアルバイトもしている由利の愛情生活を描いている。だがそうした表面上のプロットに注意を払う読者はほとんどいなかった。本当の読みどころは田中による膨大な脚注——わずか106ページで442個——で、それらは最新のファッション・ブランド、ブティック、レコード店、曲、レス

トラン、エリア、私立の学校、ディスコ・クラブに関する辛辣なコメントとなっていた。たとえば

――

12　**ラコステ**　ポロ・シャツで人気のある、ワニ・マークのブランド。

115　**イエーガー**　イギリスの高級ニット・ブランド。オスカー・ワイルドや、バーナード・ショウも好んだ、イエーガーのニット・ウェアは、キャメルやフランネル・グレイなどの独特の染色で、日本でも本物の分かる人に愛されているそうです。

117　**青山**　南青山三丁目に住みたいなんて、ちょっとした人の前では恥ずかしいから、言わない方がいいです。

単行本は初日で売り切れ、最終的には100万部以上が売れた。

田中は海外のブランド名がついた商品を買い漁る日本の若者を揶揄するつもりでこの小説を書いた。文芸評論家の江藤淳はその意図をくみ取り、「東京の都市空間が崩壊し、単なる記号の集積と化したということを見て取り、その記号の一つ一つに丹念に注をつけるというかたちで、辛くもあの小説を社会化することに成功しているのではないか」と田中を評価した。対してティーンは単純に、トレンディなレストラン、衣料品店、ブランド、そしてボズ・スキャッグスのシングルがリス

トアップされた本として『なんとなく、クリスタル』を買い求めた。

じきに〝**クリスタル族**〟——オイル・ショック以降に育ち、豊かさだけしか知らないティーンエイジャー——は、国民的な話題となる。メディアはこの世代をもっと大ざっぱに〝新人類〟と呼び、物質的なもろもろに対する彼らのこだわりを批判した。親世代は上流家庭の贅沢なファッションが一般化し、ポップ・カルチャーが単なる購入可能なグッズのリストに堕してしまった責任を、『ポパイ』や女性向けの『JJ』のような雑誌に着せた。初期の『ポパイ』に寄稿していたライターの北山耕平は、後年、そのことを悔やむようになった——「結局『ポパイ』っていうものは、日本の物欲バブルの引き金を引いたみたいな雑誌であった」

アイビーは事実上、新人類の男性たちの定番ファッションだった。『メンズクラブ』は東海岸キャンパス・ファッションへの回帰を、天からの恵みのように受け入れた。ヘビーデューティーの時代、編集者は濃い顎ひげを生やしたモデルにツイードを着せて、トラッド的な誌面を少しでもそれらしく見せかけようと苦心していた。1978年のアイビー・リバイバルは、モデルがふたたびひげを剃ることができ、もはやテントのポールを運び歩く必要はなくなったことを意味した。

こうしたルーツ回帰の気運に乗って、『メンズクラブ』はすぐさま1960年代アイビー・ブームの始祖たちを、新世代にあらためて紹介した。クロス・アンド・サイモンという自分の店を経営していたVANの元導師《グル》、くろすとしゆきは、トラディショナルな衣類に関するこの国一番の権威というかつての地位を取りもどした。１９８０年に彼は『クロス・アイ』と題する『メンズクラブ』の別冊を編集する。同年、ＶＡＮのポスターに使われていた穂積和夫のキャラクター、アイビー坊やが『絵本アイビーボーイ図鑑』というファッション手引き書にフィーチャーされた。『メンズクラブ』は林田昭慶が『ＴＡＫＥ ＩＶＹ』のために撮った写真を再録し、やはり〝ＴＡＫＥ ＩＶＹ〟と銘打って、大学を巡回する年１回の写真展を開催した。60年代のストリート・キッズまでが、ヒーローの座に祭り上げられた――『メンズクラブ』の１９８０年８月号は、現役のモデルを使って、みゆき族のファッションを再現していたのだ。

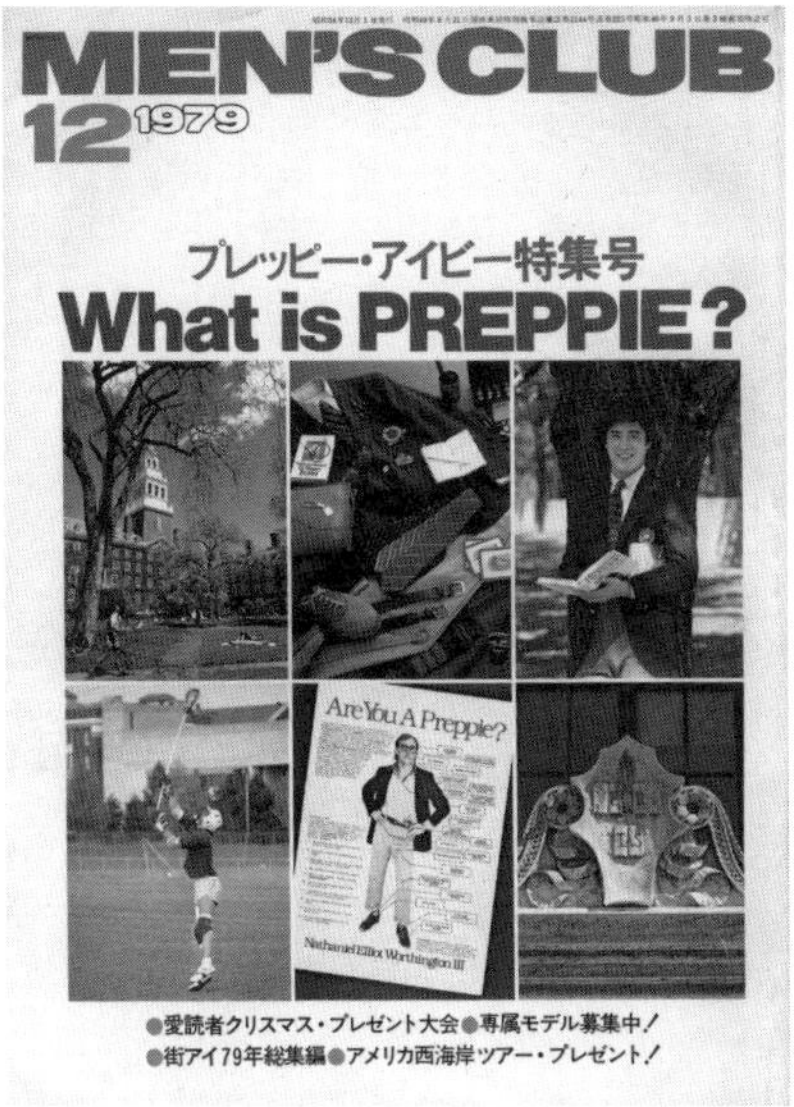

『メンズクラブ』はリサ・バーンバックの『オフィシャル・プレッピー・ハンドブック』よりも数か月早い1979年の12月号で、プレッピー・ファッションを特集した。（提供：ハースト婦人画報社）

『メンズクラブ』と『ポパイ』はこの現象をアイビー・リバイバルと称したが、当時のティーンエイジャーは実のところ、アイビーのもっと若くて現代的なバージョン、すなわちプレッピーに関心を持っていた。誰よりも――大半のアメリカ人よりも――早くこの流れを取り上げたのが『メンズクラブ』で、1979年の12月にはもう〝What is PREPPIE?〟という特集を組んでいる。彼らがこのコンセプトを得たのはこの年の初夏、〝Are You a Preppie?〟（キミはプレッピーか？）と問いかけるヴァージニア大学の学生、トム・シャドヤックの高名な諷刺ポスターを目にしたおかげだった。そのポスターには角縁の眼鏡、立てたアイゾッドカラーにボタンダウン・シャツを重ね、丈の短いバギーなカーキズボンと、素足にL.L.ビーンのダックシューズという出で立ちをした〝ナサニエル・エリオット・ワシントンⅢ世〟が描かれていた。『メンズクラブ』の編集部は即座にプレッピーのなんたるかを理解し、いかにもこの雑誌らしく、アメリカの学生が好むトップサイダーのようなアパレル・ブランドを、購入可能な商品のリストのかたちで紹介した（彼らが唯一疑問視したのは、素足でローファーを履くスタイルだった）。

アメリカでプレッピーが表舞台に躍り出たのはその1年後、1980年11月に刊行されたリサ・バーンバックの『オフィシャル・プレッピー・ハンドブック』がきっかけだった。プレッピーのライフスタイルをユーモラスに紹介したこの本は、「ニューヨーク・タイムズ」紙のベストセラーリストで38週首位を獲得し、その半年後に刊行された日本語訳も、10万部を売り上げた。バーンバックの本は、プレッピーのライフスタイル——学校教育、エチケット、言語、キャリア、夏休み——をまるごと分析していた。だが大半の日本人は、『ポパイ』並みの細かさでプレッピーの正しい着こなしを紹介したファッションの章しか読まなかった。男性用の靴——ウィージャンズ、L.L.ビーンのラバーモカシン、ブルックス・ブラザーズのローファー、グッチのローファー、ホワイトバックス、L.L.ビーンのブローチャーズ、スペリー・トップサイダーとキャンバスのデッキシューズ、トレトンのスニーカー、ウィングチップ、それにエナメルのオペラ・パンプス——のページだけでも、日本のプレッピー志望者にとっては、数年がかりの課題となりそうなボリュームだった。

『ポパイ』と『メンズクラブ』が火つけ役となったいわゆる〝第4次アイビー・ブーム〟は、『ホットドッグ・プレス』——1979年に講談社が創刊した若い男性向け雑誌の登場で、新たな層に広がってゆく。この雑誌はコラム中心の誌面構成からマンガっぽい誌名まで、すべてが『ポパイ』からの借りものだった。しかし当初は猿真似の雑誌だったものの、『ホットドッグ・プレス』は大学生だけでなく高校生も視野に入れることで、新たな読者層を開拓する。編集長の花房孝典《はなふさたかのり》は、東海岸ファッションのレイドバック・バージョンを提供することにした——「『ホットドッグ・プレス』の

『ホットドッグプレス』の1981年6月25日号には『オフィシャル・プレッピー・ハンドブック』の独占特集が掲載された。（提供：講談社）

読者層は高校生から大学生、彼らは六〇年代のアイビー・ブームは知らないはずだ。『ホットドッグ・プレス』のファッションはアイビー路線と決定した。かつての『メンズクラブ』のような教条主義には陥りたくなかった」。1980年代がスタートすると、雑誌売り場には毎月、3種類の若者向けファッション誌——『メンズクラブ』、『ポパイ』、そして『ホットドッグ・プレス』——が並び、日本の若者たちにアメリカの伝統的な着こなしを手ほどきした。

1960年代のVANを懐かしむ編集者たちをよそに、1980年代のティーンは、バーンバックのプレッピーにより近い格好をしていた。『ホットドッグ・プレス』の1980年5月号では、ファッションの変化が解説された。〝アイビー・シックスティーズ〟をあらわす写真には、ヴァイタリスで髪の毛をテカテカにした、ボタンの位置が高い3つボタンのスーツ、白いオックスフォードのボタンダウン・シャツ、黒いシルクのニットタイ、フォーマルな白のポケットチーフ、黒いプレイントゥのオックスフォード・シューズ、角張ったブリーフケースに細い黒の傘という出で立ちの、堅苦しいポーズの男が写っている。対してリラックスした〝アイビー・エイティーズ〟のモデルは、まるで〝Are You a Preppie?〟のポスターから抜け出てきたような出で立ちだ——ゆったりとしたネイビー・ブレザー、黒のポロシャツに重ねたボタンダウンのオックスフォード、裾を折り返したタック入りのカーキズボンに、素足でL.L.ビーンのダックシューズを履いている。古いスタイルのアイビーは、高校生が演じる『セールスマンの死』の登場人物のように見え、逆に新しいほうは、大盛り上がりのビール・パーティーに欠かせない人物のように見えた。

アメリカからの借りものだったとはいえ、日本のプレッピーには独自の改良——具体的にはミニチュアのボウタイと、〝正ちゃん帽〟というてっぺんにボンボンがついたニットキャップ——が加えられていた。しかし2つの国のスタイルの大きなちがいは、その背景だった。日本のティーンは牧歌的なキャンパスの日陰になった小径ではなく、都会のストリートでプレッピーのファッションを身にまとった。日本のプレッピーは毎週日曜日になると大都市のショッピング街に出かけ、たいていは似たようなブレザーを着た友人たちや、上下を格子柄でパステルのオックスフォードクロスで揃えた女友だちと群れ集まっていた。

本来の背景から切り離され、都会的な状況に置き換えられたプレッピーのファッションは、もはや学生の基本的なワードローブではなく、過度なスタイリングとショッピング競争の意図的な結果だった。青山では、ボートハウスという日本のブランドで航海をモチーフにしたTシャツやスウェットシャツを買うために、ティーンが何時間も列に並んだ。彼らは最新の輸入品を求めてビームスFにも詰めかけ、1981年の末になると、この店の月間売り上げは、2000万円に達していた。ローラー族のひそみに倣って、ハードコアなプレッピーは公式な組織をつくり、1983年になると、日本ではスリーピース、スクエア・ノット、ナンタケット、アイビー・チーム・ビッグ・グリーンなどと名乗るトラッドをテーマにした社交クラブが、60組以上活動していた。

プレッピー時代を代表するファッションのグルは、すでにおなじみの顔だった――70歳の石津謙介である。『ポパイ』のVAN特集号のおかげで、一度は恥辱を味わったビジネスマンは、アイビー・ファッションの最高権威というかつての地位に返り咲いていた。『ホットドッグ・プレス』は1982年の1月25日号で「石津謙介のニュー・アイビー教科書」なる特集を組み、その力もあってはじめてライバル誌の『ポパイ』を上まわる売れ行きを記録する。それまでと同様、石津はティーンに、アイビーやプレッピーのファッションを全体的なライフスタイルの一部――単なる表面的なトレンドではなく――としてとらえてほしいと願っていた。そしてこの時もまた、彼は無惨に失敗した。

ティーンエイジャーの生活はふたたび、ショッピングを中心にしてまわるようになった。1983年の統計によると、20歳から26歳の男性は平均的な日本人より46パーセント多く衣類を買い、同年代の女性になると、その数字は69パーセントに跳ね上がった。大人たちはライフスタイルのヒントを過度に雑誌に求めようとするティーンを、〝**マニュアル世代**〟と呼んで非難した。ティーンはファッションやスポーツやデートに関する『ポパイ』や『ホットドッグ・プレス』の教えを、文字通りに実行した。雑誌がアイビーを提唱すると、ティーンはアイビーを着た。雑誌がプレッピーを提唱すると、ティーンはプレッピーを着た。女性たちはデートの相手が全員、同じレストラン、同じクラブ、そしてそのあとは同じラブホテルに連れて行こうとすると不満を述べた。ホテルに行っても男たちは、同じマニュアルに沿って、同じロマンティックな行為を実行するのだった。

1983年、日本版の『ナショナル・ランプーン』（ハーバード大を母体とするユーモア雑誌で、ラジオやTVの分野にも進出した）ともいうべきホイチョイ・プロダクションズが『ミーハーのための見栄講座－その戦略と展開』と題する本でこうしたティーンをパロディ化した。この本のライター陣はこんな説明をしていた。「今日の若者のライフ・スタイルに於いて、『自分がどうあるべきか』などという問題は、さして大きな意味を持ちません。重要なのは他人からどう見られるかです」。80年代の若者は、政治にも、環境にも、〝日本を発見《ディスカバー・ジャパン》〟することにも関心がなかった。彼らは単に見てくれをよくし、周囲になじみ、楽しむことしか考えていなかった。そして金が社会的活動には欠かせない要素となった。ホイチョイはスキーがそもそも、雪深い苛酷な環境に一対一で立ち向かう孤独なスポーツとして日本に輸入されたことを鋭く指摘した。だが1980年代に入ると、スキーは怖がっているふりをした女性が絶叫しながらスロープを滑り降り、〝アフタースキー〟で笑い話のネタにするための口実と化していた。

プレッピーにはたしかに、奥深い精神的共鳴が欠けていたのかもしれない。だがそれは現在もなお、日本の文化が世界的なトレンドをリアルタイムで体感しはじめた歴史的な瞬間として、重要な意味を持つ。かつてビームスで働き、現在はユナイテッドアローズのクリエイティブディレクション担当上級顧問を勤める栗野宏文はこう説明する。「（アメリカと日本の）差はなかった。そこで一気に差が縮まったわけ。だから僕は『ポパイ』の役目ってすごいと思うのは、〝シティーボーイ〟という言葉を出したのね。つまり〝シティー〟というコンテクストでくくればニューヨークもパリもロンドンもミラノも東京もみんなシティーじゃない？　それまでは〝国〟〝ネイション〟という概念だった。でもシティーという概念はネイションを超えちゃうんだね。今の言葉で言えば〝グローバリズム〟の始まりなんだろうね」

〝シティボーイ〟という大まかなコンセプトは、東京のエリート的な若者を世界各国の都会の若者たちと精神的に結びつけていたが、こうしたシティボーイたちは、世界的なトレンドの一員となるために必要な最新の情報や衣類を、もっぱら『ポパイ』のようなメディアや、ビームスのような輸入業者のきめ細かなネットワークを通じて入手していた。アメリカと同時に日本でプレッピー・ファッションに火がついたのは、アメリカの大学生ファッションの動向をたゆむことなく、熱心に追いつづけていた日本の雑誌のおかげだった。事実、プレッピー・ファッションを体系化したのは、『メンズクラブ』のほうが『オフィシャル・プレッピー・ハンドブック』──もっとフットワークの重い老舗出版社が刊行した──よりもまる1年早かったのだ。

日本のティーンが遅れを取ることなく、海外のティーンについていけるようになると、この国のファッション業界は、時代を先取りするための手立てを考えはじめた。１９８０年代が進むにつれて、日本の裕福な若者は、アメリカの大学生のシンプルでレイドバックした服装を模倣するだけでは飽き足らなくなってきた――彼らはもっと先進的な、ファッションの指針を求めていたのだ。

1981年にビームスは、アメリカのトラッドを売って稼いだ金で、最初の店の2階にインターナショナルギャラリー ビームスという新店をオープンした。このギャラリーではイギリスのポール・スミスやイタリアのジョルジオ・アルマーニのような、それまで日本では知られていなかった高級ブランドが販売された。通常のビームスに比べると、インターナショナルギャラリーの商品価格は桁がひとつちがっていた。カリフォルニアのスポーツウェアを買いに来た若者は、なんの気なしに上がった2階でスーツの値札を見るなり、泡を食って店から逃げ出した。

それまでに日本のインポートショップがヨーロッパのデザイナー衣料を売ろうとしたことはなく、ほかのビームスの店舗と同様、消費者が重松理のビジョンに追いつくまでには数年の時間が必要とされた。しかし1983年になると、彼には予知能力があったのではないかと思えてくる――日本の若者が、アメリカの伝統的な衣類に飽きてしまったのだ。カップルに揃いのマドラス・ブレザーや黄色いボタンダウンのオックスフォードを着せた、女性市場狙いのトラッド・ショップが、プレッピー・ファッションの終わりのはじまりだった。ウィメンズウェアはメンズウェアに比べるとずっとトレンドのサイクルが速く、そのため女性のファッション・メディアが、古くさいプレッピーを捨てて、もっと先端的なファッションをためすべきだといいだすと、アイビー・ガールたちはボーイフレンドも仲間に引きこんだ。1982年の末ごろすでに、ライターの馬場康夫は「(プレッピー・ブームは）静かに静かに跡かたもなく消えてしまった。あれはなんだったのか」と指摘していた。

こうした流れに対抗する初期戦略として、『ホットドッグ・プレス』と『ポパイ』はアイビーの定義を拡大し、東海岸の大学ファッションだけでなく、伝統的なアメリカ、そしてヨーロッパのファッションもふくめるようになった――〝**ブリティッシュ・アイビー**〟、〝**フレンチ・アイビー**〟、**そして〝イタリアン・アイビー〟である。**編集者たちはボタンダウン・シャツや地味なカーキズボンの制約を脱し、派手なパターンやミスマッチの布地、そしてコンセプチュアルなデザインを受け入れた。１９８３年の奇妙な新世界では、バッファローチェックのフランネルブレザー、ヘリンボーンのシャツ、そしてハイウエストのタック入りカーゴショーツを着ていても、そのファッションは〝アイビー〟と見なされたのだ。赤いサスペンダーをオフホワイトのフィッシャーマンセーターとタータンチェックのテイパード・パンツに合わせても問題ない。わずか数年のうちに、日本の雑誌で奨励されるファッションは、ブラウン大学の新入生に似せたスタイルから、共学校に通うアメリカの大学生が、〝悪趣味《タッキー》〟をテーマにしたダンス・パーティーに冗談半分で着ていくようなスタイルに移行していた。

アイビーがエキセントリック化した背景には、ヨーロッパで勃発したジャパニーズ・ファッションの革命があった。アバンギャルドなデザイナー、ワイズの山本耀司とコムデギャルソンの川久保玲は、1981年、〝ボロ〟をテーマにしたジョイント・ショウでパリ・デビューを飾った。黒の単色だけを用いた彼らのアシンメトリックなラインや、意図的な欠陥、かぎ裂きやほつれのある工業グレードの布地は、ヨーロッパのファッション・コミュニティに衝撃を与えた。しかしこのふたりのデザイナーが最終的に成功を収めたことで、〝ジャパニーズ・ファッション〟は世界の舞台に立つ本格的なムーブメントとなり、三宅一生や高田賢三のような革新的な先人たちにも、新たな注目が集まった。パリ・デビュー以前から、川久保と山本は日本でそれなりに成功を収めていたが、海外からの注目をきっかけに、彼らは全国的なスターとなった。1979年から1982年にかけて、コムデギャルソンの収益は3倍に増え、世界的な売り上げは2700万ドルに達した。4人のデザイナーのブランドはいずれも〝逆輸入〟の恩恵に浴した。日本に入ってくる海外からの輸入品が、自動

アバンギャルドなアイビー。『石津謙介のニュー・アイビー・ブック』（1983年10月刊）より。（提供：講談社）

的に〝ホンモノ〟のオーラをまとっていたのと同じように、これらのデザイナーたちも、パリで評論家に評価されたおかげで、自国では神に近い存在となった。

1983年になると、山本と川久保の熱心な信者は、頭のてっぺんからつま先まで、全身をこのふたりのデザインで固めて東京や大阪を闊歩した。丈の長い漆黒の衣服を重ね着し、髪をアシンメトリックに切り、顔はあえてのナチュラルメイク、そしてぺちゃんこの靴を履いた女性たちを、マスコミはさっそく〝カラス族〟と命名した。それ以前、日本人女性がここまで黒づくめになるのは、葬儀の席に限られていた。女性誌はそれを受けて、ハマトラ、アイビー、プレッピーのガーリーで女学生めいたパステルから、パリ生まれのジャパニーズ・ファッションに移行した。東京一おしゃれな女性たちがヨーロッパのアバンギャルドなデザインで着飾るようになると、アメリカの衣服は嫌でも流行遅れで子どもっぽい印象を与えた。

日本のデザイナー・ファッションが登場したのは、おりしも複雑なポストモダン理論を探究するニューアカデミズムに、主流派のメディアが意外な関心を示しはじめた時期のことだった。1983年、26歳になる京都大学の助手、浅田彰の著書『構造と力―記号論を超えて』――「ラカンとアルチュセールの考察にはじまり、ドゥルーズとガタリの解説へと進む、フランス哲学思想のいくつかの流れに関する、初の体系的な入門書」――が8万部の売り上げを記録した。決して手軽に読めるような本ではない。同様に堤清二――百貨店の西武やトレンディなショッピングモールのパルコを束ねるセゾン・グループの総帥——は、みずからのビジネス戦略を株主たちに「シミュラークルとパロディを内包したボードリヤール的営為」と、熱っぽい口調で説明した。大学生たちはそれがファッションの胸躍る新しいトレンドであるかのように、これらの難解な知的概念に飛びついたが、実際にデリダとフーコーのちがいが理解できる者はほとんどいなかった。理解の問題はさておき、1984年の時代精神は非常にハイブロウで、アメリカの学生生活の模倣をはるかに超えていた。

1985年になると、デザイナーを主体とするカラス族的なファッションへのアプローチが市場全体を包みこみ、〝DCブーム〟と呼ばれる時代がはじまった。こうした〝デザイナー&キャラクター・ブランド〟には、コムデギャルソンやワイズのような世界的な人気ブランドだけでなく、もっぱら自国で愛されていたビギやピンクハウス、そしてまがいものめいた名前を持つ、コムサデモードのようなブランドもふくまれた。DCブランド・ブームはウィメンズウェアから火がつき、だがすぐさま性差の壁を乗り越えた。川久保と山本のアバンギャルドなファッション・コンセプトが門戸を開いてくれたおかげで、日本のデザイナーは伝統的なシルエットや布地やコーディネートを拒みはじめた。以前は単色が基本だったカラースキームも、やがては不調和な色相の、より幅広いパレットへと拡大した。

ミドルクラスのティーンは、VANやクリームソーダのブーム時と同じように、原宿でデザイナー・グッズを買うために貯金をはじめた。ただし今回、ティーンたちが買おうとしていたのは、以前はアート界の裕福な住人にしか手が出せなかったアバンギャルドな衣類だった。コムデギャルソンはＶＡＮよりもはるかに高価だったが、好景気とクレジットカードの普及のおかげで、高級なブランドも広く浸透した。

ＤＣブーム期におけるデザイナー衣類の人気は、海外のブランドにも波及した。１９８６年になると、かつては最先端を行っていたインターナショナルギャラリー ビームスも、すっかり古びて見えるようになった。東京にはアニエスベー、ジャン＝ポール・ゴルチエ、ミシェル・ファレ、ジョゼフ、マーガレットハウエル、キャサリンハムネットなどのブティックが、直営店を構えていた。10年前、ラコステのポロシャツが買える場所は、アメ横のカビくさい裏通りだけだった。それが今、原宿や表参道界隈では、高級ブランドのブティックが、好奇心旺盛なティーンのほしがるほぼすべての外国産衣料を、いちいち貴重な芸術作品のようにディスプレイして販売していた。

1986年5月には、新たなファッション誌『メンズノンノ』が創刊された。これは伝統的なファッションよりも、むしろ自国やパリのモードに焦点を当てた雑誌だった。『ポパイ』と『ホットドッグ・プレス』は時代に合わせて変化し、この新しいライバルを追ってＤＣブームの流れに乗った。日本人デザイナーの服を着るティーンが急増した結果、編集者と消費者はいずれも、ファッションに関する〝正しい〟考えを海外に求めようとはしなくなった。自身の経済と文化に対する新たな自信を身につけた彼らは、自国起源のアイデアを支持し、称賛した。１９８０年代なかばの時点で、日本はアメリカのファッションに〝追いつく〟という段階を終え――東京のファッション・シーンは、どんな時代のアメリカもはるかに超えて、洗練の度合いを深めていた。

1985年にはこうした国民的な自尊心を過熱させる出来事が起こった。9月22日、経済大国の首脳たちがニューヨークのプラザ・ホテルに集まり、米ドルの切り下げプランを練った。以後の2年間で円は、1ドル200円から150円に上昇する。おかげで輸出品の価格が上がり、日本は軽い景気後退に見舞われるが、政府は拡張的通貨政策で対抗した。これが資産価格バブルのはじまりだった。大都市の地価は暴騰し、誰もが――とりわけ土地所有者や一流企業の社員たちは――信じられないほどの金持ち気分を味わった。東京の地価は皇居の内側だけで、カリフォルニアの全土を上まわったと報じられた。かつては貧しく、打ちひしがれていた国が、いきなり未曾有の大金の上にあぐらをかいていたのだ。

かくして1980年代の後半部は、〝バブル時代〟として知られるようになる。この時期にはとどまるところを知らない経済楽観主義が、浪費的で退廃的な生き方を育んだ。産業の衰退やクラックの蔓延、そしてエイズで苦しむアメリカを尻目に、日本ではなにもかもがうまくいっていた――ハーバードの教授、エズラ・ヴォーゲルによる1979年のベストセラー『ジャパン・アズ・ナンバーワン―アメリカへの教訓』が予見していたように。それに応えてこの国は、一気にそれまでのつましさを捨て去り、湯水のように金を使いはじめた。ソニーはコロンビア・ピクチャーズを買収し、三菱はニューヨークのロックフェラー・センターを買い上げ、保険会社の安田火災はオークションに出品されたフィンセント・ファン・ゴッホの画を約4000万ドルで落札し、とある日本人ビジネスマンは、カリフォルニアのゴルフ・コース、ペブル・ビーチの代金として、8億4100万ドルを支払った（同様に1986年には、オンワード樫山がJ・プレスを完全買収している）。東京は決してセンスがいいとはいえない、ギャッツビー的な宴の街へと化していった。遊興費にことかかない急成長企業の社員たちは、新規開店した国際的なレストランや、ホステスのいる高級なバーで豪遊し、それが終わると秘密クラブで、タイトなドレスに身を包んだ女性たちとユーロビートに合わせて踊った。

バブル時代はとりわけファッション業界に優しかった。ビームスの収益は、1987年から1988年にかけて倍増した。高い円のおかげで輸入品はより手頃になり、それがなおのこと高消費に対する社会的期待に拍車をかけた。あらゆる階層のティーンが急におしゃれの指南書を求めるようになったおかげで、雑誌の発行部数もうなぎ上りだった。編集者たちはアメリカやイギリスの質実剛健でトラディショナルなスタイルよりも、**高価なヨーロッパのデザイナーズ・ブランドや日本のDCブランドのほうが、〝ナンバーワン〟の日本には似合っていると主張した。**1980年代の末期になると、日本人の半数以上が輸入品の衣類を所有していた――これはその10年前の2倍以上に達する数字だった。

1987年、『メンズクラブ』は、この時期に新たな富裕層となった男性たちを4つのスタイルに分類した『ジャッピー』（〝ジャパニーズ・ヤッピー〟）なる本を刊行した。彼らの調査によると、ジャッピーの42パーセントはアメリカのトラッドなファッション、27パーセントは山本耀司のようなトレンディな日本のデザイナーズ・ブランド、18パーセントはイタリアン・スーツ、そして13パーセントはポール・スミスの英国ルックを好んでいた。調査をしたのが『メンズクラブ』だけに、トラッドが最多票を獲得したのは決して意外な結果ではない。しかし裕福な男性の半数以上が、今や古典的なアメリカのファッションを拒絶し、ヨーロッパのスーツやアバンギャルドなスーツのような、エキサイティングな世界を受け入れていたことは注目に値する。経済と国民の自信と文化はすべて足並みを揃えて動き、日本の好調さは、アメリカのファッションがかつてなく低調なことを意味した。アメリカは下り坂、対して日本は上り坂だった――ならばどうして負け犬の服装を真似る必要があるのか？

旧家は成金を嫌うものだが、バブル時代は数多くの新興成金を生んだ。そのため日本の新興成金層に反発を示したのは、ボヘミアン的な反体制文化ではなく、世田谷や目黒のような、東京の裕福な郊外地域に暮らすティーンエイジャーだった。この地域の私立校に通う少年たちは、原宿の奇天烈なデザイナーズ・ブランドの衣服に奴隷のようにかしづく地方のティーンをあざけった。裕福な東京出身者は、雑誌でファッションを研究する必要がなかった――父親や兄たち（むろん、お手本は『メンズクラブ』だった）から、自然に趣味のいいファッションを吸収していたのだ。

ＤＣブランドから距離を置こうとする東京郊外の裕福なティーンは、１９８０年代なかば、〝アメカジ〟（アメリカン・カジュアル）と呼ばれる新たなスタイルを考案した――ブルックス・ブラザーズ、リーバイス、ナイキといったクラシックなブランドを中心とする、着心地のいい服装である。アメカジはアメリカ的な基本に立ち返ったスタイルだが、プレッピーよりもくつろいでいて、スポーティーだった。お金に余裕がある東京の若者は、現実の都会に暮らすアメリカ人のようにドレスダウンした――プリントＴシャツ、スウェットパンツ、そしてアスレチックシューズに加え、『トップ・ガン』のネイビーＧ－１フライト・ジャケットや、ランＤＭＣのアディダス・スーパースター・スニーカーのようなポップ・カルチャーから採り入れたアイテム。よりタフなグループは白いヘインズのＴシャツに革ジャンをまとい、ストーンウォッシュのリーバイス５０１とエンジニア・ブーツを履いた。

プレッピーとヨーロッパのデザイナーズ・ブランド・ブームを先導したビームスは、アメカジでもやはり、先導役となることができた。このチェーン――もはや〝インポートショップ〟ではなく〝セレクトショップ〟と名乗っていた――では、頭からつま先までひとりのデザイナーで固める代わりに、ティーンは自分のファッションを好きなようにミックスすることができた。ユナイテッドアローズの栗野宏文は、次のように説明する。「自分が着たいものを自分が着たいように着るというのが上位概念になるから、そのときに自分が着たいものを好きなように選べる相手としてセレクトショップの果たす役割がすごく重要性を帯びてくるわけ」。アメカジの世界では、アメリカ的なるものすべてが投入可能だった——東海岸のプレッピー、西海岸のアスレチック、ヒップホップ、ハリウッド、そしてネイティブ・アメリカンの宝石まで（それでもアメリカの『タイム』誌は、このスタイルがあまりにも杓子定規的すぎると考えていた——「アメリカ人らしく装う究極の方法は、まるっきりアメリカ人らしく装わないことなのかもしれない」）。

ビームスとポロ・ラルフローレンのショップがあるパルコにはさまれた渋谷の一画が、アメカジ・ムーブメントの本拠地となった。ファッション・エリートたちは一度も、渋谷をメジャーなショッピング街と考えたことはなかったが、私立校の生徒はどのみち、家に帰る途中でこの区域を通っていたのだ。アパレルが中心の原宿に比べると、渋谷には幅広い店が揃っていた——百貨店、レストラン、ファストフード店、そしてバーも。

１９８０年代のなかば、企業心のある数人の高校生が、アメリカ映画に出てくるプロムを真似て、渋谷のクラブで卒業をテーマにしたパーティーを開きはじめた。やがてパーティーの企画者たちは、ファンキーズ、ウィナーズ、ブリーズ、ウォリアーズ、ヤンクスなどと名乗る〝チーム〟を結成し、そのメンバーは〝**チーマー**〟として知られるようになる。彼らはいかにもまっとうなクラブらしく、揃いのユニフォームを着用した。それはたいてい大量のワッペンを貼り、背中にチームのロゴを入れたアメリカン・スタイルのスタジアムジャンパーだった。

1988年になると、アメカジはより特徴的な〝渋カジ〟(渋谷カジュアル)へと変化した。基本的なスタイルは、ポロシャツ、ジップアップのパーカー、ダウンベスト、ロールアップしたリーバイス501ジーンズ、モカシン、そして〝エスニック〟な銀のネックレスの小ぎれいなコーディネート。渋カジはDCブームの崩壊と時を同じくしてはじまった。3年にわたるブームの末に、デザイナーズ・ブランドはすっかり一般化し、度重なるバーゲン・セールの結果、かつての威信を完全に失っていた。雑誌で提唱する新たなスタイルを鵜の目鷹の目で探していた『ホットドッグ・プレス』と『ポパイ』の編集者は、インスピレーションを求めて渋谷に群がった。全国誌として最初に渋カジを取り上げた『チェックメイト』は、1989年1月号で「渋カジを完璧マスターする」という巻頭特集を組み、4月には『ホットドッグ・プレス』が「〝渋カジ〟、そのファッションから生態まで、徹底研究マニュアル」、そして『ポパイ』が「渋カジ着こなし図解」という特集で追随した。

マスコミは裕福な渋谷のティーンの無意識的なスタイルを、カタログ化し、体系化して世間に広めた。渋カジは本質的に、アメリカのプレッピーとよく似ていた――生まれながらに趣味のいい、裕福な学生たちのカジュアルなファッション。しかしあまりに自信満々なティーンたちの姿を見て、格式にこだわるこの国の人々は、渋カジはDCブランド以上に裕福な人種向けのファッションだと思いこむようになる。雑誌はこのスタイルの社会経済的な背景に着目し、渋カジの着こなしを解説するだけでなく、このファッションを育んだ名門校の名前を逐一リストアップした。こうした格式の高さのおかげで、材料は輸入品だったにもかかわらず、渋カジはDCブランドの、日本で生まれたファッションという正統派のイメージを引き継ぐことができた。社会学者の難波功士はこう指摘する。「渋カジのファッション・アイテムは全部アメリカのものかというと色々なところからの取り寄せになっちゃうはずなんで、見上げるべき、上位に存在したアメリカというよりは、横にあって、ちょっとかっこよかったり、自分たちの取捨選択して採り入れるものだよぐらいの話になったんじゃないかというような感じですかね」

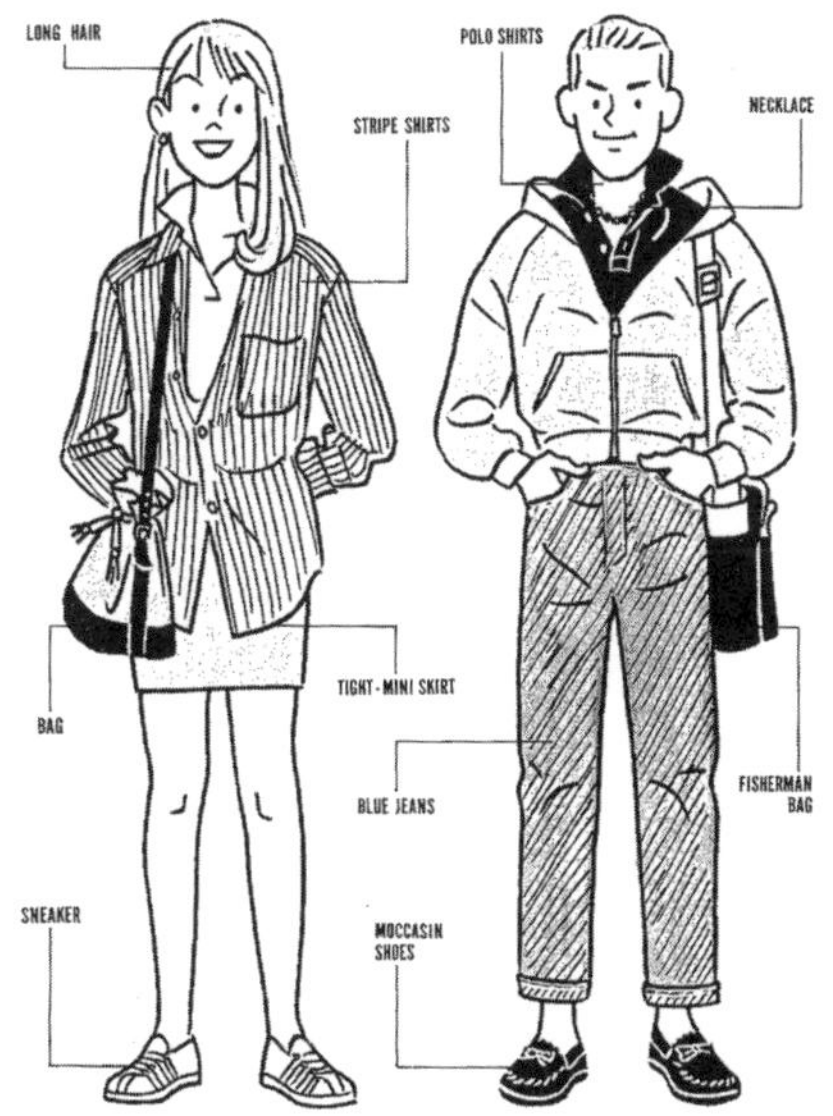

『ホットドッグプレス』の「渋カジ徹底研究マニュアル」に添えられたイラスト。(©片岡修壱)

ひとたびメディアのお墨付きを得ると、渋カジはこの国いちばんのホットなスタイルとなる。原宿の経済は、一夜にして完全に瓦解した。研ぎ澄まされたファッション感覚は用済みになり、代わりに金のかかった無頓着さが脚光を浴びた。誰もデザイナーの名前は気にせず、誰も頭からつま先までを、単一のブランドで固めたいとは思わなくなった。渋カジの公式は、ファッションの世界にはなんの関心がないような顔をして、正しいブランドを身に着けることだった。古典的なアメリカのレーベルと、ゆったりした服装、そしてスニーカーの簡単なコンビネーションは、結果的にかつてない数の人々をアパレル市場に引き寄せることになる。DCブームのころとは異なり、ティーンには特別な知識も、クレジットカードも、ファッションのために着心地を犠牲にする覚悟も必要なかった。スタイリッシュでいるためのハードルがここまで低くなったのは、この時がはじめてだった。

1989年の暮れになると、渋谷のファッションはほんの少しだけ高級な〝キレカジ〟（きれいなカジュアル）――白いブルックス・ブラザーズのボタンダウン・シャツ、ペニーローファー、ネイビーブルーのブレザー――に変化する。ただしこのスタイルは、アイビーとは似ても似つかないもので、肩幅は広く、シルエットもルーズだった。このキレカジ・ファッションを、渋谷で中心になって広めたのがユナイテッドアローズ――以前、ビームスに勤務していた重松理が、新たにスタートさせたセレクトショップだった。1989年、設楽悦三はビームスから身を退き、息子の洋を後継者に指名した。同年夏、重松はユナイテッドアローズを設立する。アローズの1号店は市場に新風を吹きこむことを目指して設計された。重松はこうふり返る。「反動という形でポスト渋カジ。ジーンズスタイルより、ジーンズにブレザーだったんですけど、もうちょっと大人というか、お兄さん版のスーツスタイルみたいなものを自分のマーケットで作ろうとしていました」。渋谷のアパレル市場が依然として堅調だったおかげで、ユナイテッドアローズは早々に成功を収め、ビームスとは共存共栄の関係を築いた。

1980年代の大半を通じて、小売の現場はビームスやユナイテッドアローズやシップスのようなセレクトショップが支配していたが、季節ごとに海外のブランドにオーダーを出す昔ながらのやり方では、増えつづけるアメリカからの輸入品に対する需要をまかなうことはできなかった。その間隙を突くように、渋谷では毎週のように新しいアメカジ・ショップが開店した。正式な輸入業者はほとんどが卸値を高く設定していたため、これらの小さな店は〝並行輸入〟に新たな儲け口を見いだした。

店主たちは本来、学生のために用意されていたディスカウントの航空券でアメリカに飛び、店頭の商品を小売値で買い入れた。リーバイス、リー、バナナリパブリック、GAP、L.L.ビーン、オシュコシュ、ラングラー、レイバン、タイメックス、そしてアメリカのスポーツ・チームのジャージを買い漁り、帰りの飛行機では輸入関税の支払いを回避するために、身に着けられるだけのアイテムを身に着けた。値引き品に目がない彼らは、ポロ・ラルフローレンの工場アウトレットや、郊外のモールのスニーカー店にイナゴのように群がった。アメリカの小売業者もやがてこの商売に気づき、ひとりで買えるアイテムの数を制限した。だがアメリカでの標準的な小売価格に色をつけても、その値段はまだ、公式な流通経路を通した場合よりも安かった。こうした商品は〝手持ち《ハンド・キャリー》〟で運びこまれていたことから、日本では〝ハンド〟と呼ばれるようになった。

小さな輸入品店のおかげで、ショッピング街としての渋谷の人気はなおのこと高まった。だが若者たちがこの区域に押し寄せ、自分たちの趣味や主義を持ちこんでくるにつれて、渋カジのスタイルは変化しはじめた。第2波の渋カジはもっと反逆的なバージョンのアメカジを好み、銀の宝石や、サーファーからのより強大な影響、そしてガンズ・アンド・ローゼズのサンセット・ストリップ的な切れ味を混ぜ入れた。よりタフなアメカジは、プロムもどきのパーティーを卒業し、ドラッグの売買に手を染めるようになっていた、第2世代の荒くれたチーマーたちが採り入れたスタイルでもあった。暴力沙汰が頻発した。最初の大きな事件が起こったのは1989年、別々の名門高校に通う2人の学生が、ひとりの少女をめぐってナイフを使った闘いをくり広げたときのことだ。生き残ったのはひとりだけだった。こうした暴力的なイメージは、東京大都市圏のより荒々しい地域に暮らすティーンを惹きつけた――10年前なら暴走族か、ヤンキーになっていそうなティーンを。

新世代のチーマーは4輪駆動のSUVで渋谷のごく狭い地域をパトロールし、自分たちの縄張りに侵入するライバルのチームを攻撃した。1988年の映画『カラーズ／天使の消えた街』に影響された彼らは、バタフライナイフを振りかざし、所属グループを示すバンダナを巻きはじめた。ライターの速水健朗はそれが、まちがいなくアメリカ映画からの影響だと考えている。「高校生が車に乗っているみたいなものって、日本に全然ない文化だったので、大体渋カジは最初は『アウトサイダー』映画を見て皆真似したりするような形で、全部アメリカ映画が元ネタというのはありますね」。当局はこの界隈一帯を厳重に取り締まり、未成年のパーティー企画者とは仕事をしないように、と各クラブにお達しを出した。**1993年になると、アウトロー的なチーマーのイメージが、かつての渋カジにあった裕福そうなイメージを完全にかき消していた。**そのわずか4年前に原宿を捨てたトレンディなティーンは、その時と同じように渋谷を捨てた。

渋谷カジュアルの盛衰は、残念なことに全体的な日本経済の動きと軌を一にしていた。1991年12月、日本の株式市場は暴落し、東京の地価は翌年いっぱい急落する。いわゆるバブルは弾け、ふと気がつくと個人も企業も返済不能な借金を背負っていた。過剰さの文化にその場で終止符が打たれたわけではない――所得はまだ伸びていた――が、1993年になると、日本の消費者はしらふにもどりはじめた。この落ちこみがいつまでつづくのか、当時は誰にもわかっていなかったが、景気の悪化は最終的に日本を、低経済成長と難治性の社会病理に苦しむ〝**失われた10年**〟に引きこんだ。

ファッションの売り上げは1991年、史上最高額の19兆8800億円に達して以来、ずっと低下しつづけている。対照的にビームス、ユナイテッドアローズ、シップスといったセレクトショップは、1990年代を通じてしっかりと成長しつづけた。国際的なブランドをキュレーションする〝編集者的《エディトリアル》〟なフォーマットのおかげで、これらの店はつねに基本をきちんと押さえながら、同時にスタイルの変化にも柔軟に合わせていくことができた。

DCブームと渋カジは、どちらも失われた10年がはじまった時期に、ファッションの表舞台から姿を消した——金メッキ時代の遺物として、切り捨てられてしまったのだ。しかしこれらのスタイルは、1990年代のトレンドを先取りする、2つの重要な要素を導入した。DCブーム期のティーンは原宿のデザイナー・ファッションが持つ特権性とブランド力を愛し、かと思うとそのアンチテーゼともいうべき渋谷のさりげないアメリカン・カジュアルからも、同等の魅力を感じ取っていた。1990年代にはこのふたつの要素をうまく融合させたブランドが、驚異的な成功を収めることになる——それも日本ばかりか、全世界で。

第8章

原宿からいたるところへ

From Harajuku to Everywhere

1970年代末、藤原ヒロシは三重県一クールな少年だった——手製のデッキでスケボーを滑り、セックス・ピストルズを聴き、ロカビリー・バンドで演奏していた。もしかすると西日本全域に範囲を広げても、最高にクールな少年だったのかもしれない。少なくともヴィヴィアン・ウエストウッドのセディショナリーズ・ブランドを買いたい、と大阪の洋服店に手紙を書く高校生は彼しかいなかった。あまりにもクールだったため、18の歳で東京に引っ越すと、ロンドン・ナイトというアンダーグラウンドのパーティーで〝ベスト・ドレッサー〟に選ばれ、ロンドンへの無料旅行をプレゼントされた。そこで彼はヒーローのウエストウッドと彼女のパートナー、マルコム・マクラーレンに会い、1年後にイギリスにもどると、彼らの店、ワールズ・エンドで働きはじめた。

マクラーレンは藤原に、パンクやニューウェイヴのことは忘れて、ニューヨークのストリートから登場した新しい音楽ジャンルに目を向けろと告げた——ヒップホップである。藤原は2010年、『インタヴュー』誌でその後の旅をこうふり返っている。「ザ・ロキシーは本気で盛り上がっていた——アフリカ・イスラム、クール・レディ・ブルー、とにかくシーン全体がね。ぼくはDJの側にすごく興味を持った」。彼は日本列島にはじめて上陸する、ヒップホップのレコードを木箱につめて東京にもどった。つづいて彼はこの地のクラブ・シーンに、スクラッチや、2台のターンテーブルを使ってレコードをカットインする方法を伝授した。しかし単なるＤＪ志望ではなかった藤原は、高木完と組んで独自のヒップホップ・ユニット、タイニー・パンクスを結成する。このグループは初期の日本ラップ・シーンで重要な一翼を担い、１９８７年におこなわれたビースティー・ボーイズの東京公演では前座を務め、日本初のヒップホップ・レーベル、メジャー・フォースを共同で設立した。

ロンドンやニューヨークの流行仕掛け人たちと、他の追随を許さないコネクションを持つ藤原は、毎月のように日本の雑誌に登場し、世界のトレンドの最新情報を紹介した。１９８７年、藤原と高木はサブカルチャー雑誌の『宝島』で、スケートボード、パンク・ロック、アート・フィルム、最新のファッション、そしてヒップホップをすべて単一の世界観——のちにそれは〝**ストリート・カルチャー**〟の名で、正式に体系化される——のもとでミックスさせた「ラスト・オージー」という連載をスタートさせた。藤原と高木は毎月、お気に入りの新しいラッパー、12インチ・シングル、服装、映画、ＤＪ機材を紹介した。

藤原ヒロシは20代前半の若さで、早くも伝説的存在となった。彼は文化批評家であり、ＤＪであり、ラッパーであり、ブレイクダンサーであり、モデルでもあった。

日本の各地で、少数の熱心な若者たちが、「ラスト・オージー」の一言一句を絶対的な真理として信奉しはじめた。そのひとりに群馬県の地味な県庁所在地、前橋の高校に通う長尾智明がいた。不気味なぐらい顔が藤原と似ていた長尾は、じきにロックンロールからヒップホップに宗旨替えをした。毎週、彼と友人たちは深夜番組「FM－TV」の1コーナーだった「ラスト・オージー」を録画し、何度も何度も見直した。タイニー・パンクスがツアーで群馬にやって来ると、長尾は終演後も会場に居残り、藤原のサインを手に入れた。

アイドル視していた藤原のようなメディアの導師《グル》になりたいと考えた長尾は、東京に居を移し、ファッションの専門学校、文化服装学院の雑誌編集者コースを受講した。学校の音楽クラブで、彼はデザイナーを志望する高橋〝ジョニオ〟盾に出会い、高橋は長尾をロンドン・ナイトで、長年、彼が雑誌でしか見たことがなかった人々に紹介した。長尾と藤原ヒロシが似ているのに気づいたパンク・ロカビリー・ショップ、アストアロボットの店員が、その後もずっと使われつづけるニックネームを彼につけたのも、ロンドン・ナイトでのことだった――藤原ヒロシ2号である。いくぶんからかいの意味がこめられていたその名前を、若き長尾は嬉々として受け入れた。友人たちのあいだでの彼は、もはや〝ともくん〟ではなく〝NIGO〟だった。

数週間後、藤原2号はヒーローの藤原1号に会い、彼の個人的なアシスタントのひとりになった。藤原のネットワークに接続されたNIGOは『ポパイ』でアルバイトをはじめ、ジョニオと共同で「ラスト・オージー2」と題したコラムを書き、ミュージシャンやTVタレントのスタイリングを手がけ、藤原が週に1回開くパーティーでDJを務めた。21歳にしてNIGOは早くも、藤原ヒロシ2号の名にふさわしい暮らしを送っていた。

過去の文化的アイコンが、みずからの創造物の力で名声を得ていたのに対し、藤原と彼の若き使徒たちは、**〝キュレーション〟という行為に成功への鍵を見いだした**――雑誌のために最高の音楽、ファッション、本、消費財を選び出すことだ。東海岸のキャンパスやパリのランウェイでトレンドを見つけ出すノウハウならば、日本のメディアも心得ていた。しかし1980年代のなかばになると、編集者たちは勃興するストリート・カルチャーに追いつこうとして四苦八苦していた。知識が豊富で幅広いコネをもつ藤原は、彼らの悩みを一気に解消した。しかし藤原が後世の文化に影響を残すためには、単なる文化的な情報センターを越えた存在になる必要があった。彼と彼のクルーは、独自のなにかをつくる必要があったのだ。

藤原ヒロシはインターナショナル・ステューシー・トライブ――ショーン・ステューシーが自分の名を冠したストリートウェア・レーベルを中心とする、同じ志向性を持つクリエイティブ人種のゆるやかなネットワーク――初の日本人メンバーだった。藤原がステューシーと親しくなったのは、1986年に『宝島』誌で彼をインタビューしたのがきっかけだ。それ以来、藤原のもとには箱詰めにしたステューシーの衣類が送られてくるようになった。

藤原の弟子でグラフィック・デザイナーの中村〝スケートシング〟晋一郎は、ステューシーのラインに沿ったオリジナルのTシャツ・ブランドをスタートさせたくてウズウズしていた。ストリートウェアのブランドというアイデアは藤原も気に入っていたが、どうせやるならきちんとしたものにしたい、と彼は考えた。藤原は九州の港町、小倉で知り合った若いショップ店主、岩井〝トールアイ〟徹に連絡を取った。岩井は藤原のブランド立ち上げに協力したいと申し出、後援者の大鍛冶《おかじ》信明《のぶあき》を紹介した。年長の紳士は藤原のプロジェクトのパトロンとなることに同意し、長年、VANやアメリカの中古衣料を売って培ったファッション業界のノウハウを伝授した。

こうしたサポートを得て、藤原、スケートシング、そして岩井は日本初の真のストリートウェア・ブランドを発足させた――グッドイナフである。1990年に発足したグッドイナフは、世界的なストリートウェアの歴史のなかで見ても、比較的早い時期に登場し、FUCTやSSURのような先駆的なレーベルとはほぼ同時、そしてXラージのようなアメリカの対抗馬には先んじていた。ステューシーを雛型にしたグッドイナフは、派手なグラフィックをプリントした高品質のTシャツとスポーツウェアに焦点を置いた。1991年のトレンドになるスケートボード・ファッションの一環として『ポパイ』や『ホットドッグ・プレス』で紹介されると、このブランドは即座に日本で成功を収めた。

藤原は毎月、グッドイナフの服を着て雑誌に登場したが、このブランドの経営に関与していることとは伏せていた。彼の評伝を書いた川勝正幸に藤原は「僕がやってると言うと、服本来を見てもらえずに、買ってくれる人たちは買ってくれるし、嫌ってる人たちには無視されそうだから、名前を出さなかったんです」と語っている。ブランドの出自があいまいだったため、グッドイナフはステューシー、フレッシュジャイブ、あるいはFUCTのようなアメリカからの輸入品と同一視され、おかげで日本の若い観光客は、グッドイナフの〝本店〟を探してロスアンジェルスをさまよい歩く羽目になった。

グッドイナフの成功に乗じて、藤原はNIGOとジョニオに新たなアパレル事業をスタートさせた。20歳そこそこの2人は原宿の非商業的な地域——表参道の裏手とはいえ、明治通りや竹下通りといった目抜き通りからは遠く離れた場所で店をはじめた。彼らはこの静かなエリアを〝**裏原宿**〟と呼んだ。原宿はいまだにロックンロールとDCブームの失速に揺れていたが、そんななかでNIGOとジョニオは、経済的に大打撃を受けたこの地域にティーンを連れもどす、新たな世代の代表選手となる。1993年4月、彼らは2つのセクションに分かれた狭苦しいノーウェアという店をオープンした。ジョニオは片側で彼自身のパンク・ブランド、アンダーカバーを売り出し、NIGOはその反対側に、輸入したストリートウェアを並べた。

〝ネオ・パンク〟トレンドの一部として雑誌からのお墨付きを得たアンダーカバーには、早々に客がついた。しかし店の反対側は静かなままだった。じきにNIGOはオリジナルのブランドをつくれるかどうかが、成否の鍵を握っていることに気づいた。そんな時、TVで一挙放映された『猿の惑星』シリーズを観て、スケートシングはレーベルのコンセプトを思いついた。彼は映画の象徴的な類人猿の顔をロゴに流用し、その老人のことを〝ぬるま湯につかった猿〟と描写した根本敬のアンダーグラウンド・コミックから借用した英語のスローガン――〝A Bathing Ape in Luke Water〟〔本来は〝Lukewarm Water〟が正しい〕――を貼りつけた。NIGOはその最初の3語――〝A Bathing Ape〟――を正式なブランド名として、アメリカのビンテージ衣類を模したプリントTシャツとジャケットを少量だけ製造した。

1994年9月、藤原とNIGOとジョニオは、日本初のストリート・カルチャー・マガジン『アサヤン』で「ラスト・オージー3」という新連載をスタートさせた。それまでの連載と同様、彼らはそのページで海外から届いた最新のグッズを紹介した。だが自分たちのブランドと小売スペースができたことで、この連載は急速に自己宣伝の場と化していく。たとえば1994年10月の連載第2回は、アンダーカバーが新たにスタートさせた女性向けラインの専門店、ノーウェア・リミテッドの紹介に終始していた。こうしたメディア露出はすぐさま、売り上げ増につながった。『アサヤン』読者のおかげで、AFFA（Anarchy Forever Forever Anarchy）と銘打ち、左翼的な政治スローガンをプリントした限定版のMA－1ナイロン・ボマー・ジャケットは即座に売り切れた。グッドイナフ、アンダーカバー、そしてア・ベイシング・エイプが着実にファンを獲得するなかで、藤原のクルーは、さらに独自のファッション・ブランドを生み出した。メジャー・フォースの社員だった滝沢伸介はパンク／バイカーをテーマにしたネイバーフッドを1994年10月にスタートさせ、その1か月後に21歳のプロスケーター、江川〝ヨッピー〟芳文がスポーティーなヘクティ

初期のア・ベイシング・エイプが発売したエイプ・パターンのカモフラージュ・ジャケットとエイプヘッドのロゴが入ったスウェットシャツ。(©Nowhere Co.,Ltd.)

クを設立。半年後にはジョニオのバンド仲間だった岩永ヒカルが、パンク・ロック・トイ・ストア、バウンティ・ハンターをオープンした。

仲間たちとの差別化をはかるために、ＮＩＧＯはア・ベイシング・エイプをインディーのヒップホップ・シーンと連動させた。彼はおりしも〈今夜はブギーバック〉のヒットでブレイクを果たした友人のラップ・グループ、スチャダラパーに衣裳を提供した。この曲をきっかけに、日本ではヒップホップがちょっとしたブームになり、それはラップ・グループのＥＡＳＴ ＥＮＤ×ＹＵＲＩが〈DA.YO.NE〉でミリオンセラーを記録した１９９５年の初頭にピークに達した。ＮＩＧＯは一躍メディアの寵児となったグループの女性ラッパー、市井由理にア・ベイシング・エイプのＴシャツ、ジャケット、セーターを着用させた。ア・ベイシング・エイプはほかに、このブランド名の起源になったのと同じ『猿の惑星』の一挙放映を観て、コーネリアスと名乗りはじめた小山田圭吾のスタイリングを手がけた。１９９５年10月にＮＩＧＯがコーネリアスのツアーＴシャツをプロデュースすると、このスターのファンたちも、ヒーローの選んだファッションに飛びついた。

ＮＩＧＯはロンドンのトリップホップ・レコード・レーベル、モ・ワックスを通じてはじめて海外とのつながりを得た。このレーベルを率いる英国インディー界の重要人物、ジェイムズ・ラヴェルはＮＩＧＯに会ったその日から、ほぼ毎日のようにア・ベイシング・エイプを着るようになった。日本では、ＤＪシャドウやマニー・マークのようなモ・ワックス所属アーティストとの関係で、音楽オタクのあいだにもこのブランド名が一気に広まった。ラヴェルはまた、NIGOをニューヨークの伝説的なグラフィティ・アーティスト、フューチュラ2000とスタッシュに紹介し、この2人は1995年7月、東京にTシャツのデザインをファクスした。彼らはその後、藤原とのつながりを通じて、原宿に自分たちのショップをオープンした。

こうした**音楽界との連携**によって、ア・ベイシング・エイプの売り上げには拍車がかかり、小さな盛り上がりを見せていた裏原宿のファッション・ムーブメントは、一気にメインストリームに浮上した。1996年、NIGOとジョニオが最初のショップの近くにもっと広いノーウェアをオープンすると、店の前には裏通りをぬけて原宿の表通りまでつづく、長い行列ができた。

1991年の渋カジの崩壊以降、メディアは90年代を通じて、この時代を象徴するファッションを懸命に探しつづけた。一枚岩的なトレンドはさまざまなメンズウェアのスタイルに分化し、そのひとつひとつが〝系〟という言葉で分類された。このなかにはスケーター系、サーファー系、ストリート系、モッド系、ミリタリー系などがふくまれる。『ホットドッグ・プレス』と『ポパイ』は、グッドイナフ、アンダーカバー、そしてア・ベイシング・エイプを、独自のジャンル名で分類した――〝裏原宿系〟。裏原宿系とはつまるところ、プレゼンテーションに工夫を凝らした古典的なアメリカン・カジュアルだった。カモフラージュ・ジャケット、小ぎれいなブランド・ロゴTシャツ、ストライプのスケーター・シャツ、固いダーク・デニム、クラークスのワラビー、アディダスのスーパースター、ナイキのエアマックス95、そしてハイテクなバックパック。そのスタイルはスポーティーでゆったりしていた。いわばティーンエイジの少年の遊び着の、おしゃれなバージョンである。しかしほかのカジュアルなファッションに比べると、裏原宿系には念入りにつくりこまれたブランド・イメージや、スター的な裏方たち、そして音楽アーティストとの提携といった、ずっと魅力的なバックグラウンドがあった。

１９９６年の末になると、グッドイナフ、アンダーカバー、そしてア・ベイシング・エイプは、雑誌の読者人気投票でトップの座を競うほどの人気を獲得していた。『アサヤン』１９９６年8月号の読者アンケートを見ると、読者の憧れる男性有名人にはもはや、映画スターやポップ・ミュージシャンはふくまれず、代わりに藤原ヒロシ、高橋盾、小山田圭吾らの名前が並んでいた。ノーウェアはいちばんの人気ショップだった。メディアは自分たちの薦めるものを、フォロワーたちに無条件で買わせる藤原とそのクルーの超自然的なパワーに着目し、彼らを〝カリスマ〟と呼ぶようになった。社会学者の難波功士は「藤原ヒロシのスタイルを真似するよりは、藤原ヒロシが良いと言うものにみんなが飛びついた感じがしました」と語る。

１９９７年になると裏原宿はサブカルチャー的なファンダムを完全に脱し、日本のメンズファッション市場を隅々まで制覇していた。１９９７年9月の『ホットドッグ・プレス』の読者人気投票では、裏原宿系がこの国でいちばん人気の高いスタイルにランクされた。最初にこのトレンドを先導したのはグッドイナフとアンダーカバーだが、新参者にとって格好の入口となったのはア・ベイシング・エイプだった。若者たちにとってはアンダーカバーのレザー・ボンデージ・パンツよりも、『猿の惑星』からヒントを得たグラフィックTシャツのほうが、ずっととっつきがよかったのだ。またおそろしく生産数の少ないグッドイナフの商品を入手できるのは、ハードコアな信者に限られていた。

ア・ベイシング・エイプが脚光を浴びると、NIGOはシーズンごとに、フルラインの衣類をつくりはじめた。その効果はすぐにあらわれた――1997年11月の『ホットドッグ・プレス』の読者人気投票では、東京でも大阪でも、ア・ベイシング・エイプがナンバー1ブランドに選ばれたのだ。ファッション誌のストリート・スナップ欄には毎号、エイプのTシャツを誇らしげに着用し、NIGOを〝崇拝〟していると公言してはばからない、日本各地の若者の写真が掲載された。

1990年代のおしゃれなティーンが裏原宿のブランドを愛したのは、単にそのデザインだけが理由ではない――彼らは〝狩り《ハント》〟も大いに楽しんでいた。ステューシーのやり方を真似て、藤原と彼の使徒たちは、ごく限られた数の商品を、ごく限られた店でしか売らなかった。だがこうした戦略は消費者をいら立たせるどころか、運よく商品を手にできたファンを有頂天にさせた。こうしたブランドの供給不足が計算されたマーケティング上の決定だったのか、あるいはアンダーグランドでいつづけるための内在的な動きだったのかについては、いまだに議論が闘わされている。真相はおそらくその中間のどこかだろう。マスマーケットのブランドをつくったり、大会社を経営したりするのは決して藤原の本意ではなく、そうした彼らのスタンスは、しばしばビジネスパートナーの不興を買っていた。グッドイナフの人気がピークに達した1995年、藤原は通常ではありえない決断を下した――半年間にわたるブランドの活動停止。彼はまた、小売店の数を40から10に削減した。この動きにピンときたNIGOとジョニオは、ほかの都市のショップから自分たちのブランドを引き上げ、直営店だけで販売するようになった。

ヒット・ブランドの小売戦略としては、一見すると理解しがたいものかもしれない。だがおいそれとは手に入らない貴重品のイメージを維持するためには、必要とされる一手だった。コムデギャルソンなどのデザイナーズ・ブランドは、アバンギャルドなデザインや目の飛び出るような価格で、製品を大衆の手から遠ざけた。対して裏原宿のブランドは、比較的手頃な値段の、ベーシックでカジュアルな品物を売っていた。グッドイナフやア・ベイシング・エイプが誰の手にも入るようになれば、ブランドの価値は一気に低下してしまうだろう。もっとも簡単明瞭な解決法は、つくる数を減らすことだった。

そこで藤原とジョニオとNIGOは商品の数を、市場の需要よりもはるかにしぼることにした。おかげでごく限られた顧客しか手に入れることができず、同時にそれはマニア的な消費熱を呼び起こした。彼らは少量生産の商品を〝限定版〟と銘打ち、ティーンたちはそれを着ることよりも、収集することに熱を上げはじめた。

裏原宿が日本のトップ・ファッションだった時期、ノーウェアやそれに類するショップの前には、連日、ファンが列をつくっていた。1997年、藤原が自分のブランドを売るレディーメイドという拠点店を原宿にオープンすると、何百人ものティーンが夜明け前に群れ集まり、店の在庫はその日の午後までに、空っぽになってしまう。店は最初の2日だけで2000万円の売り上げを記録し、藤原は友人たちの助けを借りて、現金を銀行に運ばなければならなかった。

限定品のサイクルは、藤原と彼の弟子たちに大きな利益をもたらすと同時に、何百という転売屋の懐を潤わせることにもなった。悪名高い列のなかには、例外なく商品を正規の価格で買い、その後プレミア価格で売りさばく、地方の小さなショップのバイヤーがふくまれていたのである。だがこうした闇市場のおかげで、ブランドの価値はさらに高まった。原宿の竹下通りの裏手では、未開封のア・ベイシング・エイプのTシャツが、定価の5倍の値段をつけて、露店で売りに出されていた。3年もののAFFAのTシャツには、1997年に7万9000円の値がついた。30年前には下着に毛が生えたようなものとしか思われていなかったTシャツは今や、珍重すべき美術品だった。転売価格の高騰は、余計に消費に火をつけた。あるひとりのティーンエイジャーは1997年、『朝日新聞』に「値段は気にならない。飽きたらまた売ればいいから」と語っている。

表面的なレベルでは、裏原宿の衣類はアメリカを起源とする過去のカジュアル・ファッションによく似ていた。だがそこにはひとつ、根本的なちがいがあった。ティーンがもっとも憧れるブランドはもはやアメリカではなく、東京のある特定の地域から生まれていたのだ。１９９０年代のティーンは世界のほぼすべてのブランドを選択肢にでき、それでも彼らは日本のブランドを好んだ。裏原宿は渋カジとＤＣブランドの完璧な折衷型だった――特権性を感じさせるカジュアルな衣類。

１９８０年代末の原宿は、渋カジがブームになったおかげでショッピングの荒野と化していた。それから10年とたたないうちに、裏原宿は日本一――いや、ことによっては世界一おしゃれな場所になった。少なくともアメリカの同種のブランド以上に、日本のストリートウェア・ブランドに金が流れこんでいるのはまちがいのないところだった。藤原ヒロシは手に触れるものすべてを金に変え、彼の弟子は日本全国の若者たちから英雄視されていた。しかし金が入ってくるにつれて、こうした若きタイクーンたちは、自分たちの在り方がはらむ根本的な矛盾について考えはじめた――ひとたび世界のてっぺんに立ってしまったら、その先はどうすれば〝アンダーグラウンド〟でいつづけることができるのか？

１９９８年の夏、２００人を超える若い日本人が、うだるような暑さに耐えながらＮＩＧＯのＢＵＳＹ ＷＯＲＫ ＳＨＯＰの前で辛抱強く並んでいたとき、ア・ベイシング・エイプのスタッフがＶＩＰを店内に迎え入れた――人気グループのＶ６に所属する三宅健である。当時、三宅と同グループの森田剛は、ベイシング・エイプ（ベイプと呼ばれはじめていた）のシャツを着て、無数のＴ

V番組や雑誌に登場していた。一方でNIGOの友人のスタイリストたちは、当時もっとも人気があった男性アイドル、SMAPの木村拓哉に、くり返しア・ベイシング・エイプを着用させた。

こうしたベイプの新しいセレブ大使たち――ティーンの少女が好んで観るバラエティ番組に毎晩のように出演していた、才能はともかくとして、顔立ちのかわいい男の子――は、コーネリアスやジェイムズ・ラヴェルのようなインディの神々とは、遠くかけ離れた存在だった。彼らは『ホットドッグ・プレス』はおろか、『アサヤン』のページですら一度も開いたことがない幅広い層のティーンエイジャーに、ア・ベイシング・エイプの名を広めた。木村が裏原宿ファッションに改宗した数か月後、警察は茨城県で、ア・ベイシング・エイプの偽造品をつくった男2人を逮捕する。男たちはベイプのことを、〝木村拓哉が着ている〟ブランドとしか認識していなかった。

ア・ベイシング・エイプが日本のエンターテインメント業界内で勢いを増すにつれて、NIGOは厳しい選択を迫られるようになった――師匠の藤原のように、なかば陰に隠れた存在でいつづけるか、それとも一気に表舞台での成功を追い求めるか。**28歳にしてNIGOは、自分のビジネスからいっさいの虚飾を取り去ることにした。**限定的な生産と排他的なアクセスの戦略を捨て、ア・ベイシング・エイプを史上もっとも規模の大きい、贅を尽くしたストリートウェア・ブランドにする決意を固めたのだ。

新たな小売戦略が必要になったNIGOは、ワンダーウォールを率いる片山正通という高名な建築家を雇い、同一デザインのBUSY WORK SHOPを全国各地にオープンさせた。ありあまるほどの収入を活かして、NIGOはアメリカやイギリスにも類を見ない、贅を尽くしたチェーン店をつくり上げた。簡素な丸太小屋を思わせた最初のノーウェアに比べると、これらの店のモダニスト的なデザイン・モチーフ——白い壁、打ちっ放しのコンクリート、光沢のあるガラス、艶消しのスチール、そして明るい照明——は、ユートピア的な未来を訪ねているかのごとき印象を与えた。

1998年、NIGOは大阪、名古屋、仙台、そして東京から遠く離れた青森でBUSY WORK SHOPを、そして故郷の群馬県にも、旗艦店のノーウェアをオープンさせた。こうした展開のおかげで1999年のベイプの売り上げは20億円に達した。同年、松山、福岡、京都、広島にも新店ができ、翌年、NIGOはブランドの高級化を目指して、コムデギャルソンやイッセー・ミヤケと同じ青山の通りに、新たな旗艦店のBAPEXCLUSIVEをオープンさせた。2001年になると、NIGOはBAPYというウィメンズウェアのラインで、そのファッション帝国をさらに拡大させた。

世紀の境目になると、自国におけるベイプの供給は飽和状態に達したが、にもかかわらず裏原宿現象は、依然として日本限定だった。西洋でグッドイナフ、アンダーカバー、あるいはア・ベイシング・エイプを着ているのは、NIGOの友人か、ツアーをしている日本のミュージシャンだけ。ときおり数枚のTシャツが、ニューヨークのレコンやロンドンのハイドアウトといった店に出まわることもあったが、定期的に買える場所は皆無だった。しかし日本と同じように、こうした供給量の少なさが逆にブームに火をつけ、アメリカやイギリスのファッション・スノッブたちは、これらのブランドを血眼で追い求めた。1999年8月の『ニューヨーク・タイムズ』紙に掲載された記事は、ア・ベイシング・エイプを世界でもっとも入手困難な〝限定版〟グッズのひとつとして紹介し、このブランドのカモフラージュ・ジャケットを買うだけのために、ロンドンに旅をした雑誌のアート・ディレクターの発言を引用していた——「それだけの価値はあったよ。友だちはみんなほしがっていたし、そこに最初に行けたんだから」。同月、イギリスの『ザ・フェイス』誌は、ロゴをベースにした史上最高のブランドのひとつにア・ベイシング・エイプをリストアップし、「真の意味でのアンダーグラウンド」と称賛した。では藤原とNIGOはそれに応えてどうしたのだろう？　まったくなにもしなかった。**日本がストリートウェアの世界一洗練された市場として台頭するなかで、彼らは海外の顧客におもねる必要をなにひとつ感じていなかった。**

NIGOが世界進出に向けて、最初の小さな一歩を踏み出したのは1999年、ラッパーのエリック・ノットとコメディアン兼DJのジャン・ラムに説得され、香港でBUSY WORK SHOPをオープンしたときのことだ。グレーな業者が商品を日本に逆輸入する危険性は、店の顧客を香港のパスポート所持者に限ることでおおむね排除された。入店するには事前の予約が必要で、通りすがりの客は入れなかった。しかしこうした排他的なスタンスをよそに、香港への進出によって、アジアにおけるブランドの知名度は高まり、何か月かすると、中国語圏全体がア・ベイシング・エイプのTシャツを追い求めるようになった。香港のティーンは子どもっぽいマンガをプリントしたベイビー・マイロのラインに飛びつき、地元のTVニュースはその熱狂ぶりを報道した。しかし最終的にものをいったのは、シンプルな経済原則だった——恒常的な供給不足は、アジアのあらゆる利にさとい偽造品業者を刺激し、ア・ベイシング・エイプのTシャツの偽物がどっと出まわる結果となったのだ。2001年になると、アメリカのオークションサイト、eBayには「韓国市場向け」という怪しげな但し書きを添えた〝ホンモノのベイプ〟のシャツが、わずか15ドルで何百点も出品されていた。

ベイプが世界的なブランドになると、NIGOはもはやすべてを統制する、あるいは〝排他性〟を維持することができなくなった。前に進むには拡大するしかない。2001年の暮れ、NIGOはペプシ・ジャパンと提携し、ソーダの缶をベイプのカモフラージュで包みこんだ。原宿に1軒しかない店の前に並ばないと、ア・ベイシング・エイプの商品が買えなかったのは、わずか4年前のことだった。だが若者たちは今や、朝の3時に人里離れた田舎道を歩いていても、光を放つ自動販売機に行き当たりさえすれば、数枚のコインと引き替えに、ベイプのデザインをあしらった製品を入手することができた。

NIGOはさらに、ナポレオン並みの拡張政策に打って出た——ありとあらゆる場所のありとあらゆるものが、突然〝ベイプ〟になったのだ。数年前からコンバースのチャック・テイラーにひそかなトリビュートを捧げていたア・ベイシング・エイプはしかし、2002年に入ると、ナイキのエアフォース1に影響を受けたベイプスタという色鮮やかなスニーカーをプロデュースした。NIGOはこのスニーカーを、ベルトコンベアにフットウェアを陳列するフットソルジャーという新機軸のチェーン店で売り出した。2003年、NIGOはベイプ・カッツというヘアサロン、さらにはベイプ・カフェという飲食店にも投資した。彼はベイプ・キッズという子ども服の店、そして短命に終わったものの、ベイビー・マイロの商品を専門にあつかうスペースをオープンした。新たな世紀の進行とともに、ベイプの店は日本のあらゆる地方に進出した——金沢、新潟、静岡、鹿児島、そして熊本。東京だけでも原宿から20分で歩ける距離内に、少なくとも5つの店舗があり、この界隈一人通りが多い交差点の巨大なジャンボトロンでは、NIGOのケーブルTV番組「ベイプTV」のCMが大量に流されていた。

2003年、数百万ドルをかけたNIGOの自宅——何十台もの監視カメラで警護された、5階建てのコンクリートの箱——の工事が完了する。彼はそのスペースを、20世紀末期のポップ・カルチャー博物館として用い、偶像的なリッケンバッカーのギターや、世界随一を誇る『猿の惑星』玩具のコレクションに、ひとつの部屋をまるごとあてがった。木床のガレージには、家のなかからもメルセデスSLR、ポルシェ、ロールスロイス、ベントレーが見えるように、ガラスの壁がしつらえられた。

ＮＩＧＯの露出過多と、人目をはばからぬ大盤振る舞いとは対照的に、藤原ヒロシはストリートウェアのもの静かなゴッドファーザーという、居心地のいい地位に収まっていた。グッドイナフはほぼ創業当時の規模を守りつづけ、発足から10年が過ぎると、藤原はこのレーベルとの個人的な関係をすべて断った。藤原はヘッドポーターという、日本のバッグ・メーカー、吉田カバンとのコラボレーション——アメリカのＭＡ−１フライト・ジャケットと同じナイロンでつくったバッグのシリーズで、彼なりに財を築いた。ヘッドポーターは実質的に、裏原宿ファンご用達のバッグ、サイフ、ファニー・パックのブランドとなるが、そうしたファンのなかには、グッドイナフや藤原ヒロシの名前を一度も聞いたことがない者もいた。しかしヘッドポーターが全国的な現象になると、この永遠の一匹狼は、経営権を友人に譲渡した。藤原は２００５年、『シーム』誌に「大勢の人間を働かせて、その面倒を見るのは嫌だった」と語っている。

20世紀が終わったとき、藤原1号と2号のビジネスは、まったく別のベクトルに向かっていた。２０００年の時点では、藤原のほうが稼ぎは多く、支払った税金の額は、ＮＩＧＯの４５３０万円に対して５４７０万円だった。しかし２００３年に藤原が超高級マンション、六本木ヒルズレジデンスの最上階に近いスタジオに居を移すと、ＮＩＧＯは最上階のペントハウスを占拠した。

ＮＩＧＯは毎晩、そのマンションから、自分が制覇した街を見下ろした。日本での彼は、すべてを手に入れていた――だがそれ以外の国々はまだ、征服されるときを待っていた。

２００３年、ＮＩＧＯはロンドンにはじめてベイプの店をオープンさせる。おりしも西洋では、ベイプスタの靴がブームを迎えようとしていたが、ＮＩＧＯ――世界のトレンドに関する知識でキャリアを築いた男――は世界的な市場を前に、心もとなく感じていた。そこで以前はモ・ワックスの経営者だった弁護士のトビー・フェルトウェルがベイプに加わり、海外でのビジネスについて、ＮＩＧＯにアドバイスを与えることになった。フェルトウェルの最初の一手は、アメリカのヒップホップに対する〝猿将軍《エイプ・ジェネラル》〟の愛情を再燃させることだった。

フェルトウェルとＮＩＧＯのお気に入りだったアクセサリー・デザイナーのジェイコブ・ザ・ジュエラーは、当代きっての音楽プロデューサー、ファレル・ウィリアムズとＮＩＧＯのマッチアップを目論んでいた。２００３年、ＮＩＧＯは東京に来ていたウィリアムズに、自分のエイプ・スタジオを、レコーディングの仕上げに使ってみないかと申し出た。ベイプスタの靴のことをぼんやりと知っているだけだったウィリアムズは、ベイプ帝国の全貌を目の当たりにして唖然となった。彼は２０１３年の『コンプレックス』誌に、「ＮＩＧＯのショウルームに行ったんだが、あんなに度肝をぬかれるものを見たのは、あの時が生まれてはじめてだった。もうむちゃくちゃ盛り上がったし、ＮＩＧＯはなんでもほしいものをプレゼントしてくれた」と語っている。会話には通訳を介する必要があったものの、NIGOとウィリアムズは親友となり、何時間かすると、次々にコラボレーションの企画を考え出していた。

NIGOはまず、ウィリアムズのシューズ・ブランド、アイスクリームのデザインに手を貸し、やがてはBUSY WORK SHOP原宿の真上にショップをオープンさせた。次にNIGOとスケートシングは、ウィリアムズの服飾ブランド、ビリオネア・ボーイズ・クラブの構想を実現させ、裏原宿らしい小売の才を、アメリカ的な派手やかさと合体させた。見返りにファレルは、アメリカの主流的なヒップホップ・シーンとNIGOのパイプ役を務めた。ジェイZやカニエ・ウエストといった新しい友人を得たNIGOは、ようやくアメリカにも小売の拠点を設ける決意を固めた。2006年、NIGOは『ナイロン・ガイズ』誌に「もともと僕がファッションに興味を持ったきっかけが、RUN－DMCというラッパーだったんで、すごくアメリカンカジュアルだから。逆にちょっとイギリスっぽかったときは、アメリカのものとかに自分の中で少し飽きていて、やっぱりもとに戻った」と語っている。

彼は2004年の末にBUSY WORK SHOPニューヨークをオープンし、アメリカの若者世代に自分のブランドを紹介した。その時点でベイプは、1990年代の古典的なオリーヴ色のミリタリー・パターンやロゴ入りのTシャツから、創意に富んだカモフラージュパーカーや、パステルカラーのベイプスタに主力を転換していた。アジア系の買いもの客が列をなしたのはいうまでもないが、NIGOとファレルとのつながりのおかげで、この店はヒップホップの王族にとってのホットスポットともなった。ヒップホップの顔役らしい装いをするために、NIGOはジェイコブ・ザ・ジュエラーにダイヤモンドで表面を覆った品々――腕時計、フレーヴァ・フラヴ風のコミカルなペンダント時計、そしてなによりも肝心な、歯の上につけるグリル――をつくらせ、それを身に着けて街中を練り歩いた。

革新的な商品とセレブの押しのおかげで、ア・ベイシング・エイプはすぐさまアメリカ一ホットなブランドとなる。**2000年代中期のMTVは、まるまる4年にわたってベイプを着たラッパーのショウケースと化した**（当のNIGOもファレルの〈フロンティン〉のビデオにゲスト出演している）。ベイプの名前を歌詞に盛りこんだヒップホップのトラックは数十におよび、東海岸ではじまったこの動きは、即座に各地に広まった。ミシシッピのソウルジャ・ボーイは、YouTube経由でヒットした〈クランク・ダット〉のなかで、「オレを嫌う連中が頭に来てるのは、オレがベイシング・エイプをゲットしたからさ」と自慢げにラップした。

今や完全に世界的なスターとなったNIGOは、カール・ラガーフェルドやデイヴィッド・ベッカムのような有名人とポーズを取って、『ヴァニティ・フェア』誌や『ヴォーグ』誌の社交欄に登場した。2005年、NIGOはダイアモンドを散りばめた十字架を口にくわえて、『インタヴュー』誌の表紙を飾った。1年後、NIGOとファレル・ウィリアムズは揃いの赤いキャップ、白い

Tシャツ、そして重い金のロープチェーン姿で、MTVビデオ・ミュージック・アワードに出席した。だがアメリカでの成功をもっとも如実に物語っていたのはおそらく、偽造商品――俗に〝フェイプ（フェイク＋エイプ）〟と呼ばれていた――の爆発的な増加だった。アメリカのどんなモールでも、うさんくさいアーバンウェア・ストアのハンガーには、偽物のベイプのシャツがぎっしり掛かっていた。トビー・フェルトウェルはある日、アメリカの税関から、フロリダ州マイアミの沖合に、ベイプの偽造品を詰めこんだコンテナが2つ浮かんでいるという電話を受けた。

第2次世界大戦から60年をへて、アメリカ人は、かつての日本人がアメリカのファッションに執着していたのと同じように、ア・ベイシング・エイプという日本のブランドを追い求めていた。しかしこの驚くべき偉業にも、日本人の若者はまるで無関心だった。小規模なサブカルチャーを形成する日本のヒップホップ・ファンは、1990年代以来、アフリカ系アメリカ人のラッパーを真似て、カラフルでバギーな服を着用していた。だがアメリカのヒーローたちが日本産のブランドを着はじめたせいで、認知的不協和に苦しんだ彼らは、ベイプから距離を取ったのである。もっと広い意味でいうと、〝逆輸入〟の時代は終わっていた。海外でビッグだからという理由でア・ベイシング・エイプに注目する日本人は、もはやいなくなっていたのだ。だがなんとも皮肉なことに、そもそもティーンが輸入品よりも国産品を愛するようになったのは、海外もの以上に高品質でスタイリッシュな日本の製品を提供した〝裏原宿〟の影響だった。

日本では沈静化していたもの、海外におけるベイプ人気のおかげで、２００７年度のノーウェアの売り上は、６３００万ドルという膨大な額に達した。しかしひとたびアメリカでのベイプ・ブームが収まると、財政状況は急速に悪化しはじめた。ＮＩＧＯは２００９年にノーウェアのＣＥＯの座を降り、ベイプの運営を、老舗のファッション小売業者、ワールドの重役を務めていた人物に委ねた。上海、北京、台北、シンガポールにもＢＵＳＹ ＷＯＲＫ ＳＨＯＰがオープンし、アジアにおけるベイプは、ナイキやアディダスのような世界的大企業並みにありふれたものになる。一方でこのブランドは、本来の市場で苦戦していた――東京から遠く離れた熊本と鹿児島のショップが閉店に追いこまれ、ロスアンジェルスの店も同じ道をたどった。

２０１１年2月1日、香港の小売業者、Ｉ.Ｔ.社がア・ベイシング・エイプの親会社、ノーウェアの株式の90パーセントをわずか２億３０００万円で買収したという

ファレル・ウィリアムズとNIGO。MTVミュージック・アウォード2006にて。
(©Jeff Kravitz / FilmMagic / Getty Images)

ニュースが日本に届いた。いまだに50億円の年間収入があった会社からすると、はした金にも等しい額だ。だがこの取り引きのポイントは、I.T.社が同時に、ノーウェアが抱えていた43億1000万円の借金も引き受けたことにあった。石津謙介とVANヂャケットの轍を踏んで、破産していても不思議はなかったNIGOはしかし、香港企業による買収のおかげで、より優雅に退場することができた。彼は当時、『WWD』誌に「民事再生法の適用を申請するのは絶対に嫌だったし、ブランドに傷をつけるのも嫌だった。なによりも大事なのはブランドの存続だったから、まずそのためにはどうするべきかを考えた。20年かけてここまでにしたブランドだから、どうしてもなくすわけにはいかなかった」と語っている。

I.T.社との合意はNIGOにとって、複雑な思いを抱かせるものだったのかもしれない。だがそれは日本のファッション業界のグローバル化における、重要な瞬間だった。文化交流はもはや、アメリカから日本という一方向だけではなくなっていた。ア・ベイシング・エイプはアメリカのポップ・カルチャーの中心に入りこむと同時に、アジア全域における日本産ファッションの優位性を——かつてアメリカが日本に影響を与えたのと同じようなかたちで——決定づけた。大中華圏の企業は、大枚をはたいて日本産ブランドの販売権を買い取った。世界的なストリートウェア・シーンの近代化にあたっては、ウェブをたくみに使いこなすアジアの買いもの客が非常に大きな役割を果たしている。彼らはストリートウェアのエコシステムを、月刊誌に掲載される入手不可能な日本産ブランドというクローズドな世界から、ｅコマースを通じてどんな時も、どんなところからも購入可能な最新商品のレヴューを連日大量に送り出す〝ハイプビースト〟のような**香港起点のブログ**にシフトさせた。

ベイプの破産は裏原宿時代にはっきりピリオドを打った。それでもこのムーブメントのヒーローたちは今も、世界文化に少なからず影響を与えている。ＮＩＧＯはすぐさま再起し、２つの小規模なブランド——ヒューマンメイドとＶＡＮを模したミスター・ベイシング・エイプをスタートさせた。彼はその後、ユニクロのＴシャツ・ブランド、ＵＴのクリエイティブ・ディレクターを務め、２０１４年にはアディダス・オリジナルスのアドバイザーに就任している。一方で高橋〝ジョニオ〟盾は、ゴシック調で風変わりなアンダーカバーのファッション・ショウを２００２年にパリに移して以来、批評家筋から一貫して高い評価を浴びてきた。近年のジョニオはナイキと組んで〝ＧＹＡＫＵＳＯＵ（逆走）〟と呼ばれるアバンギャルドなランニングウェアを売り出し、ユニクロともＵＵというシリーズで提携している。

藤原ヒロシはナイキの有力なクリエイティブ・コンサルタントで、ＣＥＯのマーク・パーカーと直に組み、特別なプロジェクトを手がけている。日本の主流的なファッション雑誌が藤原とそのクルーの動向を追わなくなると、彼はさまざまなブログを自分なりの視点でセレクトしたHoneyee.comをスタートさせた。とはいえ彼は基本的に、グローバル化したインターネット——かつては彼が独占していた、海外から日本への情報経路を開け放ったメディアには複雑な感情を抱き、たとえば2010年の『インタヴュー』誌では、現在のつねにつながっている世界は「すごく便利だけど、ちょっと退屈だ」と語っている。

それに比べると、現実の裏原宿界隈はすっかり流行遅れになってしまった。ノーウェア、レディーメイド、リアル・マッド・ヘクティックはすべてこの地を去り、B級品のブランドや怪しげなストリートウェアの転売屋に取って代わられた。**しかし裏原宿ムーブメントの精神は、世界的なスケールで、今も衰えることなく保持されている**――ナイキの何百種という限定版のスニーカー、誰もマークしていない小売スペースでオープンする短期営業の店《ポップアップ・ストア》、ストリート・ファッションをテーマにしたウェブサイトのフォーラムでくり広げられる白熱した議論、そしてたった1種類のTシャツを買うチャンスを求めて、ニューヨークのシュプリームの前で長い列をつくる買いもの客のなかに。以前はステューシー、そして現在はアディダス・オリジナルズでクリエイティブ・ディレクターを務めるポール・ミットルマンは、日本産のストリート・ファッションが持つ歴史的意義を、こんな遠慮のない言葉で表現する。「ステューシーがストリートウェアをスタートさせたとしたら、ベイプはそいつを思いっきりぶちのめしたのさ」

20年以上別々に活動し、それぞれに成功を収めてきたにもかかわらず、藤原とNIGOの関係は今も、80年代末にはじめて出会った日のまま変わっていない。2014年にNIGOは、ふたりの写真をインスタグラムにアップし、『スター・ウォーズ』をネタにしたキャプションをつけた――「マスター・ヒロシとパダワン・NIGO」。しかしこのふたりの男たちは、どちらも独自のやり方で、世界のファッションを変貌させた。藤原ヒロシはアンダーグラウンドをそのまま主流的な日本文化に持ちこみ、結果として日本は文化エリートの仲間入りを果たした。ア・ベイシング・エイプは日本製のアメリカン・ファッションに大枚をはたくという概念を、アメリカ人に紹介した。このふたりのおかげで世界の文化的リーダーたちは、トレンドについていくのは、すなわち日本に常時目を光らせておくことだと思い知ったのである。

第9章

ビンテージとレプリカ

Vintage and Replica

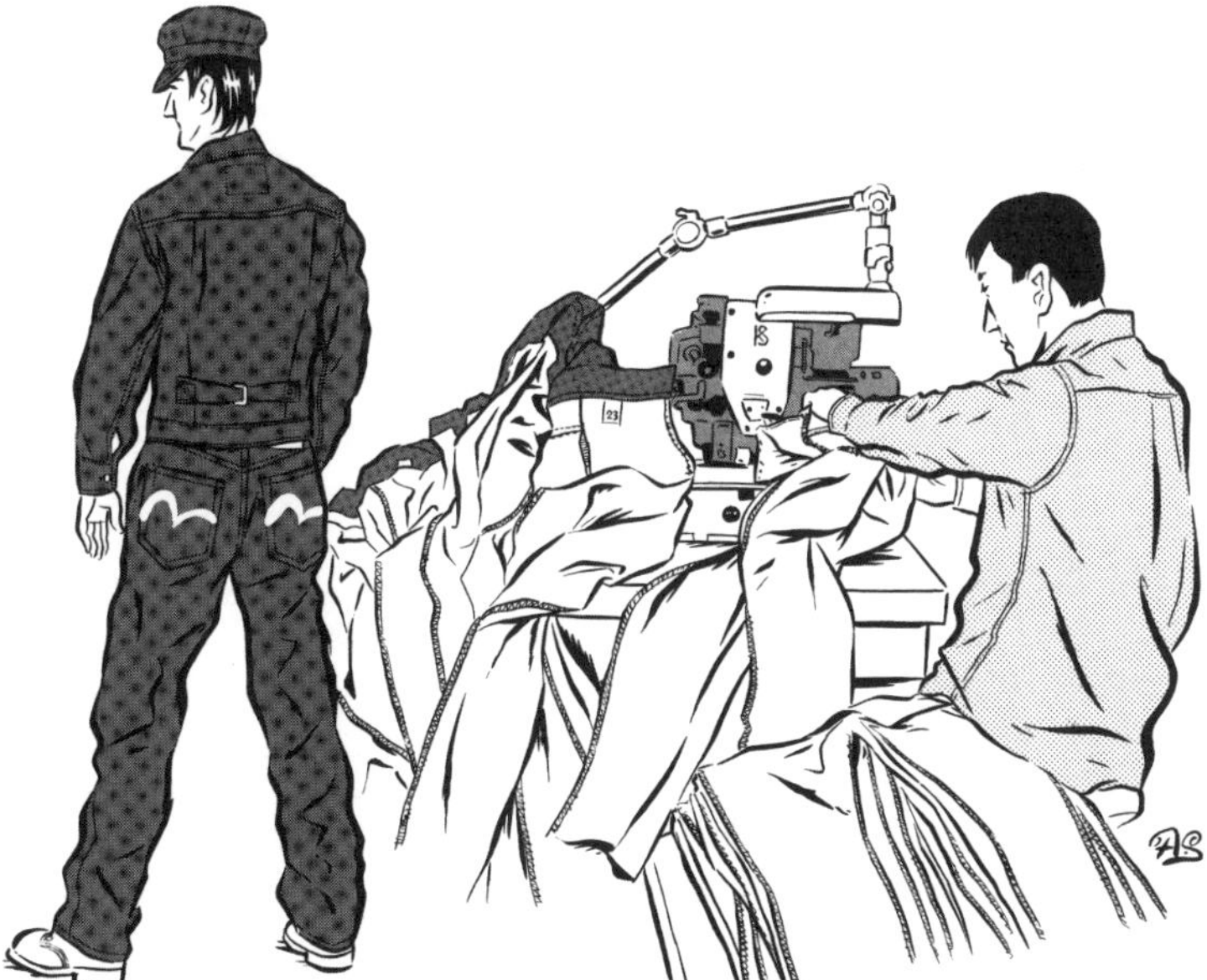

26歳の大坪洋介は1982年を通じて、毎週、ロスアンジェルスの銀行口座から現金を引き出し、札束を靴下のなかに隠していた。その後、さほど知られていないサウスゲート界隈に車で向かい、お気に入りの衣料品店、グリーンスパンズを訪れる。この店の埃っぽい棚には、過ぎ去った時代の衣類が無尽蔵にストックされていた。忘れ去られたリーバイスのジーンズ、無名メーカーのデニム・ジャケット、1950年代のソックス……。それらはすべて〝デッドストック〟――もはや製造元からは入手できない、未使用状態の古い商品だった。店を訪れるたびに新たなお宝を発掘していた大坪は、その年のうちにグリーンスパン一家お気に入りのお得意客となる。彼は棚をいつもきれいに片づけ、支払いはいつも現金だった――靴下のなかから引っぱりだした札束で。

大坪は毎週の収穫を、東京のアメ横にあるクリスプという小さな店に送った。クリスプはそれぞれの商品に、アメリカでの値札の2倍に相当する値段をつけた。9ドルのリーバイス501は3600円で売り出された。それでも十分手頃な値段だったため、『ポパイ』の若い愛読者たちは、毎週、ほぼすべての商品を買いつくした。クリスプは常時、在庫の補充を必要としていた。

大坪はローズボウル・フリーマーケットで追加の商品を探し、そこで出会ったビンテージ衣類を着ている人々に、手持ちの現金で買い取りを申し出た。大坪はこうふり返る。「最初はみんな、いや、これは2番目の皮膚みたいなものだからといって断ってきた。でも１００ドル出すというと、全員がお宝を売ってくれたよ」。数年のうちに日本におけるビンテージ衣類の需要は急増し、大坪はコロラドとカリフォルニアで、彼のために衣類を探してまわる〝拾い屋《ピッカー》〟のチームを使うようになった。

東海岸でも似たような動きがはじまっていた。１９８３年に学生の日下部《くさかべ》耕司《こうじ》は、東京の古着店から、アメリカの国内を旅してビンテージの衣類を買い上げる仕事を任された。日下部は以後10年を費やしてアメリカの49州を車でまわり、客足のおとろえたデパートや今にも崩れ落ちそうなウェスタン・ショップで売れ残った商品を買い漁った。「始めから、自分はなんかまあ仕事というよりも色々旅がしたかったんです」と日下部は認めるが、少なくとも最重要アイテムの見極め方は知っていた――バックパッチに〝ＸＸ〟と入っている古いリーバイス５０１のストレートレッグ・ジーンズ、そして誰も履いていない、コンバースとケッズのクラシックなスニーカーである。

大坪や日下部らの日本人バイヤーは、１９８０年代に急成長を遂げた日本アパレル産業の一分野におけるキープレーヤーだった――ビンテージの古着店である。先鞭をつけたのは、１９７０年代のなかばに50年代のデッドストックを売り出した山崎眞行のクリームソーダとガレージパラダイスだった。70年代の末になると、サンタモニカ、デプト、バナナボート、ＶＯＩＣＥ、シカゴが原宿で店を開き、日本における古着店の基本的なフォーマットが定まった。ビームスやシップスが新品の高価な輸入品を売る一方で、これらの店は1975年の『Made in U.S.A.』や毎月の『ポパイ』に掲載されていたアイテムの、もっと古くてもっと安価なバージョンを提供した。

ストックを絶やさないようにするために、これらの古着店は太平洋の向こうのアメリカにいる大坪や日下部のような個人バイヤーにレアなアイテム探しを依頼し、収穫品を船で送らせていた。ピカピカの真新しいショッピングモールに群れ集まるアメリカ人のかたわらで、これらの日本人バイヤーは、アメリカのハートランドにある、売り上げの少ない古びた小売店に出入りしていた。古い商品が見つかるのは、コンピューター化された在庫システムを使っていない店に限られたからだ。しかしこうした今にもつぶれそうな小売店の多くは、何十年も売れ残っていたジーンズや靴をなかなか手放そうとしなかった。日下部耕司はこうふり返る。「店の人は自分たちが持っているものは古いと思っていなかった。あとは、おじいさんで、地元の人にしか物を売らないような人もいて、やっぱり古いものが残っているお店って、オーナーが偏屈だったりちょっと変わっている人だったり、なんかあると思うんですね。そういう所に物はあった。だから、毎回その店に行って、もっといっぱい買いたいんだけど、洋服、4着、5着ぐらい買うと、『もう今日はこれまで』と言われて、また今度来いと言われて。そんな感じでその一軒のお店に30回以上に行った」

日本人バイヤーは全員が同じ夢を抱いていた——店の地下室に、自由に出入りしてみたい。どの

東京のビンテージ古着店。（撮影：エリック・クヴァテック）

店も金鉱である可能性、すなわち山積みにされたカビ臭いシフォンのランジェリーや流行遅れのカクテルドレスのあいだに、新品同様のビンテージ衣類が埋もれている可能性を秘めていた。ビンテージにインスパイアされたブランド、ポストオーバーオールズのデザイナーで、以前はバイヤーをしていた大淵《おおふち》毅《たけし》は、１９８０年代の終わりごろ、ニュージャージー州レッドバンクのデパートの地下室にデッドストックの大鉱脈があるのではないかと当たりをつけた。彼の回想によると――「従業員にちょっとずつ、下から服を持ってきてくれと頼まなければなりませんでした。オーナーはとても気むずかしくて、お金を必要としているようにも見えませんでしたね。20回以上は通ったはずです」。大淵はゴディバの箱入りチョコレートで彼女のご機嫌を取り、ようやく発掘を終えることができた。

バイヤーにとってもっとも儲けが大きい衣類は、一貫してビンテージのジーンズだった。1980年代のなかばになると、ビッグジョン、エドウィン、バイソン、ボブソンといった日本のブランドは、老若男女、あるいはファッション好きとファッション嫌いを問わず、ありとあらゆる人々にデニムを履かせることに成功していた。しかしこうした遍在化は、かつては魔法のような輝きを放っていた青いコットンのズボンを、安っぽい日用品と化してしまうことにもなった。日本全国で5000軒を越えるジーンズショップが、想像しうるありとあらゆるカットや処理を施したジーンズを山のようにストックして売りさばいていた。しかしテーパーのきついストーンウォッシュのジーンズにうんざりしていた純粋主義者たちは、黄金のスタンダードに対する憧れを募らせた——ストレートレッグでボタンフライのリーバイス501である。『チェックメイト』のようなファッション誌が、イタリア人やフランス人はみんな、リーバイス501をカジュアルなスタイルのベースにしていることを伝えると、この流れにはさらに拍車がかかった。

日本で501に対する関心が高まったのは、おりしもリーバイスのアメリカ本社が、商品の主力をクラシックフィットから、タイトジーンズ、コーデュロイ、そしてサーファーパンツに移していた時期のことだった。1984年、リーバイス・ジャパンは意図的にこの戦略から離れ、501をあらためて宣伝キャンペーンの中心に据えた。即座に売り上げは増大し、クラシックなアメリカーナに対する日本人の愛情に刺激されたリーバイスU.S.も、同年のロスアンジェルス・オリンピック開催に先立って〝501ブルース〟のコマーシャルをスタートさせた――アイコニックなストレートレッグのジーンズを履いた街角の一般人を、次々に紹介していくシリーズである。

しかし日本の消費者がどれだけリーバイス501を愛していようと、自国の店で手に入る公式な商品は、とうてい伝説の名にふさわしいものではなかった。1980年代後期に出た『メンズクラブ』のジーンズ・ガイドには「有名なリーバイス〈501〉、リー〈200〉、ラングラー〈13MWZ〉といった伝統的な商品も、品質という点では、少なくともかなり変化している。たとえば工程を節約した染色、コストの安い空紡糸の使用など、それは製造効率のアップを目指した結果であって、必ずしも品質向上につながるものではなかった。やはり失なったもののほうが大きいように思う」という記述がある。

だが、リーバイス、リー、あるいはラングラーに打てる手はほとんどなかった。1950年代以降、膨れ上がる世界的な需要を前にしたアメリカのジーンズ・メーカーは、よりスピードの速い、より安価な製造方法を追い求めるようになった。彼らは繊維工場と手を組み、時間のかかるリング精紡機からよりスピーディーなオープンエンド精紡機への転換を進めた。これによって布地がインディゴ染料を吸収するプロセスが、根本から変化した。繊維工場はまた、狭幅で動きの遅いドレーパーシャトル織機の船団を、ハイテクなプロジェクタイル織機に入れ替えた。日本の一般的な消費者はこうした工程の変化をほとんど知らずにいたが、それでもモダンなジーンズには、過去のバージョンにあった魔法が欠けているのを肌で感じ取っていた。大淵毅は回想する。「『Made in U.S.A.』の表紙には、リーバイス501の絵が載っていました。ですから**新しい501の色は、オリジナルとちがうのがわかったんです**。僕らはみんな、なんでこんなにちがうんだろう？　と不思議になりました」

古着店は幻滅したデニム好きたちに、はるかに上質なリーバイス、リー、ラングラーの古いモデルに立ち返る機会をもたらした。バブル時代の高い円のおかげで、アメリカの衣料は格安になり、1987年には全国的な古着店ブームが沸き起こる。ライフスタイル誌の『Boon』は、古着ファッションに焦点を当てることで低迷を脱し、こうしたムーブメントのガイド役を務めた。

しかし需要の急増は、価格の急騰を招くことにもなった。1983年の時点で、原宿のバナナボートでは1960年代モデルのリーバイスが2万2000円前後で売られていた。しかし80年代の終わりになると、この店は10万円の値段をつけたデッドストックのリーバイスをガラスケースに入れて陳列していた。新聞はレアなリーのカウボーイパンツが、原宿で200万円で売られていたと呆れたような調子で報じた。

莫大な利ざやが約束されているとあって、アメリカに向かう日本人バイヤーの数は急増した。若い新米たちは出発前に、細かな特徴でデニムの価値を見分けるコツを伝授された。もっとも重要な決め手となるのは〝赤耳〟――１９８３年以前にアメリカでつくられた、リーバイス５０１の白い縁《へり》に入っている赤いラインだった。アメリカの繊維工場が使っていた旧式のドレーパー織機が生み出すデニムは、縁が最初から折り返されていた。その部分が業界用語でいう〝セルビッジ〟である。コーンミルズのデニムはセルビッジに赤の細いラインが入り、このごく細かなディテールが、アメリカで製造された古いジーンズを見分けるもっとも簡単な方法だった。

セルビッジは必須だが、バイヤーたちはほかにも、本物の革パッチ（１９５０年代中盤まで使われていた）、ジーンズの内側からしか見えない隠しリベット（１９３７年〜１９６６年）、そして赤タグの〝ビッグＥ〟（１９３６年〜１９６９年）といった、より古いデザインの要素を探し求めた。こうしたディテールでデニムの年代を特定する方法は、まず小売業者とバイヤーのあいだで口コミで広がり、だがじきに消費者にも知れ渡ってしまう。学校の校庭では、ティーンたちがあたかも安楽椅子考古学者のように、古いジーンズの年代特定法を論じ合っていた。

その一方アメリカでは、ほとんど誰も古いリーバイスやリーのジーンズの潜在的な価値に気づいていなかった。数少ないアメリカのビンテージ古着店も、ワークウェアには目もくれず、もっぱら古典的なハリウッドの遺物――アロハシャツ、ボウリングシャツ、ズートスーツ、そして色とりどりのギャバジンシャツをあつかっていた。ニューヨークのスリフトショップは、夏になると当たり前のように、レアなリーバイスの脚部をカットしてショーツにした。ソーホーのビンテージ・ブティック、ワット・カムズ・アラウンド・ゴーズ・アラウンドのオーナーを共同で務めるセス・ワイザーは、「ニューヨーク・タイムズ」紙に「日本人が関わってくる前から、40年代、50年代、60年代のジーンズが別物なのはわかっていたが、それで価値が変わるようなことはなかった。全部、ただの〝中古ジーンズ〟だった」と語っている。

カメラマンのエリック・クヴァテックは、当時からビンテージのワークウェアを探し歩いていた数少ないアメリカ人のひとりだ。デッドストックのポリス・ジャケットを1000ドルで買い取りたいといわれた彼は、それを機に、スリフトショップでの宝探しを副業とするようになった。クヴァテックはレア・アイテムが山のように待ち受けているオハイオに帰った。彼はこう説明する。「ちょうど1990年代のはじめごろ、あの時代の労働者が次々に亡くなりはじめ、彼らの服が地下室から引っぱり出されて、スリフトショップに並んだんです」。オハイオには〝ビンテージ買い〟の条件がすべて揃っていた――安価な商品がふんだんにある上に、1ガロン1ドルのガソリンと一泊15ドルのモーテルは、車でのハンティングにうってつけだったからだ。クヴァテックは札幌の店と契約を結び、オーナーとのコミュニケーションを取りやすくするために、中西部一帯をドライブしながら日本語会話のテープを聞いた。

セコハン・ショップをかき回しながら、クヴァテックは決して自分の使命を、カウンターの向こう側にいる人間には明かさなかった。「知識がなによりも貴重でした」。そしてバイヤーは、在庫の価値をスリフトショップのオーナーに勘づかれないようにするために、スパイじみた行動様式を取った。なぜさまざまなサイズのジーンズを2ダースも買うのかと店員に訊かれると、クヴァテックは「作業員の制服代わりなんだ」と答えた。また１９９０年代後半の日本で起こったスニーカー・ブームに応えて、古いナイキ・エアマックス95を漁りはじめた時期には、陸上競技のコーチを装い、〝6－60〟や〝10－40〟といった架空のレースの話で店員を煙に巻いた。

日本、イギリス、そしてフランスのバイヤーは、アメリカ人の鼻先から、この国のデッドストックを大部分かっさらってしまう。１９９０年代のなかばになると、ほとんどなにも残されていなかった。するとバイヤーたちは中古のプリントTシャツやナイロンジャケットのような、よりありきたりなアイテムに手を広げ、おかげで〝ビンテージ・シルクロード〟の交易はその後も続行さ

エリック・クヴァテック。札幌のビンテージ古着店、アメリカン・シュガーの前にて。
（提供：エリック・クヴァテック）

れた。日本のショップはビンテージよりもこうした古着を歓迎した。選別の必要がなく、大量に、安く仕入れられたからだ。

1990年代の末になると、何千人という日本の若い起業家が、中古衣料のゲームに参入していた。1980年代当時から原宿で営業していた15軒そこその老舗店の周囲には、100軒を超える古着屋が林立し、そのぶん競争も激化した。アメリカの古着を専門で売る店の数は、全国で約5000軒と見積もられ、年間の稼ぎは数億ドルにおよんだ。原宿シカゴ単体でも、1996年の収益は15億円――10年前の2倍にのぼっていた。

あまりにも規模が大きくなってしまったせいで、原宿のメジャーな小売店は、海外の拾い屋たちを正真正銘の軍団に再編成した。日本のあるビンテージ古着屋チェーンはイリノイにアパートを借り、従業員たちはそこを拠点に、中西部一帯を週に7日、車でまわりつづけ、一度に車10台ぶんの古着を買い取っていた。また一部のチェーンは、第三世界向けに売れ残りの中古品を荷台に載せて出荷する流通業者――いわゆる〝ラグハウス〟――を直接訪ねた。上物を手に入れたければ、ヒスパニック系の労働者を口説く必要があったため、バイヤーのなかにはスペイン語を学んだ者もいた。アメリカの各地で10軒の倉庫と契約した原宿のVOICEは、古着をトン単位で買い取り、それを日本で選別した。その後、VOICEは大量の倉庫スタッフを雇ってそうした衣類を近所のコインランドリーで洗濯し、シミを取り、ジッパーを直し、取れそうなボタンを縫いつけさせた。

FILE3

501"E"のフラッシャーには、最低6パターンが存在する

501のパッチとフラッシャーを解読！

1 S501XX革ラベル（～'47年）

←S501XXのロットナンバーでギャランティーの文字（"Every Garment…"）入り。Garmentとは表示のこと

2 501XX革ラベル（'44～'55年）

←本革レザーで501XX（Sなし）のものはWWⅡモデルの途中から現れてきた。デッドなら安くても30万円以上する

3 501XX紙ラベル（ギャラ入り／'54～'60年）

←本革だと洗っていくうちに縮むため紙製のものに変えられた。記載されている文字などは本革のものと同じである

4 501XX紙ラベル（ギャラなし／'60～'65年）

←ロットナンバーとサイズ表示上のギャランティー文字が消える。そのため「オリジナル・リベット」表示の上に間かくができた

5 501XX（Made in U.S.A.表記／'64～'66年）

←501とXXとの間が広くなり、XXの上に"Made in U.S.A."の文字が入ってくる。最後のXXモデルでヒップポケはバータックだ

6 501XX501（'66～'68年）

←ロットナンバーの上に501XXの文字が入る。またWPL423という合衆国で登録しているメーカー番号や100% Cotton表示も入った

7-a 501・501（'66～'68年）

←これはロットナンバー上にXX（ダブルエックス）文字が消えた小さな501文字入り。一般に501・501と呼んでいるモデルだ

7-b 501・501-0117（'66～'68年）

←今度は同じ501・501でもロットナンバーのあとに0117の番号入り。01は501専用デニムを、17は色番号を表している

8-a 501・Aタイプ（'67～'69年）

←A、S、F、の文字は生産工場説もあるが'66年に社内に作られた品質審査部による検査によるとの説が有力。Aは文字通りA（優）を示す

8-b 501・F

←Fは(FAILURE)つまり不可だ。特にテキサスのサンマンジェロ工場に多かったようだ

8-c 501・S

←Sは"SATISFACTORY"つまり良を示している

9 501"E"（'69～'70年）

←ロットナンバーが501だけのもの。いわゆる赤タブがビッグEといわれているものにはこのレザーパッチが使用されている

10-a 501"E"66モデル（'69～'71年）

←ビッグEの66モデルのものにはロットナンバー上に"CARE INSTRUCTIONS INSIDE GARMENT"（内側の表示を読んで）の文字入り

10-b 501"e"66モデル（'71～'75年）

←スモールeの66モデルになるとロットナンバーの501が"CARE……"のちょうど真ん中に。デザイン性を重視して移動した

40

『Boon』誌掲載のジーンズ・ガイドより、リーバイス501の
さまざまなタグを比較したページ。（提供：祥伝社）

市場がピークに達した1996年、日本は13億円相当の中古アメリカ産衣料を買い取っていた

（1991年はわずか2億4000万円）。そして日本に入ってくるのは、ほとんどがアメリカからの衣料だった。1995年にアメリカから輸入された中古衣料の重量は、2位の輸入先だったカナダのおよそ23倍。日本ではずっと英国産のファッションが影響力を持っていたにもかかわらず、イギリスからの輸入量は、アメリカのはるか後塵を拝していた。アメリカの人口はイギリスの4倍だったのに対し、アメリカから入ってくる衣類の量は、イギリスの70倍にもおよんだ。

日本の親世代は、アメリカの中古衣料ブームが、バブル経済の終焉を受けた、景気後退期特有の重苦しい心情を反映しているのではないかと懸念した。しかし若者たちの心情は、180度ちがっていた──アメリカの古着は貧困の象徴ではなく、文化的、経済的な進歩のあらわれだったのだ。1950年代のリーバイス501XX以上にリアルで、アメリカ的な──そして高価な──ものは存在しなかった。

ビンテージの衣類はまた、まったく新たな年配の男性層をアパレル市場に引きこむことにもなった。**この男性たちは『ポパイ』も『Boon』も読まず、代わりに『モノ・マガジン』という消費財専門誌を熟読していた。**出版元のワールドフォトプレスは、1970年代を通じてアメリカのジェット機、戦車、原子力潜水艦に関する書物を刊行していたが、1990年代に入ると、古いワークウェアや軍のフライトジャケットの写真に新たな儲け口を見いだした。『モノ・マガジン』の読

者はビンテージのジャケットやジーンズを着用するよりも、収集品として自室に大切に飾っておくことのほうが多かった。しかし彼らのコレクションは、『Ｂｏｏｎ』のような雑誌がリーバイス・ジーンズの変化を時代順に追った記事をつくる際の重要な情報源となり、するとこうした記事が新米のデニム・ファンに、細かな情報を広めるのだった。

原宿ＶＯＩＣＥの高橋健は、１９９７年にこんな不満を述べている。「もともと、古着っていうのは〝安い〟というところに、よさがあるわけです。安くて誰でもアメリカの気分になれる、それが古着だったんです」。しかし年長のコレクターからの需要が高まると、ビンテージ衣類の価格はなおのこと高騰した。すると１９９０年代の末に、アメリカ人がこの日本特有の現象に気づいた。ベテランの日本人バイヤーは、アメリカのショップオーナーの前ではうかつな真似をしないように気をつけていた。だがぽっと出の若い日本人がラグハウスで『Ｂｏｏｎ』のページを開き、お宝の写真を指さすような真似をしたせいで、**ついに秘密が露見してしまったのだ。**キャプションの値段に目を留めたラグハウスのオーナーたちは、そのおこぼれに預かろうと、日本人向けの価格を改訂しはじめた。

同時期、エリック・クヴァテック、日下部耕司、大淵毅らの紳士的なバイヤーたちは、浅はかな新参者以上に忌むべき敵に遭遇した――ジョン・ファーリーという、ユタ州オレム出身の野心的なビジネスマンである。モルモン教の宣教師として１９８０年代を日本で過ごした彼は、数人のショップオーナーに、アメリカからビンテージ・アイテムを送ってほしいと依頼を受けた。こうした小さな好意がやがて、ファーリー・エンタープライズという一大企業に発展した。いとこのヒュー・ファーリーは東海岸のラディソンズという小さな町で部屋を借り、古いリーバイスやナイキを買いますという広告を新聞に出した。ヒューは収穫品をオレムのジョンに送り、ジョンはそれを800人の日本人ショップオーナー相手に、ウェブサイトで競りにかけた。ピーク時の1996年になると、ファーリー・エンタープライズから日本に出荷されるレアなアメリカ産スニーカーの数は毎週600足におよび、32人の従業員を抱える彼の会社に、320万ドルの収益をもたらしていた。

ファーリーの超効率的な配給システムは、密やかにおこなわれるスリフトショップ・ハンティングの面白味を奪いとってしまう。それでもまだ、彼は満足しなかった。とどめにこのユタの起業家は、『ウォンテッド・イン・ジャパン』と題するガイドをアメリカ全土のスリフトショップに送付した。どういった古着を探せばいいのかを細かく指南し、各アイテムの標準価格を記載したブックレットである。上物がすべて、ファーリー・エンタープライズに届くとは限らない。だが少なくとも床に放置された、古着の山に埋もれていることはなくなった。

ファーリー・エンタープライズの台頭、ラグハウスに情報を漏洩する若い日本人バイヤーの急増、eBayのようなネットオークション・サイトの誕生、そして円の暴落とともに、日本人によるアメリカ産ビンテージ衣料の壮大なる探索行は、20世紀の末に幕切れを迎えた。原宿に本拠を置くメ

ベルベルジンの地下にあるビンテージ・ジーンズ・セクションで、1946年型のレアな“グリーン・スタンプ”501を手にする店長の藤原裕。

ジャーなチェーン店は、依然として日本のファッション市場の重要な一翼を担っていたが、小規模な店の多くは一夜にして姿を消した。ビンテージ衣類の大ブームによって、アメリカから日本に移送された衣類の量は、最終的に史上最大を記録し——終戦直後の慈善活動や軍関係の出荷、いや、現役のブランドが定期的にオーダーする新品の衣類の量すらはるかに凌駕していた。スケールは縮小されたものの、この中古品のシルクロードは現在も稼働している。たとえば原宿のシカゴは支店のストックを賄うために、毎月、大量の衣類をアメリカから輸入し、セントルイスのダウンタウンと茨城県に専用の倉庫を構えているほどだ。

もっともレアなアメリカの衣類、とりわけ

デニムとワークウェア系のアイテムは、控えめにいっても3分の2が、現在も日本人の手中にあると大坪洋介は見積もっている。具体的には「原宿のベルベルジンの地下室が、ビンテージ・ジーンズに関しては全世界でもっとも重要な場所でしょう」。このちっぽけな地下の部屋に、ベルベルジンはあらゆる時代のリーバイスを無造作に並べ——ボロボロの革パッチがついた1930年代ものを、およそ1万ドルで販売している。一方で千葉県には、ひとりで3000本のリーバイスを所有するコレクターもいる。30年前に古いリーバイスのブームに火をつけたバナナボートは、現在も何十本という1966年型リーバイスのデッドストックをガラスケース一杯に陳列中だ——それぞれに20万円の値をつけて。

この値段ではとても、普通のティーンがビンテージの未着用リーバイス501を買うことはできない。だがそれはもはや問題にならなかった。オリジナル以上にすばらしいレプリカが登場し、その必要をなくしてしまったからだ。

1980年代のなかば、メンズビギやコムデギャルソンのようなデザイナーズブランドを買うお金がなかった大阪の高校生、辻田幹晴《つじたみきはる》は、代わりにこの街の若者が集まるアメ村の古着店で買ったフランネルシャツや、古いリーバイス501をワードローブの中心にしていた。それは辻田にいわせると、おしゃれがしたくてもお金がなかったからだった。彼はもっとも早い時期に大阪で輸入のデッドストックを売り出した古着店、ラピーヌの熱心な常連客となった。

１９８９年の初頭のこと、いつものように店を訪れていた辻田に、店長の山根英彦が驚くべき計画を打ち明けた。**ビンテージのアメリカ産モデル特有の特徴を忠実に再現した、新しいジーンズをつくりたい**――アメリカから取り寄せるビンテージものは、あまりにも価格が跳ね上がっていたため、だったらいっそ〝オールドテイスト〟の新しいジーンズをつくってやろう、と山根は思い立ったのである。感銘を受けた辻田は、広告代理店の仕事を辞めてラピーヌに入った。辻田と山根はどちらも、偉大なビンテージ・ジーンズの特質をすべて知りぬいていた――革パッチ、銅リベット、チェーンステッチの裾、そしてもちろんセルビッジ・デニム。あと彼らに必要なのは、こうした古い特徴を備えた、新しいジーンズをつくるためのノウハウだった。

最初の仕事はセルビッジ・デニムの調達先を見つけることだ。１９７０年代にデニムの製造をはじめた日本の繊維工場は、最初から近代的なスルザーのプロジェクタイル織機を使っていた。そのためこの国にはセルビッジ・デニムづくりの伝統がなく、最初のこころみがなされたのは１９８０年、ビッグジョンが布地の供給元だったクラボウに、通常は帆布づくりに使われる豊田の古いシャトル織機で、デニムをつくってほしいと依頼したときのことだった。次に同社はセルビッジ・デニムを、ビッグジョン・レア――輸入したタロンのジッパー、本物の銅リベット、そして伝統的な〝和紙〟製のラベルをフィーチャーした１本１万８０００円もするジーンズの売りものにした。だが通常の3倍の値段がつけられたビッグジョン・レアはほとんど売れず、その失敗はほかの大手メーカーを、セルビッジ・デニムの実験から遠ざけることになった。

代わりにクラボウは、古典的なアメリカ産デニム特有の手ざわりを再現することに、その技術力を注ぎこんだ。1985年、この繊維工場は最先端の技術を用いて、大量生産の時代以前の布地では当たり前だった糸のムラを甦らせる〝ムラ糸〟をデビューさせた。この糸でつくったデニムは〝縦落ち〟として知られる垂直のライン——ジーンズ純粋主義者がもっとも珍重する特質——を描いて色落ちした。長年クラボウで働いてきたベテランのデニム商人、アンドリュー・オラーの説明によると「1950年代まで、ジーンズに用いられるリング精紡の技術は非常に貧弱なものでした。まっすぐな糸をつくろうとしてもできなかったのです。インディゴの色が落ちると、そうした欠点が布地全体であらわにされました。**しかしそれを欠点と見なす代わりに、日本人は商品のいちばんの特徴と考えたのです。**そこで彼らは糸ムラという欠点を再現しました。業界自体はもっと安くて、清潔で、スピードが速く、多くの問題を解決してくれるオープンエンド精紡機に移行しましたが、日本人はそれをよしとしなかったのです」

クラボウはまずムラ糸のデニムを、日本の市場ではなく、エヴー、シェビニオン、シピーといったフランスのライフスタイル・ブランドに売った。こうしたブランドの501に対するヨーロッパ大陸的なオマージュに、ムラのある日本製デニムはまさしくうってつけだった。するとこれらのフランス製ジーンズがきっかけになって、今度は日本人が古いジーンズのクローンをつくろうとしはじめた。ビンテージのコレクターだったファッション業界のベテラン、田垣繁晴《たがきしげはる》は1980年代のはじめ、パリでジャン・シャルル・ドゥ・カステルバジャックとピエール・カルダンの仕事をしていた時期にフランスのデニム・ブランドに行き当たった。1985年に帰国した田垣は、ステュディオ・ダ・ルチザンというフランス語もどきの名前を持つブランドを設立し、戦前のモデルの真髄をとらえたプレミアムジーンズの製造に乗り出した。

彼の傑作、DO－1は1986年にデビューを飾った。たとえば1930年代のリーバイスについていたバックバックルのような、もう何十年も廃れていた特徴を甦らせたジーンズである。リーバイスの有名なロゴをパロディー化したDO－1のパッチには、馬の代わりに、1本のジーンズを左右から引っぱる2頭のブタがあしらわれていた。2万9000円というDO－1の価格は、ファッション業界と消費者の双方に衝撃を与えた。そして6年前のビッグジョン・レアと同様、ステュディオ・ダ・ルチザンのジーンズはほとんど売れなかった。それでも田垣は諦めなかった。岡山のデニム工場、日本綿布と手を組んだ彼は、幅3フィートの小さなセルビッジ織機で高品質の布地をつくり、〝本藍染〟という伝統的な天然藍で染色した。

それとまったく時を同じくして、レトロなフレンチ・ジーンズは、東京のずっと名が通ったジーンズ・メーカーにも影響をおよぼしていた――リーバイス・ジャパンである。パリのショウウィンドウでクラシックな501のコピーを目にした重役の田中肇は、リーバイスにもビンテージを再現する、独自のラインが必要だと思い立った。だが目の肥えた日本の顧客が相手だけに、生半可な真似をするわけにはいかない。そこで田中はコーンミルズにセルビッジ・デニムの再生産を要請したが、尻込みした工場の本社は首を縦に振らなかった。やがて、フレンチ・ジーンズのデニムはクラボウが手がけていることを知った田中は、この工場に独占供給契約を申し出た。1987年、リーバイス・ジャパンは同社初のレプリカ・モデル、701XX——バックバックルがついた1936年型501XXの複製——をデビューさせる。**ヨーロッパが独自にビンテージのリメイクを開始するのはその1年後、アメリカにいたってはその2年後だった。**

ラピーヌのためのジーンズづくりに着手したとき、山根と辻田はこうした先人たちの努力を十二分に意識していた。彼らは店でステュディオ・ダ・ルチザンのジーンズを売り、ドゥニームという神戸のブランドにも注目していた。そこではデザイナーの林芳亨《はやしよしゆき》が、1966年型の501をモデルにしたジーンズをつくっていたのだ。しかしステュディオ・ダ・ルチザンとドゥニームが、アメリカのビンテージに対する憧憬を、シックなヨーロッパ風味というフィルターに通していたのに対し、山根と辻田はよりアメリカン・クラシック的なジーンズづくりにこだわっていた。

ラピーヌがようやく初のレプリカ・ジーンズを発売したタイミングで山根は退社し、独自のデニム・ブランドを立ち上げた——エヴィス（EVIS）である。その名前はリーバイス（Levi's）の

〝L〟を取って、漁業と幸運の神様、戎《えびす》と同じ読みにした、気の利いたジョークだった。山根は「中学生のとき放出品屋で初めて穿かせてもろたGパン」にそっくりなジーンズをつくりたいと願っていた――ベルトで締めることを想定したルーズなウェスト、テーパードレッグ、そしてドレープしたボトム。彼は300本のジーンズをつくり、ほかにもバリエーションがあるように見せかけるために、その半分の尻ポケットに、リーバイスの象徴的な弓形のスティッチをなぞって〝カモメ〟状のアーチを白でペイントした。現在の山根は「半分冗談、ジョーク」だったとふり返る。だが誰も買わないだろうと予想していたペイント入りのジーンズは意外にも売り切れ、彼は残りのジーンズにもアーチをペイントした。エヴィスが本格的に稼働しはじめると、辻田もラピーヌを辞め、膨れ上がる需要に対処する山根の手助けをした。

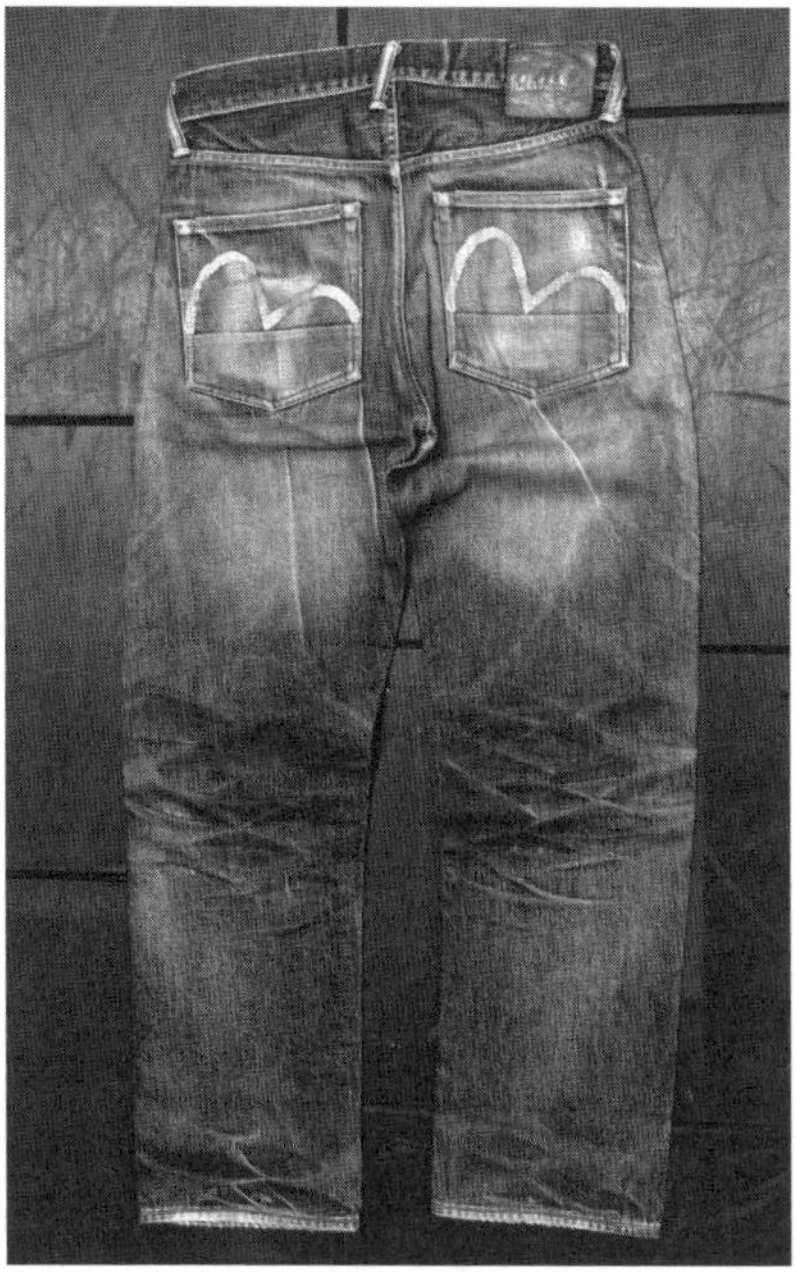

たっぷり履きこまれたエヴィスのLot.2000ストリート・フィット・ジーンズ。（提供：EVISU）

ビンテージにインスパイアされた大阪のジーンズ・メーカー

が形成する小さなサークル――ステュディオ・ダ・ルチザンの従業員、ドゥニームの林と、山根、辻田、そしてエヴィスで働く二十歳そこそこのふたごの兄弟、塩谷健一《しおたにけんいち》と康二《こうじ》――は、毎週、山根のオフィスに集まって酒を酌みかわし、ジーンズ製造のヒントを交換した。しかし時がたつにつれて、次第に意見が分かれはじめた。辻田と塩谷兄弟は、もっと初期のアメリカ産モデルに近づけたジーンズをつくるべきだ、と山根に迫った。山根は自分のデザインを弁護した。「ヴィンテージそっくりに作るんは簡単やろ。誰でもできる。そんなんはただのコピーや。わしにしかでけへん、ほかのやつがせえへんほんまもんのオリジナルを創らなあかんねん」。彼の考えは、本人の説明によると「アメリカの物をパクるだけじゃなくて、日本人の僕が見たアメリカということで日本の感覚というのをもっと出したいなあ」というものだった。しかし辻田は納得せず、ペイントされたカモメよりも「もうちょっとシリアスなやつを、ピュアーなやつを作りたい」と考えていた。

辻田はビンテージ・リーバイスの段ボール箱を空け、そのすべてをバラバラにした。モダンなジーンズよりもはるかに履き心地がいい理由は、その内部に隠されているのではないかと考えたのだ。彼はすべてのディテール、すべてのスティッチを念入りにチェックした。布地をほどいて糸を調べた辻田はやがて、古いジーンズが、ずっと繊維の長い綿を使っていることに気づいた。紡糸の技術が進歩した1990年代には、繊維の短い綿からも高品質の糸をつくることが可能になり、逆に長繊維綿は、高価な贅沢品となっていた。リサーチにリサーチを重ねた辻田は、ジンバブエから、あまり知られていない比較的な安価な長繊維綿を輸入した。岡山の繊維工場の助けを借りて、彼はこの綿からデニム生地をつくった、世界初の人物となった。

辻田は自分のブランドをフルカウントと名づけ、最初のジーンズを1993年に売り出した。しかし当時はまだ、古着店の多くがモダンなレプリカに懐疑的だった。彼はこうふり返る。「最初は営業の人のほとんどは『偽物は嫌』といわれていた。でも電話じゃ駄目だから持って行って自分で穿いているのを見せると『なにそれ、すげー』となった」。大阪のジーンズは、こうした店の商品展開にうまく合致していただけでなく――簡単に再注文できる、ビンテージそっくりな製品を提供したのである。

1991年、エヴィスの従業員だった塩谷健一と康二の兄弟は、さらにディテールにこだわってビンテージを再現する、ウエアハウスという独自のブランドをスタートさせた。これで大阪の主だった独立系ジーンズ・ブランドは5つになった――現在では〝大阪ファイブ〟として知られるステュディオ・ダ・ルチザン、ドゥニーム、エヴィス、フルカウント、ウエアハウスである。『モノ・マガジン』がエヴィスをビンテージ狂いの読者に紹介すると、山根のジーンズは月に2000本ずつ売れるようになった。『Ｂｏｏｎ』などの雑誌は、大阪ファイブのジーンズを、裏原宿のＴシャツと組み合わせたスタイリングで全国の読者に紹介した。ティーンはバナナボートのショウケースに飾られた10万円のデッドストックを追い求める代わりに、その4分の1の値段で、履き心地のいい、サイズの合ったレプリカを買い求めるようになった。

1996年になると、フルカウントは1年に10万本のジーンズを販売していた。エヴィスの需要は、岡山に自前の工場を開けるほどの量に達した。この時点で日本最大のジーンズ・メーカーだったエドウィンもやはり、レトロ・デニムに力を入れはじめ——アメリカ人俳優のブラッド・ピットを起用した〝ニュー・ビンテージ〟ライン、505のテレビCMシリーズに大金を投じた。色あせたビンテージ501のライトブルーで彩られていた原宿は、深い藍色をしたアンウォッシュのこわばったデニムを履いてぎこちなく歩く若者たちのおかげで一気に暗くなった。

ティーンが小規模なブランドと大手メーカーの両方からビンテージのスタイリングを漁るようになると、新しい会社がその流れに乗じて、5ポケットのデニム・ジーンズ以外の古い衣服を複製しはじめた。1980年代の末にはすでに、神戸のザ・リアルマッコイズが、アメリカ製A‐2フライト・ジャケットのほぼ完璧な再現版をつくっていた。その成功をきっかけに、彼らはアメリカ軍のさまざまな制服やジャケットに手を広げた。一方で東京の東洋エンタープライズは、バズリクソンズのブランド名で、同様に再現度の高いアメリカ製フライト・ジャケットの複製を売り出した。

1945年に日本の都市部をくまなく爆撃したとき、アメリカ軍のパイロットは、ほぼ確実に、それとよく似たジャケットを着用していた。ではこうしたアメリカの軍服に対する関心は、全国スケールのストックホルム症候群だったのだろうか？　原宿VOICEの店員はかつて、古着ブームを次のように評した。「敗戦国だからなのかなぁという感じがしますね。日本が勝ってたら、いまごろアメリカ人が競ってキモノを着てたかもしれません」。しかしこれらのジャケットは、かならずしもアメリカ的なクールさの条件反射的な容認ではなかった。一部の中年日本人男性にとって、アメリカの軍服は普遍的なマチズモと同時に、占領時代に対するノスタルジーを喚起させるものだった――おりしも日本の歴史にアメリカーナが登場しはじめた、象徴的な時代である。模造品のフライト・ジャケットはまた、日本の戦争責任に対する罪悪感ぬきで、軍事に〝健全〟な関心を示す機会を中年の男性たちにもたらした。

１９９０年代の末には、急増した古着屋とレプリカのラインのおかげで、消費者は新旧を問わず、アメリカの典型的な衣類を実質的になんでも購うことができた。大阪ファイブとそのフォロワーたちがプレミアムジーンズに行き着いたのは、リーバイスの黄金時代を甦らせたいという、アメリカ産デニムに対する深いの憧憬の念がきっかけになっていた。しかし同時に日本には、古典的なアメリカン・スタイルの枠を破り、もっと新しいことに挑もうとしている一派もいた。**デニムはずっと日本的な色合いを帯びようとしていた。**

神戸育ちの平田《ひらた》俊清《としきよ》は、一度もジーンズを履いたことがなかった。体育会系の彼は、カウンターカルチャーよりも武道が好みだった。「その頃ロングヘアーは一番嫌やんか」。１９７０年の大阪万博期間中に開かれた空手のトーナメントで、外国人の選手に海外で武道を教えてみてはどうかと勧められた平田は、神戸港に停泊していたブラジル行きの船に乗りこみ、ハワイで下船した——まったくなんの書類も持たずに。平田はまずジムで働き、その後は国外で暮らす日本人のネットワークに助けられながら、アメリカ全土でさまざまな冒険をくり広げた。1970年代の初頭のことで、ヒッチハイクで旅をしていた彼は、ジーンズがヒッピーだけでなく、万人に愛用されていることを知り、自分でも1本購入した。

帰国した平田は、大学卒業後、妻となる女性に出会い、若いカップルは1975年、彼女の故郷、岡山県の児島に居を移した。仕事を探していた平田は大手のジーンズ・メーカー全社の門を叩き、けっきょくジョンブルに就職した。「ジーパンには興味がなかったですよ。仕事はなんでもよかった」と平田は主張するが、数年後の彼は縫製職人として、地元で伝説となるほどの技術を身につけていた。しかし腕前が上がるにつれて、彼はアメリカの流行に過剰に依存する児島のブランドに飽き足らなくなってきた。「ますますアメリカのコピーに特化して行くわけ。そこにギャップあって、それで嫌になった」

平田は1985年にジョンブルを辞め、アメリカのオリジナルを凌駕するジーンズづくりを目指して、独自の会社、キャピタル（Capital）を設立した。児島のほかのメーカーとは対照的に、平田は「アーキュエットステッチがなくても、あーこれがどこのブランドだなというのがわかるよう

岡山のデニム・ブランド、キャピタルを創設した平田俊清。(撮影:エリック・クヴァテック)

なジーンズをつくりたい」と考えていた。ユニオン・スペシャルというビンテージのミシンを買い入れた彼は、脚が1本よけいにあるのと同じくらい過激なジーンズをつくってみせる、と友人たちに豪語した。素材や縫製や処理に関する実験をじっくりと重ねた末に、平田は新品のジーンズで古着ならではの風合いを再現した(2本脚の)プロトタイプを完成させた。

平田を最初に引き立てたのはゲン垂水《たるみ》——東京の人気衣料品店、ハリウッドランチマーケットのオーナーだった。VANヂャケットに勤務したのち、1970年代のカリフォルニアに渡米していた垂水はその後、日本でもっとも早い時期に、古着店をスタートさせた人物で、アメリカの古着とオリジナル・ブランドのミックスで大々的な成功を収めるハリウッドランチマーケットを築き上げた。商品はどれも素朴で、かすかに日本的な風味をただよわせていた。おりしもストーンウォッシュが流行りはじめた時期だったため、垂水はすぐさま、平田のサンプルに施された手仕事に好感を持った。垂水は彼に「人に感銘を与えられる日本らしいものを作りましょうよ」と告げた。その結果生まれたジーンズ――**ビンテージなアメリカの美学と卓越した日本の職人技との融合**――は大当たりを取った。

キャピタルは1980年代の末から1990年代の初頭にかけて成長をつづけ、ヒステリックグラマーのような東京のブランドのほかにも、関西のデニム・ブランド、ステュディオ・ダ・ルチザンとドゥニームのためにジーンズを製造した。平田はその後、アメリカのビンテージ、フランスのリゾートウェア、イタリアの仕立て技術と、日本の伝統的な職人技をブレンドさせたユニークな美意識を掲げるブランド、45rpmという新たな同志にめぐり会う。平田の息子の和宏もデザイナーとして働いていた45rpmは、こうした異なるスタイルを〝わびさび〟というコンセプトでひとつに束ねていた。不完全さのなかに美を見いだす、禅宗の観念である。平田のあらかじめ古びさせたジーンズ――レザーパッチの消えそうなプリントや、履きならした状態でも鮮やかな藍色を保つデニムは、45rpmの理想を具体化していた。日本出自であることを強く打ち出すために、45rpmのジーンズは、たとえば〝縄文〟のような日本の古代史に由来するモデル名を使っていた。

2000年、45rpmはニューヨークのソーホー地区にショップを構え、プレミアムデニムをアメリカ人に売りはじめた。異国の土地で、このブランドはオーガニックな生地の使用や職人的な染色のプロセスを強調し、日本的なルーツをさらに前面に打ち出した。彼らはアメリカ人カメラマン（そしてかつてのビンテージ・バイヤー）のエリック・クヴァテックに、古都の奈良で仕事をする職人たちをモデルに使ったカタログや、服地の撮影を依頼した。クヴァテックはこうふり返る。「日本的な品質とはどういうものなのかを、よりよく理解できるようにと、彼らは僕を奈良に連れ出し、神社や仏閣を探索させた。ほかにもお茶の師匠と一緒にすごしたり、天然藍の染色工房を訪ねたり、アンティークな日本の織物の専門家と一緒にすごしたりしたよ」。**45rpmは平田親子の助けを借りて、疑似ビンテージのアメリカン・ファッションと、何世紀もの歴史を持つ日本の職人技を継ぎ目なく結びつけた。**以来、この2つのコンセプトは深くからみ合っている。

　同年、平田俊清は息子を45rpmから呼びもどし、オリジナル・ブランドのキャピタル（Kapital）をスタートさせた。児島のダウンタウンに本拠を置くキャピタルは、アメリカの自由奔放《ボヘミアニズム》さと日本の〝ものづくり〟の伝統の融合をさらに推し進めた。ブランドのロゴは2つの青い手、ほぼ永久的に青く染まった藍染め職人の手のひらだった。キャピタルは土着的なアイデンティティとアメリカン・スタイルのあいだに生じる緊張を好んで題材に取り上げ――たとえば8世紀の〝柿渋〟という染色のテクニックを用いたかと思うと、〝FARMY〟と記した米軍のTシャツの平和主義的なパロディーをつくったりしている。年に2回刊行されるブランド・カタログの撮影は、2

005年以来エリック・クヴァテックが担当し、誌面には日本製の布地を使った、つぎはぎの、軍服にヒントを得た、キャピタルの服に身を包んで、世界各国の田園的なスペースに集うモデルたちが登場する。カタログのタイトルも、実在しないグローバルな放浪者《バガボンド》たちの星をイメージさせるものだ――『Sea Gypsies（海のジプシー）』、『Azure Anarchy（空色のアナーキー）』、『Denimng for Sunken Treasure（沈没した宝物のためのデニム）』、『Colorado Hippies（コロラドのヒッピー）』

45rpmやキャピタルのずっと前から、エヴィス（当初は〝Evis〟と綴っていたが、リーバイスの弁護士チームからの攻撃に備えて〝Evisu〟に変更していた）は日本産であることを堂々と打ち出しながら、クラシックなアメリカーナを海外で売り出していた。同社の山根英彦は1994年、白いカモメのジーンズをニューヨークやロンドンのDJ、セレブ、そしてストリートウェアのファンの必携品とするために、イギリスのビジネスマン、ピーター・キャプロウと手を結んだ。パパラッチはこのジーンズをはいたサッカー選手、デイヴィッド・ベッカムの姿を撮り、ベッカムはその後、金糸と18金のボタンを使った限定版モデルを購入した。アメリカではジェイ・Zが2001年のシングル〈ジガ・ザット・ニガ〉でエヴィスを推し、アトランタのヤング・ジージーは〈バリー・ミー・ア・G〉で、エヴィスと一緒に埋葬されたいと訴えた。

東洋的なデザイン・モチーフを用いることで、自社のジーンズを現代のアメリカ産ジーンズ以上に〝正統的〟な地位に就かせる――それがエヴィスの戦略だった。彼らのジーンズは、アメリカ人にはもはやつくれないものを懸命に再現する日本の優秀な職人たち、という物語を内包していた。1990年代末のマスコミは一様に山根を、効率と利益しか頭にないアメリカのブランドに打ち捨てられた〝リーバイスの織機〟を買い取った男として紹介した。これは多くの面で真実ではない――リーバイスは一度も織機を所有していたことはなく、コーンミルズの旧式なドレーパー織機は日本人ではなくクズ鉄屋に売りはらわれ、日本のデニム工場は以前からすでに、高品質の豊田セルビッジ織機を所有していた。にもかかわらずいっさいの経費を惜しまず、ビンテージのディテールを再現した日本のジーンズ会社という物語があまりにもまことしやかに聞こえたせいで、この神話は根強く残っている。

そしてひとたびエヴィス、45rpm、キャピタルが日本産デニムの優位性を確立すると、新興のジーンズ・ブランドは当然のように、自国の歴史にインスピレーションを求めはじめた。大阪のサムライは自社のモデルに〝ゲイシャ〟、〝ヤマト〟、〝ゼロ〟（第2次世界大戦の戦闘機から）といった名前をつけた。岡山からは桃太郎ジーンズが登場した。こうした日本産デニムの盛り上がりを受けて、児島地区は数々の小規模ブランドに、この街の〝シャッター街〟で店を開いてほしいと声をかけ、それを〝児島ジーンズストリート〟と名づけて大々的に喧伝した。訪問客は〝デニム色〟の青いアイスクリームを買うこともできた。

海外でも、日本産のデニムは独自の製品カテゴリーを打ち立てた。2006年の暮れには日本産ジーンズの専門店が2軒、アメリカで開業した——ニューヨークのブルー・イン・グリーンとサンフランシスコのセルフ・エッジである。セルフ・エッジのキヤ・バブザーニは1990年代のなかば、香港旅行中にたまたまエヴィス・ヤマネ・サロンに足を踏み入れ、ロカビリーのファンとして、ずっとほしくてたまらなかった1950年代風ジーンズを目にした。彼はこうふり返る。「日本人がビンテージ・ファッションを再現している、それもオリジナルすら上まわる品質で再現しているという事実に、すっかり心を奪われてしまったんだ」。しかしアメリカでも売ってほしいという彼の願いを、多くのブランドは聞き入れようとしなかった。「『リーバイスがあるのに、どうしてうちのブランドをほしがるんですか?』といわれたのさ」。バブザーニはやがてカリフォルニアのショップ向けに、日本の小規模ブランド——アイアンハート、ザ・フラットヘッド、ストライクゴールド、ドライボーンズ、シュガーケーン——を網羅したリストを作成する。ほとんどは、海外での小売など考えてみたことすらないブランドだった。

こうした第3波のレプリカ・メーカーが、どれだけビンテージのディテール再現に執念を燃やしているのかを示す好例が、長野のザ・フラットヘッドだ。創立者の小林昌良《こばやしまさよし》は長野で古着と修理の店を経営し、そこで最新の製品づくりにも活かすことができる、忘れ去られた製造技術を修得した。ザ・フラットヘッドの求めるデニムを製造するには、独特の撚糸法を用い、深く12回漬ける通常の染色ではなく、軽く20回漬ける染色が可能な工場が必要とされる。このブランドはジーンズの各パート——脚部、尻ポケット、ベルト・ループ——を、それぞれに特化した、児島の別々の工場でつくっている。小林は通常のモデルよりも長いリベットまで開発した。これだけの手間ひまがかかっていることを思えば、最終的な製品の最低価格が300ドルだとしても、決して驚くにはあたらないだろう。

正気とは思えないほど高価な輸入品をあつかっていたセルフ・エッジはしかし、「スタイルフォーラム」や「スーパーフューチャー」といったインターネットの掲示板を愛読するファッションおたくが増えていたおかげで、ザ・フラットヘッドやそれに類するブランドの顧客をすぐに獲得することができた。しかし日本のレプリカ・ジーンズのことを、なにひとつ知らない客も着実に増加していた。「品質を理由に買ってくれるお客さんも大勢いる。美意識がうんぬんされるのはその次だ。だからこそうちではベーシックなアイテムが売れている。ビンテージにインスパイアされているのかどうかはもう、二義的な問題なんだ」

ハイエンドな日本産ジーンズが入ってきたことで、アメリカ人のあいだにも、ファッションに関する新たな規律と認識が生まれた。デニム狂たちはオンラインで、股のつけ根に〝ヒゲ〟、そして膝裏に〝蜂の巣〟と呼ばれる色落ちのパターンをつける方法について、写真や秘訣を交換しはじめた。そうした場では〝**tateochi（縦落ち）**〟のような日本の専門用語が当たり前に飛び交い、完璧な色落ちのコツを求めてコメントを寄せる人々は、海水、冷蔵庫、酢、あるいは無洗濯のどれがベストの方法なのかを論じ合った。

だがフルカウントの辻田幹晴は、そうした手法を採り入れるアメリカ人の気持ちが理解できないと語る。「僕はジーンズの色落ちとかジーンズのスタイルとか男の人は気にするけど、格好悪いと思っているんですよ。ジーンズはたとえば自分で穿いてて楽で気持ちいい、まあ丈夫でノンストレスで穿けて毎日それを穿いているうちにはっと気づいたらいい感じになっている、これがジーンズなんだ」。バブザーニも同意見だ。「日本のブランドにジーンズの手入れ法を訊ねたら、きっとけげんそうな顔をして『洗濯機で普通に洗っていますが……』と答えるだろう」。こうしたデニムの洗い方に対するこだわりは、**特異な歴史の逆転**を示唆する――ジーンズの〝正しい〟履き方に関して、アメリカ人は1960年代の日本人が西洋の衣服に抱いていたのと同種の不安を抱くようになっていたのだ。

小売店の増加と、悪臭のする洗っていないジーンズの蔓延以外にも、日本のレプリカ・ブランドは2007年1月、世界市場で新たなレベルの尊敬を勝ち取った。リーバイ・ストラウス社が、商標権の侵害でステュディオ・ダ・ルチザン、アイアンハート、シュガーケーン、鬼、そしてサムライを訴えたのだ。アーチ型のスティッチ、尻ポケットの左サイドにつけられたタブ、そしてジーンズを両側から引っぱる動物ないしは物体をあしらったパッチは当社の所有物である、とリーバイスはあらためて主張した。法的な脅しを受けた日本のブランドは、こうしたディテールを輸出用のモデルから外しはじめるが、大した痛手にはならなかった。これらのブランドの価値はもはや、尻の部分のアーチごときに左右されるようなものではなかったのだ。この一件で明らかにされたのは、日本のブランドが、501の再現に囚われる時代を完全に脱していたという現実だった。

しかしレプリカ・ブランドは、母国の日本で訴訟よりもはるかに大きい問題に直面していた――プレミアムデニム市場の崩壊である。1990年代の若者は、エヴィス、フルカウント、ハリウッドランチマーケット、そして45rpmのうち、どのブランドのジーンズを買おうかと迷っていたが、バブルや90年代のカルチャー・ブームのことなどなにひとつ知らない次世代の若者は、ほんのはした金で買えるユニクロのようなマスプロ・メーカーの安価なジーンズで満足していた。ユニクロの姉妹ブランド、GUは2009年、990円のジーンズを売り出して話題を巻いた。30代、40代のビンテージ愛好家は依然としてレプリカ・ブランドのコア購買層となっていたが、メーカーはもはや、若い日本人男女の参入を見こむわけにはいかなくなった。さいわいこれらのブランドは、西側諸国、中国、東南アジア諸国への増えつづける輸出に救いの道を見いだした。ビンテージのデニムやワークウェアに対する世界的な関心に火をつけたのは、まちがいなく日本だった。そして日本のブランドは今や、全世界の需要を充たすことで、自分たちのビジネスを維持していたのである。

ビンテージのアメリカン・ファッションを甦らせる際に日本が果たした役割の大きさを、ひとつ明確に示しているのが、〝セルビッジ〟という言葉の普及だ。これは現在、世界的にプレミアムデニムの同義語となっている。このユニークな特徴を復活させたのが、日本のブランドとデニム工場だったことに疑問の余地はない。セルフ・エッジのバブゾーニがいうように、「もし日本人がやらなかったら、あそこまでこだわって、ジーンズ用に旧いスタイルの布地をつくる専門の工場を建てるなんて真似は、だれもしなかった」はずなのだ。21世紀の最初の10年間、メンズウェアの熱心なファンは、折り返しにセルビッジがついていないデニムをいっさい着用しようとしなかった。しかしその価値は急落している。ユニクロはカイハラのデニムを使った、特徴的な白い縁を持つジーンズをわずか49・90ドルで売り出した。また低品質のデニムにあとでセルビッジを縫いつけた、まがいもののストアブランド商品も登場している。

日本におけるデニムの先駆者、大石哲夫は1970年に『週刊朝日』で「アメリカが育てたGパンを日本が制覇するところまでいきたい」と語っていた。45年後の現在、日本のデニムはまだ、世界を制覇するにはいたっていないかもしれない。だがこの国はまちがいなく、贅沢な布地、高品質の縫製、革新的な製造技術、そして独創的な処理に関して、世界的な基準を打ち立てた。日本が家庭用電化製品、半導体、そしてTVゲーム機の分野においてすら優位性を失った今も、デニムはこの国に新たな威信をもたらしている。藍染めの綾織り布で頑丈なパンツをつくる8世紀の職人――日本のブランドの多くは、そうした実際にはありえない過去のイメージをかもし出そうとしているが、そうした大昔の職人たちも、自分たちの子孫の手仕事には、きっと感銘を受けたはずだ。

第10章

アメトラを輸出する

Exporting Ametora

２００５年5月24日に、ＶＡＮヂャケットの創立者、石津謙介が93歳で逝去した。

彼が亡くなったとき、日本では何百万もの男たち――学生、サラリーマン、重役、そして退職者も――が、石津の打ち立てたアイビーの原則をファッションの基本にしていた。石津は60年代世代にドレスアップの方法を手ほどきし、すると今度は彼らがそうしたファッションの教えを、自分たちの子どもに伝授したのだ。

石津は単に、日本のメンズウェア文化をスタートさせただけでなく、近代的なメンズウェア産業を生み出す大きな力にもなった。「１９７８年にＶＡＮヂャケットが潰れて優秀な人間が１０００人も１５００人も全部同じ繊維業界に入ってきたんです。そうすると何もファッションなんか知らない会社から見たら、ＶＡＮヂャケットの誰が来ても神様みたいに見えるんですよ」とＶＡＮの社員だった貞末良雄はふり返る。貞末はなかでもとりわけ成功した人物のひとりだ。１９９３年に彼は、手頃な価格で上質なドレスシャツを提供する自分のブランド、メーカーズシャツ鎌倉を創立した。アイビーの血を受け継ぐ彼の会社のシャツは、40パーセントがボタンダウンだ――ライバルのメーカーよりも、はるかに高い比率である。

VANジャケット・ファミリーから登場したブランドのなかで最高の成功を収めたのは、誰がどう見ても世界的なアパレル業界の巨人、ファーストリテイリングだろう。その表看板的なチェーン、ユニクロは18か国に1700軒を超えるショップを展開し、年間の収益は150万ドルに迫る勢いだ。創立者の柳井正はしばしば、日本一リッチな人物にランクされている。彼の父親は山口県の宇部という工業都市で、小郡商事という小さなVANのフランチャイズ店を経営していたが、石津は若い顧客を惹きつけるために、この店を〝メンズショップOS〟と改名した。貞末はこうふり返る。

「柳井はVANのことをよく知ってますし、アイビーのこともよくわかってるんです。VANジャケットが潰れた後、そのお店をこんな形じゃダメだねということで、ファーストリテイリングという会社を立ち上げた」

1985年5月、柳井は広島でカジュアル・ベーシックの大規模店、〝ユニーク・クロージング・ウエアハウス〟――略称は〝ユニクロ〟――をオープンした。長年にわたるユニクロのベストセラー――たとえば鮮やかな色のダウンジャケット、フリース、そして保温下着のヒートテック――は、かならずしもアイビー的なアイテムではないものの、ユニセックスなカジュアルウェアを手頃な値段で売るという柳井のポリシーは、設立当初のVANジャケットの理想を写し取っている。

最晩年の石津はユニクロの店舗を訪れ、息子の祥介に「本当は俺、あれをやりたかった」と打ち明けた。

かりに柳井が石津謙介を、あからさまには模倣していないとしても、ユニクロのデザインの核にあるのは、アメリカのトラディショナルなファッションだ。1980年代の終わりごろ、GAPのミラード・〝ミッキー〟・ドレクスラーとブレックファースト・ミーティングを持った柳井は、彼に「あなたは教師です。わたしはあなたのやることにすべてついていきます」と告げた。一方でグローバルリサーチ&デザインの勝田幸宏の好みは、ヘビーデューティーにしっかりと根ざし、L.L.ビーンに熱中していたティーンエイジャー時代をしばしば引き合いに出している。

今日、ユニクロはマンハッタンの5番街に店舗を構え、メーカーズシャツ鎌倉もマディソン街に支店を出している。石津や1960年代の日本人は東海岸のファッションを輸入した。だが石津の弟子たちは今や、彼らなりに修正を加えたバージョンを逆輸出していたのだ。公平のためにいうと、ユニクロで買いものをする客の大半は、伝統的なアイビー・スタイルの再現を目指しているわけではない。しかしゼロ年代の末、**アイビー・スタイルに新たな関心を寄せた一群のアメリカの若者たちが、まっ先にお手本にしたのは日本だった。**

日本経済はゼロ年代のなかばに景気後退を脱したが、大半の利益はトップに集まった。かつては平等主義的だった日本社会が〝勝ち組〟と〝負け組〟に分断されていくなかで、〝格差社会〟がこの時代を象徴する言葉となる。富裕層は1980年代のバブル期を思わせる派手な暮らしを送り、

メーカーズシャツ鎌倉のニューヨーク支店前に立つ貞末良雄とタミ子。
(©Shukan NY Seikatsu / New York Seikatsu Press, Inc.)

対照的にパートタイムの労働者は、自分が働くドーナッツ店の売れ残りで食いつないでいた。女性誌は読者に、医師、投資銀行家、起業家といった上流層の男性を射止めるためのファッションを手ほどきし、顕示的消費と資本蓄積が横行する時代背景のなかで、ヨーロッパの高級ブランドがファッション・シーンを席巻していた。

こうしたすべては2007年〜2008年の金融危機で瓦解する。大衆が臆面もない富の顕示に対する興味を失うと、ファッション系の編集者はもっと実用的で、もっとクラシックななにかを求めはじめた。イラストレーターの穂積和夫にいわせると、「いろんな物がわーと流行になって、こんなことが何回かあって、次に何をやったらいいかわからない時にまたアイビーがでてくるんですよ、必ず」となる。2007年、日本のメンズウェア誌とセレクトショップは、伝統にインスパイアされたアメリカのブランド——具体的にはトム・ブラウン、バンドオブアウトサイダーズ、そしてマイケル・バスティアンのあいだで沸き起こっていたムーブメントにスポットを当てた。これが〝第5次アイビー・ブーム〟に火をつけ、『ポパイ』と『メンズノンノ』は新世代の若者たちに、クリケットセーター、キャンディストライプのボタンダウン・オックスフォードシャツ、レジメンタルタイ、シアサッカーとピンコードのスーツ、リボンベルト、シェルコードバンのオックスフォード靴に関する知識を授けた。

しかし今回、業界は単にアメリカの最新ファッションを輸入するだけには終わらなかった——アメリカの〝ネオ・トラッド〟ブームには、どう見ても**日本的なエートスが染みわたっていたのである**。日本のマスコミでは、〝ライトスタッフ〟ヘアカットと丈の短い灰色のウール・スーツで知られるニューヨークのデザイナー、トム・ブラウンが、アメリカーナのニューウェイヴを代表する存在としてもてはやされた。だがいかに新奇さを打ち出していようと、ブラウンのスタイルは、日本人の読者に馴染みやすいものだった。ほとんどかつての『メンズクラブ』誌さながらに、彼は自分の服を着用する顧客たちに厳格なルールを課した。「ジャケットの袖口の最後のボタンは、決して留めないように／洗濯をしたあとで、オックスフォード・シャツにはアイロンをかけないでください」。そしてくるぶしをむき出しにした、丈の短い彼のパンツは、みゆき族のつんつるてんのズボンに不気味なほど酷似していた。

ブラウンとの初対面をふり返って、エンジニアドガーメンツの鈴木大器《だいき》は、『ニューヨーク・タイムズ』紙に「ここまで日本人的な格好をしているアメリカ人を見たのははじめてです」と語っている。ブラウンは日本を直接的な手本にしたことはないと主張するが、彼のビジネスはつねに、この国と強固なつながりを持ってきた。ブラウンが破産の危機に瀕した2009年、67パーセントの株式を取得して彼の会社を救ったのも、岡山に本拠地を置くクロスカンパニー〔現在はストライプインターナショナルに改名〕だった。

ブラウンが攻撃的なシルエットのスーツ――極端に丈が短いジャケットと、さらけ出されたくるぶし――をつくった狙いのひとつは、現状に満足したアメリカ人男性にショックを与え、だらしのない服装から脱却させることだった。『ポパイ』の編集長、木下孝浩《きのしたたかひろ》は「スーツを着る男の格好良さを、再提案したことがトムの功績だと思う」と語る。1990年代のアメリカは、先進国中もっともカジュアルな国という不名誉な地位を確立していた。いいかげんな格好をすることが、多くの男性たちにとっては、逆に名誉の印となった。スーツの肩はくずれ、ズボンの裾はくるぶしのあたりでくしゃくしゃに丸められた。アイビーリーグの学生たちは染みのついたスウェットシャツとビーチサンダル姿で授業に出た。

ゼロ年代のＩＴブームは、だらしのないスタイルにさらなるお墨付きを与えた。ナードの億万長者たちはネクタイを〝絞首刑用の縄《ヌース》〟と同一視していたのだ。グーグルはその創立宣言のなかで、「スーツがなくても真剣になれる」と謳っていた。アメリカは建国の時代から、これ見よがしの華美なファッションを拒んでいたといういい方も可能だろう——ヤンキー・ドゥードル〔〝マヌケなヤンキー〟の意で、独立戦争時の愛国歌の主人公〕はぼろぼろの帽子に羽根を1本飾っただけで、〝洒落者《マカロニ》〟を気取っていた。しかし21世紀初頭のファッションは、礼節を拒絶するという点で、かつてないほど徹底していた。

するとこうした無精なエリートたちに対抗して、スタイル的な反攻を開始するサイトがインターネットに浮上した。「スーパーフューチャー」や「ハイパービースト」のようなウェブサイトは、ストリートウェアのファンに初のデジタルな本拠地をもたらした。ドレスアップという失われた技術を改めて学ぼうとする紳士たちは、「アスク・アンディ」や「スタイルフォーラム」のようなウェブの討論場《フォーラム》に向かい、裾の長さ、ジャケットのボタン、ネクタイの結び方に関する専門的な知識をクラウドソースした。そこにスコット・シューマンの写真ブログ「ザ・サルトリアリスト〔服装主義者〕」が登場し、ニューヨークの街路で見かけたスタイリッシュな人々のビジュアルを、日刊ベースで提供しはじめた。ファッションに関する知識の空白状態を前に、オンライン・メンズウェア・メディアの初期の立役者たちは、アーティスティックな探究よりも教育に重きを置くきらいがあった。「ヴァレット」、「プット・ディス・オン」、さらには「GQ.com」のようなウェブサイトまでが、箇条書きのリストや具体的なステップを通じて、クラシックなワードローブを揃える手順をファッションの初心者たちに説明した。

こうしたメンズウェアの復興という点で、2008年のアメリカは、1964年の日本に不思議なほどよく似ていた。 いずれの場合も男性がファッションに興味を持つのは社会的にタブーとされ、だが独学で知識を身に着けた少数の尖兵たちが、そうした状況に風穴を開けようとしていたのだ。同調者を募るために、VANジャケットとアメリカのメンズウェア・ブログは、どちらも基本を解説し、デザイナーのトレンドよりも伝統的な着こなしを重んじ、街路のスナップでファッションの実例を提示した。衣類のケアやスーツのフィッティングに関する「ヴァレット」の真剣なチュートリアルは、くろすとしゆきが『メンズクラブ』で書いていた記事とほぼ同一の内容だった。そして「ザ・サルトリアリスト」はある意味で、「街のアイビー・リーガース」の現代版といえた。むろんこうしたアメリカ人たちは、1960年代の日本に元祖がいたことなどいっさい知らずに自分たちのメディアをスタートさせていた。だが異教徒にファッションを布教するという、共通の使命のもとで、おのずと同じ手法を用いるようになっていたのだ。

共通のゴールを前に、英語圏のブログ界が、40年も前からアメリカのファッションを研究していた日本人の見識に着目するのは、ある意味、必然的な流れだった。そうした出会いがなされた日付も、正確に特定することができる——2008年5月19日。この日、マイケル・ウィリアムズが

『TAKE IVY』のスキャンを数点、自分のサイト「ア・コンティニュアス・リーン」にアップした。古典的な大学生のファッションやワードローブの写真を探し求めていたメンズ・ファッションのブログにとって、『ＴＡＫＥ ＩＶＹ』はまさしく夢が現実になったようなものだった――全盛期に本物のアメリカ人学生がどういう服装をしていたのかを伝える証拠書類。学生たちのスリム・パンツ、ツイード・ジャケット、細身のネクタイ、そしてクルーネック・セーターは、現在のブログのスタイリングと完璧にマッチしていた。その数か月後にはメンズウェアのブログ「ザ・トラッド」が、『ＴＡＫＥ ＩＶＹ』を全ページスキャンしてアップする。おかげで以前は誰も知らなかった日本の書籍を、瞬時に世界中がオンラインで閲覧できるようになった。

残念ながら『ＴＡＫＥ ＩＶＹ』の実物を買いたいと願うアメリカ人のファンに、望みはほとんどなかった。日本では、１９７０年代の復刻版ですら３００ドルの値がついていた。アメリカでは、ｅＢａｙに出品されたこの本が、１４００ドルというとんでもない値段で落札された。デザイナーのマイケル・バスティアンは『ニューヨーク・タイムズ』紙に、この日本の書籍を取り巻くカルト的な人気についてコメントしている。彼によるとそれは「だれも手を触れることができず、神話や聖杯以上の影響力を持って」いた。デザイナーのマーク・マクナイリーは『タイムズ』に、コピーなら持っていると認めた。「最初にＪ・プレスの仕事をはじめて日本に行ったとき、会社にオリジナル版が置いてあって、僕はひっくり返りそうになった。それで全部のページをコピーしてもらっ

2010年に再会した『TAKE IVY』の著者たち。左から林田昭慶、くろすとしゆき、石津祥介、元“ポール”長谷川。（提供：石津家）

て、それを何年か使っていたんだ」

こうした高い人気に着目したブルックリンの出版社、パワーハウスは、本の版権を取得し、本文を英訳した。**2010年に再刊された『TAKE IVY』は、5万部を超える売り上げを記録する。**かつてはほとんど知られることなく終わったVANヂャケットの企画本が、それこそありとあらゆるところで目にされるようになったのだ。だがその影響力は、部数以上に大きかった。ラルフローレンとJ・クルーの店は、本棚のディスプレイに『TAKE IVY』を用い、一時、GAPのデザイナーを務めたレベッカ・ベイは、自分の受けた影響を説明するために、誇らしげにこの本を『エル』誌に見せた。『TAKE IVY』はアイビーリーグの学生たちにも、自分たちの服装を再考するきっかけを与え――ダートマスとプリンストンの学生2人は、この本に出てくる〝卒業年のセーター〟を再現するためだけに、ヒルフリントというブランドを設立した。

アメリカ人は数十年をかけて、自分たちのファッション遺産を排斥してきた。だが『TAKE IVY』が明らかにしたように、そうした知識の命脈は、アメリカのファッションに対する日本人の深い関心のおかげで保たれていた。1960年代のアメリカに、大学生の写真を撮っておこうと考える人間はほとんどいなかった――ハンバーガーやハイウェイや樫の木の写真を撮っておこうと考える人間がほとんどいなかったように。一方で日本人は――アイビー・リーグのファッションを異質な文化としてリサーチするにあたり――参考資料や証拠写真を必要とした。それから数十年をへて、GAP、J・クルー、ラルフローレンといったブランドが信頼の置ける歴史的記録物を探しはじめたとき、トラッドの黄金時代における学生たちの服装に関する、もっとも有用な写真のソースとなったのは、日本のドキュメンタリー素材だった。

『TAKE IVY』以外にも、日本によるアメリカ文化のカタログ化は、アメリカのブランドがそのルーツに立ち返る際に、重要な貢献を果たしてきた。リーバイス・ジャパンはアメリカの本部が考えつく前に、501を復活させた。それはビンテージの複製をはじめた、初の世界的な企業でもあった。またコーンミルズはセルビッジ・デニムにおけるクラボウとカイハラの仕事ぶりを見て、自社の古い織機を引っぱりだした。

アメリカの会社はまた、自分たちのブランドをビジネス面で健康な状態に保つためにも、日本の小売業者を頼りにしてきた。アパレル会社、J・ピーターマンの創業物語によると、この会社は当初、カウボーイが着るクラシックなダスターコートをアメリカでぽつぽつと売っていた——すると日本から〝謎の紳士〟があらわれ、2000着をオーダーした。アメリカにはもうほとんどシューズ会社が残っていないが、オールデンは今も、マサチューセッツで高品質のレザーローファー、ブリュッヒャー、ブーツをつくりつづけている。これは一部に、ビームス、ユナイテッドアローズ、シップス、トゥモローランドといったセレクトショップから大量のオーダーが入るおかげなのだ。ラルフローレンは表参道の一等地——価値は3億ドルと見積もられている——に、白い円柱のある2万4000平方フィートのマンションを借り、日本市場に対する熱意の高さをアピールしている。また以前、ステューシーのクリエイティブ・ディレクターを務めていたポール・ミットルマンによると——「日本がなかったら、たぶんステューシーは潰れていただろう。なにもかもが暗かった時期にはみんな、日本からのオーダーを待っていた。そうすればまた、よし、服をつくろうぜといえるからだ」

21世紀に入った現在、日本人のほうが〝アメリカ人よりもアメリカーナをうまくつくる〟という見方は、すっかり当たり前のものとなっている。「ア・コンティニュアス・リーン」のマイケル・ウィリアムズは、2009年に東京への旅を終えたあとで、読者にこう告げた。「日本のメンズウエアは、ここアメリカで手に入るものよりはるかに先を行っているというぼくの信念に揺らぎはない」。彼の同僚のジェイク・ギャラガーは、メーカーズシャツ鎌倉を称賛した。「『オックスフォードのボタンダウン』シャツは1世紀以上にわたり、アメリカン・ファッションの象徴となっているが、だからこそ、今現在最高のオックスフォードは日本から市場に直送されているという事実が、もっともなことのように思えてくるのだ」。GAPのベイは『エル』誌に「日本のメンズ・マガジンは、アメリカ人よりもずっと深く、本当のアメリカらしさを理解している」と語っている。『モノクル』誌のタイラー・ブリュレはさらに範囲を広げ、日本はほかの国がなくしたものが残されている場所だとした。「日本はなぜか、日本の伝統だけでなく、戦後に起こったすべてを手放そうとしない（中略）相変わらず舞台のセットを歩いているような気がしてくる。すべてが精緻に、完璧に仕上げられているからだ」

同様にアメリカのファッション・メディアも、日本の同業者たちをもてはやしてきた。「ザ・サルトリアリスト」にアップされた写真によって、『ポパイ』の木下孝浩、ファッション評論家の平《ひら》川《かわ》武治《たけじ》、シップス重役の鈴木《すずき》晴生《はるお》、ユナイテッド・アローズの栗野宏文、鴨志田《かもしだ》康人《やすと》、そして小木《おぎ》“ポギー”基史《もとふみ》といったファッション業界のリーダーたちは、国際的なファッション・アイコンとなっている。

一方でケヴィン・バロウズとローレンス・シュロスマンは、ファッションをテーマにした

『Fuck Yeah Menswear』という書物の一部を『Cheer Up! Pony Boy』と題する日本の雑誌のパロディに割き、穂積和夫もどきのイラストを載せ、いかにも日本人が書いたような英語のキャプションをつけた。シュロスマンは『エスクァイア』誌にこう語っている。「おかしな話だけど、究極のメンズウェアオタクにとっては日本の雑誌が最高のお手本になっているんだ。だれもそこになにが書いてあるのか、ほとんど理解できていないというのに（笑）」

アメリカのメンズウェア狂のあいだでもっとも人気の高い日本の雑誌は『フリー＆イージー』だった——年配男性向けの〝無骨《ラギッド》〟なアメリカン・トラディショナルに焦点を当てた〝オヤジ・ファッション〟の雑誌である。類誌に比べると、『フリー＆イージー』はナポリやロスアンジェルスのような海外に目を向ける代わりに、日本におけるアメリカン・ファッションの歴史から直接ネタを拾っていた。この雑誌はＶＡＮジャケッ

ケヴィン・バロウズとローレンス・シュロスマンはその著書『Fuck Yeah Menswear』のなかに、『Cheer Up! Pony Boy』と題する日本の雑誌のパロディを掲載した。（イラスト：ベン・ラム）

トやヘビーデューティー・ブームに関する連載をおこない、小林泰彦や穂積和夫を表紙のイラストに起用し、VANのポール長谷川や石津祥介から昔話を聞いた。長谷川は同誌が過去を崇拝しすぎているかもしれないと考え、だが「実物よりよく見せるのがファッションですからね。VAN時代のわたしたちも、同じように馬鹿な真似をしていましたし」とも指摘する。ただし今回、彼らがよりよく見せようとしていたのは、自分たち自身の過去だった。

2010年代がはじまると、ネオ・トラッドのアメリカ人デザイナーと日本の伝統は渾然と一体化し、もはや誰が誰を追っているのか、判然としなくなった。ア・ベイシング・エイプのNIGOは、トム・ブラウンがデザインしたブルックス・ブラザーズのブラック・フリースで全身を固め、ビームスはそのウェブサイトに、日本のブランド、ポーターとのコラボについて語る『モノクル』のタイラー・ブリュレとのインタビューを掲載した。サンフランシスコのブティック、ユニオンメイドは、キャピタル、シップス、ビームス＋といった日本のブランドを販売して、アメリカでの評判を高め――だが今では日本のセレクト・ショップが、この店をお手本にしている。

1959年に仲間の〝トラディショナル・アイビー・リーガース〟と『メンズクラブ』に初登場を果たしたとき、くろすとしゆきはこんな予言的な発言をした。「こういうのを『エスカイヤ』かなにかアチラの雑誌でも取り上げてくれてね（笑）。日本にこんなのがあるということを――向こうからぜひ来てくれといって旅費送ってきて、ぼくたちが行っちゃう（笑）」。たしかに時間は半世紀以上かかったかもしれない。だが**アメリカの雑誌が日本のアイビーに飛びついてくるというくろすの夢は、ついに現実になったのである。**

ジーンズ、ネイビー・ブレザー、スニーカーは、いずれもアメリカならではの物語を伝えるアイテムだが、日本人は70年のあいだに、こうした名高い〝アメリカ的〟衣類のひとつひとつに独自の社会的な意味合いをつけ加えてきた。エンジニアドガーメンツの鈴木大器が語るように、「トラディショナルなアメリカン・スタイルはアメリカのものだなんて、いったい誰にいえるんでしょう？日本人はまちがいなく、それを自分たち自身のものにしてしまったんです」。現在の日本版アイビーは、１９５０年代におけるアイビー・リーグのキャンパス・ファッションとは完全に一線を画した、内容豊富な、生きたしきたりだ。くろすとしゆきはこう説明する。「豚カツに、ほとんどアイビーもなりつつある気がする。もともとは60年前のアメリカ産なんだけれども、60年代日本人ての は結構そういうの器用だから自分に合うように上手いことアレンジしながら、見事にアイビーを豚カツ化させてしまったんじゃないかと思います」。日本における〝アメトラ〟はもともと、〝アメリカン・トラディショナル〟の短縮形だった。だがそれは今や完全に別個の伝統を持つ、独自の習俗と化しているのだ。

とするとなにがアメトラとオリジナルを区別する決め手になるのだろう？　日本と海外の識者は

ともに、一定の特徴を指摘する――規則重視、研究熱心、高品質。こうした特質は、日本人の国民性を敷衍したものだと考える向きも多い。しかし〝ねじれ〟の大半は、アメリカのスタイルが日本に上陸した際の、具体的な歴史状況に起源を辿ることが可能だ。

たとえばなぜ日本人は、こんなにもファッションに――おそらくはほかのどんな文化的フィールドよりもはるかに――関心を持ってきたのだろう？　独自の若者文化を築いていくなかで、**日本のティーンはつねに、音楽や車や家具や食事よりもファッションを優先させていた。**山崎眞行のガレージパラダイスは家具店としてはうまく立ち行かず、だが衣料品店として大当たりを取った。またまがいものの〝陸《おか》〟サーファーの数はつねに、本物のサーファーを上まわっていた。そもそも都会の消費者たちは、趣味のいいインテリア・グッズを必要としなかった。せま苦しいアパートは、とても人をもてなせるような場所ではなかったからだ。また施設の不足と時間的な余裕のなさとが相まって、スポーツが大人の生活のなかで、大きな部分を占めることもなかった。対照的にファッションは、込み合った東京のライフスタイルにうまくフィットしていた。ユナイテッドアローズの創業者で名誉会長の重松理はこう説明する。「洋服は一番投資効果は高い。なぜかというと、人の目にさらされるから。ほかの物って中に入っちゃったりすると、人に見せられないんで。洋服はものすごく自分の自己表現のツールだと思いますし、コミュニケーションツールだと思います。その人そのままが現れるんだ」

一方で日本のファッションの〝規則〟偏重主義には、それが外国から輸入された、まったく新しい服飾のシステムだったという事実が、直接的な影響をおよぼしていた。１９６０年代のアメリカの大学生――アイビー・ファッションに身を包んだフラタニティのメンバーであれ、ラディカルなヒッピーであれ――は、同世代の仲間を参考にして〝正しい〟服装を選ぶことができた。規則を言語化する必要はどこにもない。ファッション評論家の出石尚三が指摘するように、「アメリカにどうしてトラッドの教科書がないか？」の答えは、「お兄さんとお父さんとお爺さんがいるから！」だった。

しかしゼロからファッションを学ばなければならなかった日本のティーンのために、ＶＡＮヂャケットと『メンズクラブ』は、そうした不文律を系統的な戒律にする必要があった。石津謙介は１９８０年代にこう認めている。「日本にアイビーが導入された時、『戦後の貧かった若者たちに最もふさわしい服装を……』という理論からファッション知識のない人たちに教えこむために、〝でなければならぬ〟式の教え方をしたためで、この責任の一端はボクにもある」。しかし石津の弟子たちの多くは、アイビー文化にこうした修正が加えられていることに気づかず――単純に、ファッションには規則が欠かせないと考えるようになった。

厳格な規則をベースにしたファッションのフォロワーは、おのずと包括的な知識を求めはじめるものだ。ユナイテッドアローズの栗野宏文は語る。「自分たちのオリジンだったとしたら途中で止まっちゃうよね。勉強するということはすごくエンドレスで勉強し続けるからどんどん先にいけてしまう」。アメリカ人ならボタンダウンのカラーを見ても、「留めなければ」と思うだけだろう、と栗野は説明する——だが1960年代の日本人はその代わりに、「なぜこのカラーにはボタンがついているのか?」と考えた。**ひとつの疑問が50年以上にわたって、新たな疑問を生みつづけ、その結果できあがったのが、アメリカのファッションについて、無類の知識を有する人々の国だった。**

VANジャケット以前、日本の男尊女卑的な伝統は男性のファッションを軽んじ、女々しく(無意味で不要な)、好色な(女性を惹きつけることを目的とした)ものと見なしていた。しかしディテールと伝統を重視した『メンズクラブ』のおしゃれ指南には、いずれの基準も当てはまらなかった。西洋の衣服のファンは、社会のアウトローというよりも、むしろ鉄道模型の熱心なマニアを思わせ、物質主義がピークを極める1980年代ともなると、おしゃれをした男性を馬鹿にする人間は誰ひとりいなかった。アメリカにおけるメンズウェアの復興もやはり、ディテール、規則、伝統、そしてコレクター的なメンタリティを強調することで、偏見を覆してきた。デザイナーのマイケル・バスティアンは『GQ』誌にこう語っている。「服にとても強いこだわりを持つ、20代のストレートの男たちがいる。僕からすると、なんとも興味深い話だ。野球のファンはいくらでもいるけれど、それと同じようにデザイナーや服に関心を持つ男性のグループが存在するなんて、夢にも思っていなかったからね。しかもそれは彼らの男らしさとは、いっさい矛盾しないんだ」

最後に、職人技と高い品質に対する日本人の敬意がある。彼らが衣類の製造に卓越した腕前をふるいはじめたのは、手っ取り早く輸出を増やすローテクな手段として、戦後の日本政府が繊維工業を援助したことがきっかけだった。これによって織物工場、縫製場、そして処理施設の広大なインフラが整備された。以前、ステューシーのクリエイティブ・ディレクターを務めていたポール・ミットルマンが改めて指摘する通り、「日本には製造のベースがあることを、多くの人々が過小評価している。ヨーロッパには実のところそれがない。でもそこが日本なら、200ヤードのカーキ生地を持っている人間と、その素材をパンツにする工場を見つけることができる。そしてそのパンツは、完璧に仕上げられるんだ」。日本のブランドが高品質の衣類を優先的に製造できるのは、**過去70年にわたり、こうした高品質の衣類を生み出せる職人を、つねに確保してきた**からなのだ。

そして消費者も喜んでその代価を支払う。ザ・フラットヘッドが尻ポケットとベルトループを別の工場に発注し、専門家の手に委ねることができるのは、そうした贅沢なディテールのために、300ドルを支払う顧客がいるからだ。アメリカのファッションは、日本では途方もなく高価だった——1940年代末にアメ横に入ってきた最初のジーンズから、1960年代のVANジャケットのボタンダウン、そして2010年代の5000ドルもするトム・ブラウンのスーツにいたるまでずっと。

経済的な奇跡の時期、日本のトップ・ブランドはいっさいの妥協ぬきで、最高級の商品を思い描いていくことができたが、それは消費者にそれだけの余裕、あるいは犠牲を払う用意があったからだった。このパターンはもはや成立しない。日本人の所得は1998年以来低下し、ファッション市場もそれに合わせて落ちこんだ。しかしグローバリゼーションが、2つの面で助けになっている。ユニクロ（と驚くべき数の高級チェーン店）は、国外に製造の拠点を置いているおかげで、高品質の安価な衣類を日本に提供することができる。また海外に富裕層の消費者が増えたおかげで、多くのブティック・ブランドは、日本でもトップクラスの職人を使った、高価な衣類をつくりつづけることが可能になった。

日本のファッションが今ある姿になったのは、こうした経済的、歴史的な要因によるものだが、といってアメリカのファッションとコンセプトをアパレル市場に紹介するにあたり、特定の個人が果たした役割を軽視するわけにはいかない。もしも石津謙介がいなかったら、オーダーメイドのビジネス・スーツが、戦後になってもその支配力を保っていた公算は大きい。もしビッグジョンが本格的なジーンズをつくろうと決意しなかったら、あるいはクラボウとカイハラがすでに廃れていたセルビッジ・デニムの実験に手を染めなかったら、自社の製品を世界に輸出する日本のブランドはほとんど存在しなかっただろう。日本のファッションは社会通念や支配的な市場の力と闘い、人々の服装習慣を変えたこれらのブランドや一匹狼たちに、多大な恩義を負っているのだ。

日本では多くの〝伝統的な〟文化規範がファッションを形づくっているが、もしかするとそれがもっともはっきりあらわれているのは、日本の消費者行動かもしれない。日本におけるアメリカン・ファッションの歴史を紐解くと、ティーンエイジャーの世代はつねに、メディア界の権威者に、新しいスタイルの着こなしに関する指導を求めてきたことがわかる。ティーンがアイビーの規則を好んだのは、それが〝正しい〟着こなしをするための、まちがえようのないレシピを提供してくれたからだった。2001年、アンダーカバーの高橋盾は『ニューヨーカー』誌にこう語っている。「日本人はバイブルのつもりで雑誌を読む。そこに載っている写真を見ると、どうしても手に入れたくなるし、いくらでも金を出す。基本的に日本人は自分なりの判断を下すことができない。だからなにかお手本が必要なんだ」。かくして毎号、新たなグッズにお墨付きを与える『ポパイ』のカタログ誌的なフォーマットは、業界のスタンダードとなった。こうした組織立った模倣に向かう傾向は、不良文化のなかにも見受けられる――暴走族はキャロルの矢沢永吉を模倣し、1990年代の初頭になると、全員が右翼にインスパイアされた特攻服に身を包んでいた。

もっと視野を広げてみると、日本のファッションは、**文化行為が、世代から世代へと切れ目なく伝えられる永続的な国民性の発露ではないことを、はっきりと示している**。アメリカのファッションは、変化と事業の成功に飢えた、社会的不適合者の手を介して日本に伝えられた。そしてその後、日本の習俗と融合したのである。生態系はつねに変化し、動き、適応していた――そして前に進んでいた。この先もそれは変わらないだろう。アメトラの伝統も静止することなく、時の経過とともにに形を変えていくにちがいない。

日本でアメリカのファッションに先鞭をつけた人々の多くは、アメリカの〝コピー〟を徐々に向上させていくことが、自分たちの生業だと理解していた。これは日本のエレクトロニクス産業について、好んで語られる物語とよく似ている——ソニーはベル研究所に頭を下げて、ラジオにトランジスターを使う許可を得たが、最終的はそのテクノロジーを、未知の領域まで押し広げたというものだ。くろすとしゆきも自分の仕事を、それと同じ枠組みでとらえている。「最初の1950年の終わり頃から60年代の中頃まではいかにそっくりに真似するか、アメリカのお手本に一歩でも近づけてみたいというのはあった。だから時代とともにやっぱり進化してると思います、僕は。そっくり、60年前の形ではないな」

こうした〝**刷新に向けて丸写しする**〟という考えは、伝統的な日本の芸術の教授法に先例があった。生け花や武道では、弟子たちはまず〝型〟を模倣して基本を学ぶ。だが最初は型に忠実だった彼らも、長年の修行をへるうちに、次第に伝統を離れ、ついにはまったく別の型をつくり出すのだ——〝守破離〟と呼ばれるパターンである。

第2次世界大戦後における日本のファッションの発展にも、このパターンが当てはまる。VANの石津謙介とくろすとしゆきはアメリカ的な正しい着こなしのスタイルを、さまざまな情報からまとめあげた。『メンズクラブ』のようなファッション誌はこの型を、空手の達人のような厳格さで読者に伝えた——長々と列挙される、厳守しなければならない〝べし・べからず〟集という形態で。するとティーンたちはその教えを一字一句違《たが》わず実践し、なかでもとりわけこだわりの強い者が、ディテールの達人になる。こうした若いファッション・ファンの多くはやがて、独自のブランドを立ち上げ、その際にはこうして身に着けた細部に対する意識が、より高品質でより〝正統的〟な、独自のアメリカン・ファッションを生み出す原動力となった。彼らはもっともっと型に近づきたいと願っていたのだ。

しかしこうした型中心の考え方は、根本的には保守的なものだ——新しいアイデアではなく、原型しか認めようとしない。たとえばファッション評論家の出石尚三は、いまだにアメリカ以外の場所で〝ホンモノのジーンズ〟をつくることはできない、と考えている。同様に『ポパイ』の木下も「アメトラ的なブランドに求められているのは、アメリカ製《メイド・イン・U.S.A.》ということ」と語る。

今日の臆面もなく表層的なポストモダン文化のなかで、こうした堅苦しい考え方は、時代遅れと見なされかねないものだ。しかしそれ以上に重要なのは、アメリカン・ファッションのもっとも明確な型が存在するのは、もはやアメリカではなく日本なのかもしれないという現実を、彼らが無視していることだろう。

アメリカ的な衣類の伝統については、多くの面で、日本のほうがアメリカよりもはるかに多くを

受け継いでいる。〝正しい着こなし〟に関する知識は、日本のほうがアメリカよりもずっと広く、ずっと深く行き渡っているのだ。アメリカではごく限られた、熱心なファンにしか知られていない知識である。父親の真似をする素直な息子でいれば、それだけで正しい着こなしが身につく時代はすでに過ぎ去り、そのためには過去の世代の、熱心なアーキビストにならなければならない。『ＴＡＫＥ　ＩＶＹ』を通じて着こなしを学ぶ現在のハーヴァードの学生は、１９６５年当時の日本人男性以上に〝一次資料〟から隔絶されているのだ。

一方で日本はかなりな数の外国人を、自国バージョンのアメリカン・ファッションのほうが、アメリカでつくられるどんな服よりも〝正統的〟だと納得させてきた。現にＰｒｐｓというアメリカのブランドは、日本産のセルビッジ・デニムしか使ってないと謳うことで、自分たちのジーンズの〝正統性〟をアピールしている。以前は嫉妬心に駆られたアメリカ人が、日本人の完璧主義を〝魂〟のない表層的な模倣と非難したこともあった。しかし今ではそれですら、時代遅れの中傷と化している。セルフ・エッジのキヤ・バブザーニはいう。「わたしが売るブランドには、たっぷり魂がこめられています。手に取ると、ほかの服を手に取ったときには感じられないなにかを感じるんです。衣類についてなにひとつ知識がない人でも、店に来てシャツに触れると、そのシャツはどこかちがうと思う。生命を宿しているんです」

しかし日本のデザイナーは、ほとんどが国内の市場という狭い視野でしか自分たちの仕事をとらえていない――そこでは〝正統的〟なアメリカのライフスタイルとはかけ離れた暮らしを送るティーンが、彼らの服を着用している。出石尚三は「日本は悲しいかな、ファッションと文化は繋がっていないんだ。浮いてるわけ。本当は生活があって服があるべき。それを多くの日本人がわかろうとしないんだ」と指摘する。小林泰彦は以前、日本のファッションを〝着せ替え人形〟にたとえたことがあった――これといって深い意味もなく、お遊びのために、決まり切ったスタイルで服を着せたり脱がせたりするシステムのことだ。

これらの批判には当たっている部分も多いが、そうした浅薄さの背景には、それが〝輸入された〟スタイルだという現実がある。海外に起源があるせいで、衣服がライフスタイルについていくのではなく、その逆の現象が起こっているのだ。かくして日本におけるファッションは、お遊びの表現形式となる。社会とのつながりが深いファッションは混乱を招き、一度も定着しなかった。

さらに決して消えることのない、アメリカン・ファッションの〝異国〟的な側面は、〝ホンモノ〟を所有し、つくり出したいというファッション狂たちの情熱を、余計にかき立てることにもなった。衣服づくりにおける日本の創造性は、同時にずっと、正統性に対する不安のあらわれでもあったのだ――こいつはもう十分〝リアル〟なんだろうか？

しかしこれは20世紀限りの現象かもしれない。近年の日本人デザイナーは、伝統の重みに潰されることなく、アメリカのファッションから学んでいるからだ。アメリカ生まれのブランド、エンジニアドガーメンツの鈴木大器は、歴史が「すばらしい、有用な参考書」であることを認めつつ、つねに独創的なデザインや大胆なパターンで、こちらの予想を裏切ってくる。鈴木の広範な知識は製品づくりにも活かされているが、本人はレプリカにまったく関心がない。「日本的な視点で見るアメリカのファッションというのが、ぼくにはピンと来ないんです」

一方でコムデギャルソン・オムの渡辺淳弥《わたなべじゅんや》は、ブルックス・ブラザーズやリーバイスのような伝統的なブランドとしばしば仕事をともにしているが、任されるのはもっぱら、クラシックなアイテムを〝汚《けが》す〟仕事だ。たとえば2009年に彼は、裏地に赤のギンガムチェックを使ったリバーシブルなブルックス・ブラザーズのネイビーブレザーをつくった。彼は『インタヴュー』誌にこう語っている。「洋服はぼくらの［日本での］普段着です。もう日本産だろうとアメリカ産だろうとヨーロッパ産だろうと大したちがいはないんじゃないでしょうか」。むろんちがいはある。日本産のバージョンは、贅沢品として市場に出まわっていることだ。現に渡辺もテネシーに本社を置くワークウェア・メーカー、ポインター・ブランドが100ドルで売っているカジュアルなデニム・ジャケットに手を加え、800ドルで売り出していた。

中村ヒロキのハイエンドなストリートウェア・ブランド、ビズビムは、アイビーやアメリカのデニムとのつながりを断ち、古代の民族的な風習を掘り下げはじめた。ティーンエイジャー時代、ヘビーデューティーのアイテムに熱中していた中村は、アラスカを訪れて衝撃を受けた。「頭のてっぺんからつま先まで、アメリカの伝統的なブランドで決めていたんです——リーバイス１９５５の大戦モデルに、最高にレアなレッドウィング。誰も気がついてくれませんでした!」。バートン・スノーボーズでの仕事と、藤原ヒロシとの交友をへて、中村は２００２年、ハイテクなアメリカのスニーカーをネイティブアメリカンのモカシンと融合させたシューズ・ブランドをスタートさせる。その後、ビズビムを総合的な衣類のブランドへと拡大させていくなかで、彼はアパレル業界のインディ・ジョーンズとなり、チベットで重いウールのコート、ノルウェーのサーミ族の集落でトナカイの革のブーツ、グァテマラの村でカラフルな民芸品、ナヴァホ族の居留地で手染めの毛布、そしてアフリカではクーズーの皮を見つけ出した。彼はこれらの要素をビジュアル・デザインとして採り入れるだけでなく、機能性を高めるためのヒントを求めて、古くから伝わる技術を研究した。

ビズビムの顧客は高コストのレアな素材だけでなく、それぞれの製品に縫いこまれた〝物語〟のためにも大金を支払う。めったに得られない素材を使い、と同時に民族的な伝統にも敬意を払っているおかげで、中村は彼のコレクションのあらゆる作品について、叙事詩的な物語を紡ぎ出すことができる。製品が生み出される過程に重きを置くことで、中村は21世紀における〝製法信仰《カルト・オブ・プロダクション》〟——製品がどこでどうやってつくられているのかを、顧客があますところなく知りたがる流れの守護聖人となった。中村はここに未来があると信じている。「日本の市場はどんどん成熟しています。お客さんの年齢も上がっていますし。もうそれほどモノは必要じゃない。それよりは意味のある、長持ちがするなにかを求めている。物質的なモノだけでは幸せになれないのがわかっているんです。ぼくらは生産量を絞るようにしています。売る量も絞るようにしています」

鈴木、渡辺、中村は伝統というコンセプトを新たな地平に導いたが、さらに若いデザイナーたちの多くは、歴史の束縛から完全に解き放たれたいと願っている。以前ジョンブルのプランナーをしていた原田浩介は現在、ＴＵＫＩというメンズのボトム・ブランドを、岡山リサーチパークインキュベーションセンターで運営している。少量生産のパンツをセレクトショップに売る一方で、原田とその妻はビンテージの布地や衣料品生産の歴史に関する研究を進めているが、こうして衣類の歴史に関心を寄せせつつも、原田はメンズ・アパレルの〝物語性〟にはうんざりしている。「僕は大げさなストーリーにあふれた服は嫌いです。朝起きて、やっぱり好きだなという単純な動機で穿いてもらいたい」

日本におけるレプリカ・デニムの過剰な蔓延に対する〝アンチテーゼ〟を目指して、ＴＵＫＩはノン・セルビッジのデニム、濃紺のインナースティッチ、クロームのリベットと模様のないボタンを用い、うしろに澄んだネイビーブルーの革パッチをつけた、超ミニマルなジーンズを生み出した。ほかのブランドが盲目的に模倣しつづけているリーバイス５０１の要素をすべて、デザインから排除したジーンズである。原田の計算された伝統の排除は、現代のトレンドに対する過剰反応かもしれない。だが日本のデザイナーが服飾史の秘密をすべて学んでしまった今、前に進むためにうしろをふり返るというパターンにはもはや、さほど価値がなくなっているという見方もできるだろう。原田の望みは伝統的な型を護ることでも、それに対して前衛的な反発を示すことでもない。彼はただ、それとは別個に、新しいなにかを生み出そうとしているだけなのだ。

日本のファッション史の断片は今も、現代ポップ・カルチャーの地平に散らばっている。石津謙介は死後もなおゼウス的な地位を保ち、VANの元社員たちは今も、彼を〝先生〟と呼んでいる。ビッグジョンとエドウィンはゼロ年代に財政難に見舞われたが、岡山と福山には今も、縫製工場、処理場、そして世界的なデニム工場が数多く存在する。『ポパイ』は「ザ・サルトリアリスト」の常連、木下孝浩の編集手腕下で、これまで以上に好調だ。

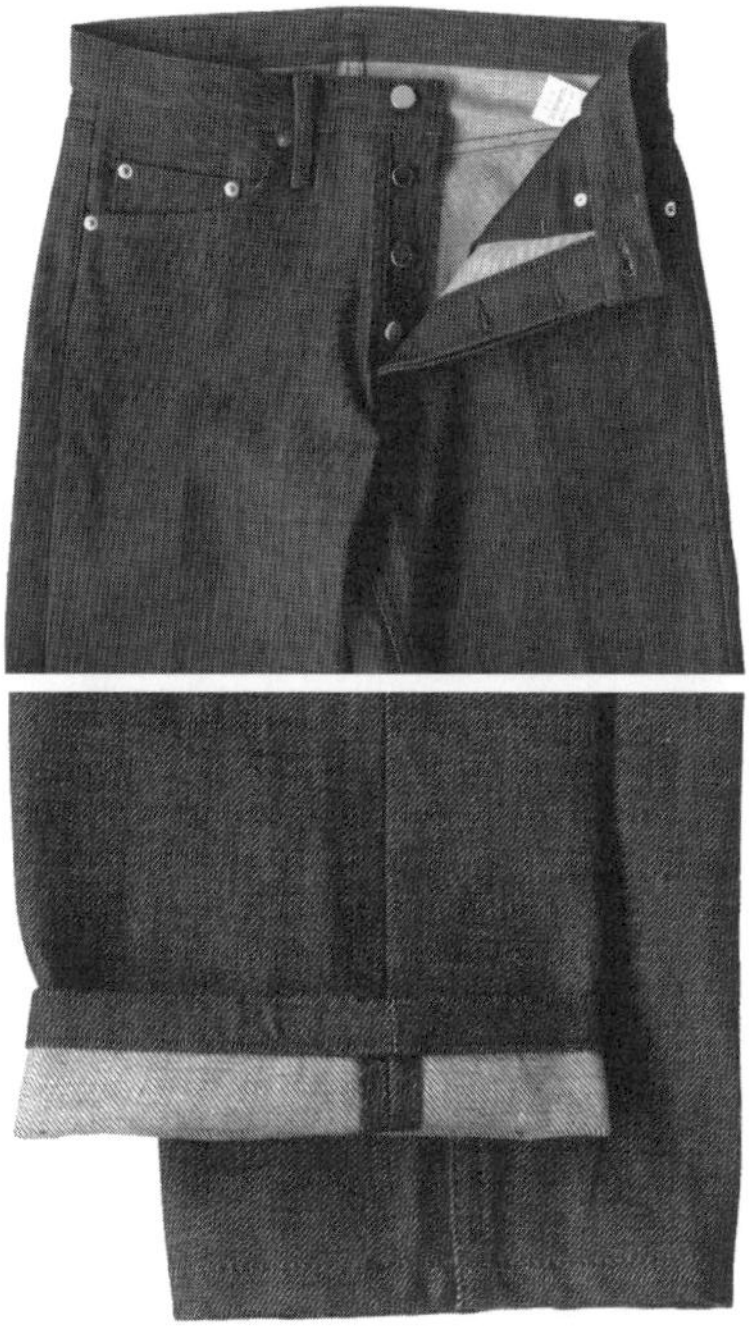

岡山のブランド、TUKIのミニマリスト的なジーンズ。

ロックンロールの導師《グル》、山崎眞行は2013年に亡くなったが、ピンクドラゴンのネオンは今も、夜ごと原宿を照らしている。日曜になると、東京ロカビリークラブのメンバーは代々木公園に集い、ラジカセを囲んで踊っている――最年少のメンバーですらすでに、50の坂を越えているのだが。ヤンキー文化は2008年、アメリカ人兵士の模倣というこのサブカルチャーのルーツからさらに切り離された、やりたい放題の趣味の悪さによって、ふたたび主流的なメディアの注目を浴びた。

ビームスは日本全国に74の店舗を構え、海外にも出店した。青山にあるブルックス・ブラザーズの旗艦店では今も、日本とアメリカの国旗がはためいている。ビンテージ・リーバイスのベテラン・コレクターだった大坪洋介はその後、リーバイスビンテージクロージングのセールス&マーケティング・ディレクターに就任した（現在は退社）。ア・ベイシング・エイプのNIGOは、ユニクロのTシャツ・ブランド、UTのクリエイティヴ・ディレクターを務めている。

アメリカン・ファッションを製造し、改良する日本のブランドの技量はすでに広く知れわたっているが、彼らが真の試練を迎えるのは、この先の10年間だ。70年にわたってアメリカからスタイルのアイデアを借用してきた日本人は、アメリカの歴史から、ありとあらゆるアイデアを吸収しつくした。アメトラの〝型〟はアメリカが起源かもしれない。だがそれは今、日本にしっくり収まっている。この先は世界が、今にも死にそうなアメリカのオリジナルではなく、健康な日本の実例を模倣していく公算も大きい。長年、生徒の立場にいた日本に、教師となるチャンスが訪れたのだ。

日本は自分たち自身の遺産を頼りに、新たなファッションのアイデアを生み出していかなければならないだろう。しかしさいわいこの国には、世界一豊潤で、世界一多様なファッション・シーンが存在する。今現在、アメリカのトラディショナルなスタイルを、自分たちなりのバージョンで世界に広めている日本は、逆にほかの国々がアメトラの自国バージョンを輸出してきたとき、いったいどんな反応を示すのだろう？　刮目して待ちたい。

謝辞

2010年の9月のことだ。東京のシューシャインバー〔靴磨きサロン〕、ブリフトアッシュでコードバンの古いオックスフォードシューズを磨いてもらっていると、中年の男性が入ってきて、1965年に刊行された『TAKE IVY』のオリジナル版を取り出した。ぼくは思わず身を乗り出し、VANヂャケットの石津謙介に関する記事を書いたばかりだと口にした。男性はVANの元社員の大柴一二三《かずふみ》だと自己紹介し、ぼくを石津の息子の祥介に引き合わせたいといってくれた。翌週、ぼくは正式に石津事務所を訪問した。そこでは息子の祥介と孫の塁が、VAN創立者の遺産を護りつづけていた。その後もミスター大柴はさらに、VANの元社員を紹介してくれ、おかげで大学でやったア・ベイシング・エイプに関するリサーチと、1960年代にVANが進めたアメリカン・ファッションの輸入を結びつける、大半は知られていない、驚くべき物語があることがわかってきた。

ぼくはそれからの数年間を費やし、アメリカン・ファッションを日本に導入したキー・パーソンを次々にインタビューしていった。メーカーズシャツ鎌倉の親切なスタッフのおかげで、創立者の貞末良雄だけでなく、くろすとしゆきとも会見することができた。小林泰彦と接触することができたのは、『ポパイ』編集長の木下孝浩が手助けしてくれたおかげだし、TUKIの原田浩介は、キャピタルとカイハラを紹介してくれた。時には手遅れになることもあった。インタビューを申しこんだとき、『TAKE IVY』の写真を撮った林田昭慶は入院中で、その数か月後に亡くなった。この本はまた、長年にわたり、ぼく自身の書くものに大きな影響を与えてきた人々をインタビューする絶好の機会となった――ライターの速水健朗、サブカルチャー研究家の難波功士、そしてファッション史家の出石尚三である。

この本を完成させるためには、多くの人々の多大な助力が必要だった。ぼくはそうした人々にここで謝意を表したい。まずつねに支えとなってくれた妻の雅楽子に。2年間、週末の朝が来るたびに書斎に姿を消していたぼくに彼女はじっと耐えてくれた。国会図書館で取ってきたコピーの山に、落書きをしたがっていた2人の子どもたちにも。ぼくは冷酷にもそんな真似を、いっさいさせようとしなかった。高校時代に日本に留学させてくれた両親、そして日本のファッションについて、えんえんとしゃべりつづけるぼくに17年間耐えてくれた兄弟たちにも感謝を。

石津家、大柴一二三、木下孝浩、エリック・クヴァテック、原田浩介、クリスチャン・チェンスヴォルド、堀口麻由美、川崎大助、中野香織、ソーリス・ホン、スコット・マッケンジー、玉置美智子、ケヴィン・バロウズ、川野憲志、河野あや子、クレイグ・モッド、ギデオン・ルイス＝クラウス、オードリー・フォンドゥカヴ、坂本純子、フェロメナ・キートほかの、執筆作業中に紹介の労を取ったり、アドバイスをくれたりしたすべての人々、そして我妻亮、ブルース・ボイヤー、マシュー・ペニー、ポール・トリンカ、トビー・フェルトウェルほかの、この本のさまざまなパートについて、深い知識を提供してくれたすべての人々に感謝したい。

Ｇｏｏｇｌｅドキュメントのパワーを通じて、わたしは読者と校正者のスーパースター軍団を味方につけることができた。マット・オルト、エミリー・バリストリアーリ、マット・トレイヴァード、ロビン・モロニー、カサンドラ・ロード、コナー・シェパード、ジョッシュ・ランバート、そしてぼくの父親に感謝を。

このすべてを可能にしてくれたエージェントのモリー・グリックと初代編集担当のアレックス・リトルフィールド、さらにはこの本を読めるものにしてくれた出版者のララ・ハイマート、編集者のケイティ・オドネルとリア・ステッチャー、そしてベーシックの皆さんにも感謝を捧げる。

図版とデザインで協力してくれた〝Néojaponisme〟の共同創設者、イアン・ライナム、そして山のようにアドバイスをくれ、日本とアメリカのブランドの交わりに関する、驚くべき逸話を発掘してくれたジェーン・チャンに大きな感謝を。そしてプリンストン大学のアーカイブで、いまだに謎に包まれたオブライエン中尉に関するリサーチをしてくれたサラ・ジュー＝リムにも。成果は得られなかったものの、彼女は貴重な時間を費やしてくれた。ベンジャミン・ノヴァック、チェス・

ステッソン、トレヴァー・サイアス、パトリック・マシアス、そしてライアン・エリック・ウィリアムズからの長年にサポートにも、ずっと感謝の念を抱いてきた。そしてショーン・ボーイランド。ぼくは今も、碁の勝負できみにひとつ借りがあることを忘れていない。

り。ファーリーの物語は“Fads:The Nike Railroad.”(1997)、Bunn(2002)、Frisch(1997)、およびUhlman(1997)より。レプリカ・ブランドの成長については『にっぽんのジーンズ』(1998)より。“ムラ糸”については佐伯より。山根による発言の一部は山根(2008)より。海外におけるエヴィスの成功についてはTredre(1999)より。ザ・リアルマッコイズについては小池より。キャピタルについては杉山より。リーバイスの訴訟についてはBarbaro and Creswell(2007)より。大石の発言は「Gパン この粋なファッション」より。

第10章

石津の死と遺産については宇田川、「永遠のアイビー展」、花房、小林(1996)、および貞末とのインタビューより。Pressler(2010)には柳井/ドレクスラーに関する記述があり、Burkitt(2012)は勝田を取り上げている。Colman(2009)はトム・ブラウンに関する鈴木大器の発言もふくめ、有用な情報を満載している。『TAKE IVY』の人気についてはTrebay(2010)より。5万部という売り上げの数字はJacobs(2010)より。ペイのエピソードと発言はSwanson(2014)より。ブラウンはKohl(2013)のなかで、“直接的”な影響を否定している。“ア・コンティニュアス・リーン”の発言はWilliams(2009)およびGallagher(2013)より。タイラー・ブリュレについてはBartlett(2013)より。アメリカのメンズウェア・ブログに関する情報とバスティアンの発言はGreenwald(2011)より。シュロスマンの発言はEvans(2012)より。「日本的な視点」を否定する鈴木の発言はDugan(2013)より。渡辺の発言は“Sentimental Journey”、ポインター・ブランドをもとにした彼の仕事についてはHoryn(2013)より。Prpsの謳い文句はKeet(2011)より。石津の発言は「New Ivy Text‘82」より。ラルフローレン表参道店の価格はFujita(2014)より。

第5章

“イラストルポ”に関する注記は小林（2004）およびくろす（1990）より。小林、石川、木滑、寺崎、内坂ほかの『ポパイ』編集者のインタビューは赤田（2002）より。世論調査の数字はNHK（1982）より。馬渕、アクロス編集室およびうらべ（1982）は社会史を概括している。『Made in U.S.A.』に関するさらなる情報は難波（『創刊の社会史』2009）より。『ポパイ』の歴史は赤田および椎根（2010）より。“システム”としてのヘビーデューティーというアイデアは小林（1978）および小林（2013）より。うらべ（1982）はヘビーデューティーの市場に触れている。サーフィンの初期の歴史は西野（1971）および鈴木（1981）より。VANの破産は宇田川、佐山、馬場（1980）、「永遠のアイビー展」および都竹（1980）より。

第6章

山崎眞行の経歴に関するディテールは森永（2004）および山崎（2009）より。山崎の発言はクリームソーダの刊行物『ロックンロール・コネクション』（1977）。山崎（1980）、『TEDDY BOY ロックンロール・バイブル』（1980）より。“愚連隊”は大貫（1999）およびDowerより。“横須賀ジャンパー”については『スカジャンスタイルブック』（2005）より。“コロニアル・シック”に関するくだりは小林（1973）より。“暴走族”はSatō（1991）より。“ヤンキー文化”は難波（『ヤンキー進化論』2009）、『ヤンキー文化論序説』（2009）および『ヤンキー大集合』（2009）より。“ローラー族”は『ハートはTEDDY』（2003）より。“ツッパリ”に反発する2人の少女の発言は『アンアン』1978年2月5日号「原宿‘78」より。原宿の日曜日については「若い広場：原宿24時間」より。デイヴ・バリーの引用はBarry（1993）より。

第7章

初期のビームスと重松の物語は川島（2004）、山口（2006）、「『ビームスでいちばんスゴかったのは何かなあ』を語る。」、および『繊研新聞』の設楽洋に関する連載より。高級衣料市場についてはうらべ（1982）より。北山の発言は赤田より。アメリカのブランドとプレッピー・ブームについては馬場（1980）と馬場（1982）、および『石津謙介ニューアイビーブック』（1983）より。ブルックス・ブラザーズについては中牟田（1981）および「永遠のアイビー展」より。『ホットドッグ・プレス』の裏話は赤田、難波（『創刊の社会史』2009）、および花房より。ホイチョイについてはホイチョイ・プロダクション（1983）より。『なんとなく、クリスタル』からの引用は田中（1980）より。社会の構成要素としての金銭についてはFujitake（1977）より。若者の消費統計については佐野（1986）より。コムデギャルソンの売り上げ数字は千村（2001）およびRoy（1983）より。海外資産の数字は「ファッションビジネス2020年への挑戦」より。“ジャッピー”については岩田（1987）より。『タイム』誌からの引用はHillenbrand（1989）まで。“渋カジ”については難波（2005）、千村、および小池（2004）より。“チーマー”については中野（1997）より。渋谷のインポートショップについては小池より。“渋カジ”スタイルの詳細は「“渋カジ”、そのファッションから生態まで、徹底研究マニュアル」より。

第8章

藤原、大鍛治とその会社については川勝（2009）より。NIGOと高橋に関する詳細はNylon for Guysのインタビューより。さほど知られていないNIGOの情報は「14個の断片からなるNIGOの素顔」より。『ホットドッグ・プレス』誌の人気投票は、同誌の1997年9月25日号と11月10日号より。1年後の人気投票では、“裏原宿系”がいちばん人気の高いスタイルに選ばれた。AFFAのTシャツの値段とティーンエイジャーの発言は「雑誌、タレントに踊らされる『没』個性派の古着ブーム」より。NIGOと藤原の納税額（以前は公表されていた）はオカヂマおよび小笠原（2001）より。ファレルの発言はBlagrove（2013）ほかより。売り上げ数字と破産の詳細はWetherille（2011）より。

第9章

ビンテージの買い入れに関するエピソードは大坪、クヴァテック、日下部、大淵との個人的なインタビューより。業界の概況は石川（1994）、「倍々ゲームを続ける輸入」（1996）、および「リサイクルの文化論」（1997）より。ジーンズの歴史とリーバイス・ジャパンについては再び佐伯より。『Boon』と消費者の需要については小池および中野より。質の低下に関する発言は『The Jeans』（1988）より。ワイザーの発言はBunn（2002）より。ヒスパニック系の労働者と原宿VOICEに関する引用は「雑誌、タレントに踊らされる『没』個性派の古着ブーム」よ

注釈と出典
NOTES AND SOURCES

日本における若者文化の歴史については、馬渕（1989）が本書の全編を通じて、主要な情報源となっている。戦後のファッション文化に関する追加の注記は木村（1993）、アクロス編集室（1995）、および佐藤（1997）を参考にした。

個人的にインタビューした人々は以下の通り（50音順）――アンドリュー・オラー、石津祥介、エリック・クヴァテック、大柴一二三、大坪洋介、大淵毅、貝原良治、木下孝浩、キヤ・バブザーニ、日下部耕司、くろすとしゆき、小林昌良、小林泰彦、貞末良雄、重松理、末永雄一、辻田幹晴、トビー・フェルトウェル、難波功士、長谷川"ポール"元、林田昭慶、速水健朗、原田浩介、平川武治、平田俊清、平田和宏、福田和嘉、穂積和夫、ポール・ミットルマン、森永博志、山根英彦、リチャード・プレス。eメールでインタビューした人々は――アレキサンダー・ジュリアン、鈴木大器、ポール・トリンカ。過去の個人的なインタビューを参照した人々は――栗野宏文、高橋盾、中村ヒロキ、NIGO。

イントロダクション

みゆき族に関する引用は『朝日新聞』の記事（「銀座『みゆき族』に補導の網」、「百人余りを補導―銀座の『コウモリ族』狩り」）より。パルコに関するジョークはGibson（2003）より。

第1章

戦前のファッションは戸板（1972）およびSlade（2009）、モボの逮捕はAmbaras（2005）、天津の解放はShaw（1960）を参考にした。"吊しんぼ"という蔑称はGordon（2012）、大江の発言はDuus/Hasegawa（2011）より。Dower（1999）は占領期文化に関する規範的な書物だが、パンパン・ガールに関してはTanaka（2002）がさらなる情報を与えてくれた。"オー・ミステーク"事件は馬渕、Dowerに加え、岩間（1995）でも取り上げられている。

石津謙介の経歴に関するディテールは、石津（1983）に収録の自伝、証言は田島（1996）、ishizu.jpのオンライン・ミュージアム、および佐山（2012）、宇田川（2006）より。

第2章

くろす（2001）は自伝的なディテールに加え、戦後の衣類文化と初期のVANについても上質な情報を与えてくれる。VANに関する重要な情報はほかに、馬場（1980）、花房（2007）、そして永遠のアイビー展（1995）より。くろすと穂積は自分たちの経歴を何度も『メンズクラブ』の対談でふり返っている。成功を目前にしたVANの姿は「きみはVAN党かJUN党か」（1964）より。売り上げ数字は馬場およびうらべ（1982）より。『平凡パンチ』の歴史は『平凡パンチの時代』（1996）、難波（2007）および赤木（2004）より。

第3章

アイビーをめぐるティーンの混乱は石津（「アイビー族」1965）より。安岡の誤解は安岡（1975）より。オリンピックのブレザーを巡る逸話は「スポーツとアーティスト」（2007）より。『TAKE IVY』の裏話は石津祥介など（1965）および"ザ・トラッド"のインタビューより。アイビー族のメンバーの発言は『朝日新聞』の「百人余りを補導―銀座の『コウモリ族』狩り」より。"こじき"のスラングうんぬんと警官の発言は「アイビーと日本の若者」より。石津のスピーチは石津（「アイビー族」1965）および佐山から構成。アンチ石津の記事は週刊現代の「亡国のデザイナー・石津謙介氏の評判」より。貞末の物語は『団塊パンチ』より。

第4章

日本におけるジーンズの基本的な歴史は佐伯（2006）、小山（2011）、Book of Denim（1991）、堀（1974）、北本（1974）およびくろす（1973）より。児島とマルオ被服に関する情報は杉山（2009）および猪木（2013）より。綿花に関する詳細はSugihara（1999）および猪木（2013）より。アメ横のジーンズと白洲のエピソードは出石（2009）と出石（1999）および「Gパン この粋なファッション」（1970）より。アメ横の背景は真日（1960）および塩満（1982）より。ジーンズに関する小林の回想は小林（1966）および小林（1996）より。反体制文化に関する記述は馬渕およびアクロス編集室より。"ノンポリ"的な存在としてのVANは佐山より。くろすの反米的な発言は佐藤（1997）より。ベルボトムは小林（1973）より。ペーダの発言は"Gaijin Teaches Young Jpnz. Good Manners"より。

"Sentimental Journey" (Junya Watanabe). Interview. 2009.

(エドワード・サイデンステッカー『東京 下町山の手 1867-1923』安藤徹雄訳、TBSブリタニカ／『立ちあがる東京—廃墟、復興、そして喧騒の都市へ』安藤徹雄訳、早川書房、1992)

Shaw, Henry I. Jr. The U.S. Marines in North China, 1945-1949. Historical Branch, Headquarters, USMC, 1960.

Slade, Toby. Japanese Fashion: A Cultural History. Oxford: Berg, 2009.

Stock, Kyle. "Why Ralph Lauren Is Worried About a Weakened Yen." Businessweek. June 05, 2013.

Sugihara, Kaoru. International Circumstances surrounding the Postwar Japanese Cotton Textile Industry. Graduate School of Economics and Osaka School of International Public Policy (OSIPP), Osaka University, May 1999.

Swanson, Carl. "The New Generation Gap." Elle. January 15, 2014.

Tanaka, Toshiyuki. Japan's Comfort Women: Sexual Slavery and Prostitution during World War II and the US Occupation. London: Routledge, 2002.

Trebay, Guy. "Prep, Forward and Back." New York Times. July 23, 2010.

Tredre, Roger. "Jeans Makers Get the Blues as Sales Sag." New York Times. January 13, 1999.

Trumbull, Robert. "Japanese Hippies Take Over a Park in Tokyo." New York Times. August 26, 1967.

Uhlman, Marian. "There May Be Money In Your Air Jordans. Japanese Buyers Pay Big For Old Sneakers."
The Philadelphia Inquirer. July 21, 1997.

Wetherille, Kelly. "Nigo Opens Up About Bape." Women's Wear Daily. February 7, 2011.

Williams, Michael. "That Autumn Look | Turning Japanese." A Continuous Lean. September 21, 2009. http://www.acontinuouslean.com/2009/09/21/that-autumn-look-turning-japanese/

Fujita, Junko. “Mitsubishi Corp in final talks to buy Tokyo Ralph Lauren building for $342 million: sources.” Reuters. Jan 30, 2014.

Fujitake, Akira. “Hordes of Teenagers ‘Massing.’” Japan Echo 4.3 (1977) 109-117.

Gallagher, Jake. “Classic Ivy Oxfords Straight From Japan.” A Continuous Lean. December 3, 2013. http://www.acontinuouslean.com/2013/12/03/classic-ivy-oxfords-straight-japan/

Gibson, William. Pattern Recognition. New York: G: Putnam’s Son, 2003.
(ウィリアム・ギブスン『パターン・レコグニション』浅倉久志訳、角川書店、2004)

Gordon, Andrew. Fabricating Consumers: The Sewing Machine in Modern Japan. Berkeley: University of California, 2012.
(アンドルー・ゴードン『ミシンと日本の近代：消費者の創出』大島かおり訳、みすず書房、2013)

Greenwald, David. “Reblog This: The Oral History of Menswear Blogging.” GQ. December 13, 2011. http://www.gq.com/style/profiles/201112/menswear-street-style-oral-history

Hillenbrand, Barry. “American Casual Seizes Japan.” Time. November 13, 1989: 106-107.

Horyn, Cathy. “A Tennessee Clothing Factory Keeps Up the Old Ways.” New York Times. August 14, 2013.

"Interview with Teruyoshi Hayashida. I of III" The Trad. October 6, 2010. Accessed November 19, 2014. http://thetrad.blogspot.com/2010/10/interview-with-teruyoshi-hayashida-i-of.html.

“Hayashida & Take Ivy on 16mm - Part II of III” The Trad. October 7, 2010. Accessed November 19, 2014. http://thetrad.blogspot.com/2010/10/hayashida-take-ivy-on-16mm-part-ii-of.html

“Hayashida & ‘Nioi’ Part III” The Trad. October 8, 2010. Accessed November 19, 2014. http://thetrad.blogspot.jp/2010/10/hayashida-nioi-part-iiii.html

Jacobs, Sam. “Take Ivy, The Reissue Interview.” The Choosy Beggar. August 19, 2010. http://www.thechoosybeggar.com/2010/08/take-ivy-the-reissue-interview/

Kawai, Kazuo. Japan’s American Interlude. Chicago: University Of Chicago Press, 1979.

Keet, Philomena. “Making New Vintage Jeans in Japan: Relocating Authenticity.” Textile 9:1 (2011) : 44–61.

Kohl, Jeff. “An Interview With Thom Browne.” The Agency Daily. May 2013. http://www.theagencyre.com/2013/05/thom-browne-interview-tokyo-flagship/

Krash Japan. “Kojima: Holy Land of Jeans.” Accessed on August 14, 2013. http://www.krashjapan.com/v1/jeans/index_e.html

Lee, John, and Jeff Staple. “Hiroshi Fujiwara: International Man of Mystery.” Theme: Issue 1, Spring 2005. http://www.thememagazine.com/stories/hiroshi-fujiwara/

Marx, W. David. “Nigo: Gorillas in Our Midst.” Nylon Guys. Spring 2006.

Marx, W. David. “Jun Takahashi.” Nylon Guys. Fall 2006.

Marx, W. David. “Future Folk: Hiroki Nakamura.” Nylon Guys. Fall 2008.

Marx, W. David. “Selective Shopper: An interview with fashion guru Hirofumi Kurino.” Made of Japan. September 2009.

Mead, Rebecca. “Shopping Rebellion.” The New Yorker. March 18, 2002; 104-111.

Mystery Train. Film. Directed by Jim Jarmusch. Original Release Year: 1989. Mystery Train Inc.
(『ミステリー・トレイン』(映画)、ジム・ジャームッシュ監督、1989)

“Gaijin Teaches Young Jpnz. Good Manners.” The New Canadian. July 1, 1977.

Olah, Andrew. “What is a Premium Jean?” Apparel Insiders. November 2010. http://www.apparelinsiders.com/2010/11/1619018243/

Packard, George R. “They Were Born When the Bomb Dropped.” New York Times, August 29, 1969.

Pressler, Jessica. “Invasion of the $10 Wardrobe.” GQ. December 2011.

Roy, Susan. “Japan’s ‘New Wave’ Breaks on U.S. Shores.” Advertising Age. September 5, 1983.

Satō, Ikuya. Kamikaze Biker: Parody and Anomy in Affluent Japan. Chicago: University of Chicago Press, 1991.

Seidensticker, Edward. Tokyo: from Edo to Showa 1867-1989. Tokyo: Tuttle Publishing, 2010.

安岡 章太郎「のし歩く<アイビー族>に物申す」『安岡章太郎エッセイ全集Vol.8』読売新聞社, 1975.
山口 淳『ビームスの奇跡』世界文化社, 2006.
山崎 眞行『クリーム・ソーダ物語』JICC出版局, 1980.
山崎 眞行『宝はいつも足元に』飛鳥新社, 2009.
山根 英彦『EVISU THE PHOTO BOOK TATEOTI』エイ出版社, 2008.
ヤンキー文化研究会『ヤンキー大集合』イースト・プレス, 2009.
「リサイクルの文化論第7回：アメリカのごみ」『月刊廃棄物』1997.10: 88-95.
「流行に追いぬかれるアセリのVAN教祖石津謙介」『週刊文春』1969.1.13: 138-140.
『ロックンロール・コネクション』白川書院, 1977.
「若い広場—原宿24時間」NHK, 1980.

English Bibliography

Ambaras, David R. Bad Youth. Berkeley: University of California Press, 2005.
Asada, Akira. "A Left Within a Place of Nothingness." New Left Review. No. 5. September-October 2000.
Barbaro, Michael, and Julie Creswell. "Levi's Turns to Suing Its Rivals." New York Times. January 29, 2007.
Barry, Dave. Dave Barry Does Japan. New York: Ballantine Books, 1993.
(デイヴ・バリー『デイヴ・バリーの日本を笑う』東江一紀訳、集英社、1994)
Bartlett, Myke. "Tyler Brûlé makes Monocle." Dumbo Feather. Second Quarter 2013.
http://www.dumbofeather.com/conversation/tyler-brule-makes-monocle/
"'Bathing Ape' T-shirts land duo in hot water." Daily Yomiuri (Tokyo) 16 October 1998: 2.
English
Birnbach, Lisa, ed. The Official Preppy Handbook. New York: Workman Publishing Company, 1980.
(リサ・バーンバック『オフィシャル・プレッピー・ハンドブック』宮原憲治訳、講談社、1981)
Blagrove, Kadia et. al. "The Oral History of Billionaire Boys Club and Icecream." Complex. December 3, 2013.
http://www.complex.com/style/2013/12/oral-history-bbc-icecream
Bunn, Austin. "Not Fade Away." New York Times. December 1, 2002.
Burkitt, Laurie. "The Man Behind the Puffy Purple Coat." Wall Street Journal. March 16, 2012.
Chaplin, Julia. "Scarcity Makes the Heart Grow Fonder." New York Times. September 5, 1999.
Chapman, William. Inventing Japan. New York: Prentice Hall Press, 1991.
Colman, David. "The All-American Back From Japan." New York Times. June 17, 2009.
Cooke, Fraser. "Hiroshi Fujiwara." Interview. 2010.
De Mente, Boye, and Fred Thomas Perry. The Japanese as Consumers. Tokyo: John Weatherhill Inc., 1968.
Dower, John. Embracing Defeat. New York: W.W.Norton & Company, 1999.
(ジョン・ダワー『敗北を抱きしめて』三浦陽一、高杉忠明訳、岩波書店、2001)
Dugan, John. "Daiki Suzuki." Nothing Major. June 19, 2013. http://nothingmajor.com/features/60-daiki-suzuki/
Duus, Peter, and Kenji Hasegawa. Rediscovering America Japanese Perspectives on the American Century. Berkeley: University of California, 2011.
English, Bonnie. Japanese Fashion Designers: The Work and Influence of Issey Miyake, Yohji Yamamoto and Rei Kawakubo. Oxford: Berg, 2011.
Evans, Jonathan. "Q&A: The Guys Behind the Fk Yeah Menswear Book." Esquire: The Style Blog. November 7, 2012. http://www.esquire.com/blogs/mens-fashion/kevin-burrows-lawrence-schlossman-fuck-yeah-menswear-110712
"Fads: The Nike Railroad." New York Times. October 5, 1997.
Frisch, Suzy. "Growing Yen For Old Things American." Chicago Tribune. December 05, 1997.

杉山 慎策『日本ジーンズ物語』吉備人出版、2009.
鈴木 正『サーフィン』講談社, 1981.
「スポーツとアーティスト 第5回くろすとしゆき」日本オリンピック委員会（JOC）2007.7.26
2014.11.19. にアクセス, http://www.joc.or.jp/column/sportsandart/20070726.html
田島 由利子『20世紀日本のファッション―トップ68人の証言でつづる』源流社、1996.
田中 康夫『なんとなく、クリスタル』河出書房新社, 1981.
千村 典生『戦後ファッションストーリー 1945-2000』平凡社, 2001.
戸井 十月『止められるか、俺たちを―暴走族写真集』第三書館, 1979.
戸板 康二『元禄小袖からミニ・スカートまで―日本のファッション・300年絵巻』サンケイ新聞社出版局, 1972.
都竹 千穂「僕は三度も無一文になってますよ　石津謙介」『STUDIO VOICE』1980.12
「トラッド回帰とプレッピー」『メンズクラブ』Vol. 225. 1979.12：139-143.
中野 充浩「ティーンエイジ・シンフォニー」『バブル80'Sという時代―1983~1994TOKYO』アスペクト, 1997.
中部 博『暴走族100人の疾走』第三書館, 1979.
中牟田 久敬『トラディショナルファッション』婦人画報社, 1981.
難波 功士「渋カジ考」関西学院大学社会学部研究ノート. 2005.10: 233-245.
難波 功士『創刊の社会史』ちくま新書, 2009.
難波 功士『ヤンキー進化論』光文社, 2009.
難波 功士『族の系譜学―ユース・サブカルチャーズの戦後史』青弓社, 2007.
西野 光夫『たのしいサーフィン』成美堂出版, 1971
『にっぽんのジーンズ』ワールドフォトプレス, 1998.
『日本のレトロ・スタイルブック―1920~1970』織部企画, 1990.
「倍々ゲームを続ける輸入古着」『東洋経済』1996.8.24：40.
花房 孝典『アイビーは、永遠に眠らない―石津謙介の知られざる功績』三五館, 2007.
馬場 啓一『アイビーグッズグラフィティ―for the young and the you』立風書房, 1982.
馬場 啓一『VANグラフィティ』立風書房, 1980.
林田 昭慶、くろす としゆき『TAKE IVY』Powerhouse, 2010.
原 宏之『バブル文化論』慶應義塾大学出版会, 2006.
「『ビームスでいちばんスゴかったのは何かなあ』を語る（北村勝彦×星野一郎）」
『relax: BEAMS mania』1998.4: 46-47, 68-69.
『ヒストリー 日本のジーンズ』日本繊維新聞社, 2006.
「百人余りを補導　銀座の“コウモリ族”狩り」『朝日新聞』1965.4.25.
『ファッションと風俗の70年』婦人画報社, 1975.
「ファッションビジネス2020年への挑戦」『ファッション販売』2014.5.
『プロトタイプなジーンズ200』祥伝社, 1995.
『平凡パンチの時代―失なわれた60年代を求めて』マガジンハウス, 1996.
ホイチョイ・プロダクション『見栄講座―ミーハーのための その戦略と展開』小学館, 1983.
「“亡国のデザイナー”石津謙介氏の評判」『週刊現代』1966.10.13: 128-132.
堀 洋一『ジーンズ 終わりのない流行－ジーンズのすべて』婦人画報社、1974.
松山 猛「原宿‘78」『アンアン』1978.2.5: 43-57.
真鍋 博「都会のキリギリス」『朝日新聞』1965.9.20.
真日 真里「掘出しもの手帳」『メンズクラブ』Vol. 20. 1960.10：84-87.
馬渕 公介『「族」たちの戦後史』三省堂, 1989
「“みゆき族”百人補導」『朝日新聞』1964.9.19.
本橋 信宏「VANの神話第二話：『鎌倉シャツ』に見るVANの遺伝子」『団塊パンチ』2006.7: 96-112.
森 柊二「みゆき族の掟」『週刊大衆』1964.10.15
森永 博志『原宿ゴールドラッシュ 青雲篇』CDC, 2004.

岩間 夏樹『戦後若者文化の光芒—団塊・新人類・団塊ジュニアの軌跡』日本経済新聞社, 1995.
宇田川 悟『VANストーリーズ—石津謙介とアイビーの時代』集英社, 2006.
うらべ まこと『流行うらがえ史—モンペからカラス族まで』文化服装学院出版局, 1965.
うらべ まこと『続・流行うらがえ史ーミニ・スカートからツッパリ族まで』文化服装学院出版局, 1982.
『永遠のIVY展』日本経済新聞社, 1995.
「映画『Take Ivy』について語ろう。」『Oily Boy: The Ivy Book』2011.11: 66-67.
江藤 淳、蓮實 重彦『オールド・ファッション—普通の会話』中央公論社, 1988.
大貫 説夫「我ら、新宿愚連隊」『愚連隊伝説』洋泉社, 1999.
オカヂマカオリと小笠原 格「NIGOという病」『サイゾー』2001.8: 95-97.
「男の二つの流行を語るアイヴィー・リーグかVスタイルか ?」『メンズクラブ』Vol. 6. 1956.10：121-125.
川勝 正幸『丘の上のパンク -時代をエディットする男、藤原ヒロシ半生記』小学館, 2009.
川島 蓉子『ビームス戦略—時代の変化を常に先取りするマーケティングとは』PHP研究所, 2004.
北本 正孟『JEANSの本　世界を占領した青の制服』サンケイ新聞出版局, 1974.
「きみはＶＡＮ党かＪＵＮ党か?」『平凡パンチ』Vol.6 1964.6.15: 7-14.
木村 春生『服装流行の文化史—1945-1988』現代創造社, 1993.
「銀座“みゆき族”に補導の網」『朝日新聞』1964.9.13.
「狂った“街頭レース”」『朝日新聞』1972.6.19
くろす としゆき「IVY Q&A」『メンズクラブ』Vol. 43. 1965.6：142-145.
くろす としゆき「あいびぃあらかると」『メンズクラブ』Vol. 45. 1965.9：18.
くろす としゆき「あいびぃあらかると」『メンズクラブ』Vol. 46. 1965.10：15.
くろす としゆき『アイビーの時代』河出書房新社, 2001.
くろす としゆき『トラッド歳時記』婦人画報社, 1973.
小池 りうも『大ヒット雑誌GET指令』新風舎, 2004.
小林 泰彦「HDはトラッドにはじまる」『メンズクラブ』Vol. 213. 1978.12：188-191.
小林 泰彦『イラスト・ルポの時代』文藝春秋, 2004.
小林 泰彦『永遠のトラッド派』ネスコ, 1996.
小林 泰彦『ヘビーデューティーの本』山と渓谷社, 2013.
小林 泰彦「ヨコスカ・マンボ」『平凡パンチ デラックス』Vol. 213. 1966.11.
小林 泰彦『若者の街—イラスト・ルポ』晶文社 , 1973.
小山 有子「『ジーパン』は誰のものか : 世代とジェンダーからみる日本のジーンズ受容試論」パブリック・ヒストリ 2011.8: 14-33.
佐伯 晃「わが国のジーンズ産業発展略史」日本繊維新聞社『ヒストリー　日本のジーンズ』日本繊維新聞社, 2006.
設楽 洋「アメリカの生活売る店開く」『繊研新聞』2013.2.15: 7
設楽 洋「流れ読みビジネスが拡大」『繊研新聞』2013.2.22: 11
「雑誌、タレントに踊らされる『没』個性派の古着ブーム」『アエラ』1997.9.22: 30.
佐藤 郁哉「暴走族のエスノグラフィー—モードの叛乱と文化の呪縛」新曜社, 1984.
佐藤 嘉昭『若者文化史—Postwar,60's,70's and Recent Years of FASHION』源流社, 1997
佐野 真一「暖衣飽食時代の古着ブーム」『中央公論』1986.11: 254-267.
佐山 一郎『VANから遠く離れて——評伝石津謙介』岩波書店, 2012.
「三人寄ればMC表紙寸評会」『メンズクラブ』Vol. 280. 1984.6：22-37.
椎根 和『popeye物語—若者を変えた伝説の雑誌』新潮社, 2010.
塩満 一『アメ横三十五年の激史』東京稿房出版, 1982.
『シティボーイ・グラフィティ』婦人画報社、1990
「“渋カジ”そのファッションから生態まで、徹底研究マニュアル」『ホットドッグプレス』1989.4.10
『スカジャンスタイルブック』エイ出版社, 2005.

参考文献

Bibliography

Japanese

「14個の断片からなるNIGOの素顔」『アサヤン』Vol. 85. 2001.1：19
『Be 50's Book around the Rock'n Roll 写真集 ハートはTEDDY PART2』第三書館, 1982.
『Book of Denim—デニム＆ジーンズグラフティ』アーバン・コミュニケーションズ, 1991.
「Gパン この粋なファッション」『週刊朝日』1970.2.27: 36-39.
「HEAVY-DUTY IVY ヘビアイ党宣言」『メンズクラブ』Vol. 183. 1976.9：151-155.
『Made in U.S.A.』読売新聞社, 1975.
「New Ivy Text'82」『ホットドッグプレス』1982.1.25.
NHK放送世論調査所『図説 戦後世論史』日本放送出版協会, 1982.
『OLD BOY. SPECIAL: 永遠のVAN』エイ出版社, 1999.
『REVIVAL版 ハートはTEDDY—写真集・日本ロックンローラーズ』第三書館, 2003.
『SKI LIFE』読売新聞社, 1974
『TEDDY BOY ロックンロール・バイブル』八曜社, 1980.
『The Jeans』婦人画報社, 1988.
「VAN王国衰退にあえぐ石津一家の浪費」『週刊新潮』1969.1.4: 42-44.
「アイビー・リーガース大いに語る」『メンズクラブ』Vol. 14. 1959.4：88-93.
「アイビー・リーガーの昨日・今日・明日」『メンズクラブ』Vol. 43. 1965.6：42-46.
「アイビーと日本の若者」『メンズクラブ』Vol. 43. 1965.6：216-223.
「アイビーのディテール」『メンズクラブ』Vol. 43. 1965.6：82-83.
赤木 洋一『平凡パンチ1964』平凡社, 2004.
赤田 祐一『証言構成「ポパイ」の時代—ある雑誌の奇妙な航海』太田出版, 2002.
アクロス編集室『ストリートファッション 1945-1995』PARCO出版, 1995
『アンアン』1978.2.5: 43-57
五十嵐 太郎『ヤンキー文化論序説』河出書房新社, 2009.
石川 清「『未熟な欲望』を商う現代の闇商人」『潮』. 1994.7: 268-277.
石津 謙介「アイビー族は是か非か？」『メンズクラブ』Vol. 47. 1965.11：25-28.
石津 謙介「あなたもGパンぼくもGパン」『平凡』1961.9: 134-136.
石津 謙介『石津謙介オール・カタログ』講談社, 1983.
石津 謙介『いつ・どこで・なにを着る？』婦人画報社, 1965.
石津 祥介、くろす としゆき、長谷川 元「アイビー・ツアーから帰って＜その1＞」『メンズクラブ』Vol. 45. 1965.9：11-15.
石津 祥介、くろす としゆき、長谷川 元「アイビー・ツアーから帰って＜その2＞」『メンズクラブ』Vol. 46. 1965.10：11-14.
石津 謙介「これが本場のアイビー」『メンズクラブ』Vol. 18. 1960.4：62-65.
『石津謙介大百科』http://ishizu.jp
「石津謙介のニューアイビーブック」講談社, 1983.
石津 謙介「私のおしゃれ人生」『メンズクラブ』Vol. 31. 1963.4：115-117.
出石 尚三『完本ブルージーンズ』新潮社, 1999.
出石 尚三『ブルージーンズの文化史』エヌティティ出版, 2009.
猪木 正実『繊維王国おかやま今昔—綿花・学生服そしてジーンズ』日本文教出版岡山, 2013.
岩田 龍子『ジャッピー—きみは大人になれるか』婦人画報社, 1987.

索引　INDEX

デーヴィッド・マークス

1978年、オクラホマ州生まれ、フロリダ州育ち。2001年にハーバード大学東洋学部卒、2006年に慶應義塾大学大学院商学研究科修士課程卒。日本の音楽、ファッション、アートについてTHE NEW YORKER, THE NEW REPUBLIC, POPEYEなどで執筆。『STATUS AND CULTURE』の著者。東京在住。
Twitter @wdavidmarx

奥田祐士（おくだ・ゆうじ）

1958年、広島生まれ。東京外国語大学英米語学科卒業。雑誌編集をへて翻訳業。主な訳書に『スヌーピーとチャールズ・M・シュルツの芸術』『ポール・マッカートニー 告白』『ヒップの極意』『スティーリー・ダン Aja 作曲術と作詞法』などがある。

AMETORA（アメトラ）　日本がアメリカンスタイルを救った物語
日本人はどのようにメンズファッション文化を創造したのか？

2017年9月3日　初版発行
2025年7月8日　10刷発行

著　者　デーヴィッド・マークス
訳　者　奥田祐士
カバーイラスト　穂積和夫
本文イラスト　ソリマチアキラ
デザイン　小野英作
日本語版制作　稲葉将樹（DU BOOKS）
発行者　広畑雅彦
発行元　DU BOOKS
発売元　株式会社ディスクユニオン
東京都千代田区九段南3-9-14
編集　tel. 03-3511-9970 ／ fax. 03-3511-9938
営業　tel. 03-3511-2722 ／ fax. 03-3511-9941
http://diskunion.net/dubooks/

印刷・製本　大日本印刷

ISBN 978-4-86647-005-4 C0036　printed in japan
©2017 disk union

Special Thanks　辻村雅史（POPEYE編集部）

万一、乱丁落丁の場合はお取り替えいたします。
定価はカバーに記してあります。
禁無断転載

DU BOOKS

Anouchkaの'60s-'70s英国ヴィンテージトピアA to Z

31のキーワードとヴィジュアルで読み解くロンドンファッション

金子美雪 著

国分寺の孤高のヴィンテージショップ〈Anouchka〉(アヌーシュカ)店主が現地に通い詰め、見て、聴いて、着て、買った、愛してやまない、'60-'70sロンドンのファッション／音楽／カルチャーを、当時の雑誌やパンフレット、ドレスの実物など、ここでしか見られない貴重な秘蔵ヴィジュアル資料の数々とともにフルカラーで網羅。

本体2500円＋税　A5　160ページ(オールカラー)

ファッション・アイコン・インタヴューズ

ファーン・マリスが聞く、ファッション・ビジネスの成功 光と影

ファーン・マリス 著　桜井真砂美 訳

読売新聞、繊研新聞、「装苑」、「men's FUDGE」にて紹介されました！
ファッション・ビジネスに身を置くすべての人、必読！
NYファッション・ウィークの立役者、ファーン・マリスが、ファッション・ビジネス界の重鎮19人にインタヴュー！——彼らは単なる「ブランド名」ではない。栄光もどん底も経験している、生身の人間なのだ。

本体3800円＋税　B5変型　480ページ(オールカラー)

ヤング・アダルトU.S.A.

ポップカルチャーが描く「アメリカの思春期」

長谷川町蔵＋山崎まどか 著

待望の共著！　圧倒的情報量と、新しい視点で、アメリカのポップカルチャーを斬る！　海外ドラマ、ラブコメ、学園映画、YA 小説でわかる、「スクールカースト」「モテ非モテ問題」「プレッピー」「婚活」…etc. の最先端事情！
たった今、理不尽なスクール・ライフをおくっている子どもたちへ。
そして人生という長い放課後を生きる大人たちへ。

本体2200円＋税　A5　248ページ(2色刷)　好評3刷！

アメクラ！　アメリカン・クラシックのススメ

ポップ・ミュージック・ファンのための新しいクラシック音楽案内

能地祐子 著

ロック、ポップスファンも楽しめるアメクラ(アメリカン・クラシック音楽)を徹底ガイド。グスターボ・ドゥダメル、ヤニック・ネゼ＝セガン、アンドリス・ネルソンスなど、ゼロ年代の若き指揮者たちが創り出す、新しい魅力や、ヨーヨー・マ、エドガー・メイヤー、クリス・シーリーたちによる、米国音楽の最旬ムーブメント「アメリカーナ」も解説。

本体2000円＋税　四六　368ページ

誰がメンズファッションをつくったのか?

英国男性服飾史

ニック・コーン 著　奥田祐士 訳　デーヴィッド・マークス 解説

60年代のファッション革命を可能にした、店主、店員、仕掛け人、デザイナー、ロックスターたち……。
保守的な紳士服業界が変わっていくさまと、変革の時代を創造し、サバイブした人びとに焦点を当てた名著。英語版は10万円以上で取引されてきた書籍『Today, There are No Gentlemen』が、ファッション大国ニッポンで復刊！

本体2800円＋税　四六　368ページ

ストレンジ・ブルー プラス

70年代原宿の風景とクールス

大久保喜市 著

吉田豪も推薦！　クールスのオリジナル・ベーシストが描く、70 年代の原宿と“セックス、ドラッグ&ロックンロール”な自伝的小説が、当時の写真と新原稿を追加して待望の復刊 !!　原宿には何かがあった。原宿に集まる人々が生み出す空気なのか、地理的な磁場なのかは分からないが、生きようとする人の生々しいエネルギーが渦巻いていた——。
帯コメント：横山剣（クレイジーケンバンド）

本体2500円＋税　四六　304ページ　好評2刷！

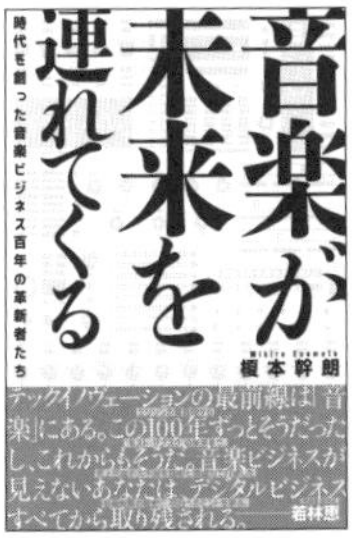

音楽が未来を連れてくる

時代を創った音楽ビジネス百年の革新者たち

榎本幹朗 著

エンタメの“新常識”はすべて音楽から始まった。
エジソンの蓄音機から、ラジオ放送、ウォークマン、CD、ナップスター、iPod、着うた、スポティファイ、“ポスト・サブスク”の未来まで。史上三度の大不況を技術と創造力で打破した音楽産業の歴史に明日へのヒントを学ぶ、大興奮の音楽大河ロマン。

本体2500円＋税　四六　656ページ　好評2刷！

ナンシー

いいね！が欲しくてたまらない私たちの日々

オリヴィア・ジェイムス 著　椎名ゆかり 訳

戦前から続く超長寿マンガ × # スマホ中毒 ＝ # 笑撃のアップデート
アンディ・ウォーホルも愛したアメリカン・コミックのヒロインがスマホを片手に大暴れ。マンガ全 277 話のほか、謎多き著者の正体に迫るインタビューや、米コミック界のジェンダー不均衡を考察したコラムも収録。

本体2800円＋税　A4変型　144ページ（オールカラー）

DU BOOKS

わたしと『花椿』

雑誌編集から見えてくる90年代

林央子 著

ファッションやカルチャー、そして美意識などの価値観が大きく変わった90年代に、カルチャー発信の現場で何が起こったのか。企業文化PR誌の先駆け、資生堂「花椿」の編集を通じて、時代と向き合ってきた著者が語る。

「林央子は、根っこから育てる庭師であり、世界の作り手たちのアーキビストだ。」

――マイク・ミルズ（映画監督）

本体2300円+税　A5変形　288ページ（カラー口絵8ページ）

つくる理由

暮らしからはじまる、ファッションとアート

林央子 著

前に進めなくなったときに、気づきをくれる言葉を投げてくれる人は、ものをつくる人や、アーティストだった。

刊行後の反響から美術展へと発展した『拡張するファッション』から10年。本書はその著者・林央子による待望の書下ろし新作。現在を生きる同時代の表現者たちの声を拾う。

本体2300円+税　四六　312ページ

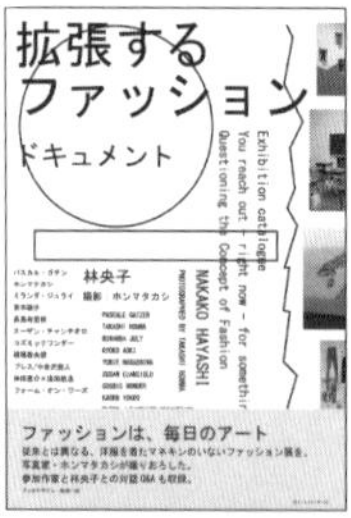

拡張するファッション ドキュメント

ファッションは、毎日のアート

林央子 著

90年代カルチャーを源流として、現代的なものづくりや表現を探る国内外のアーティストを紹介し、多くの反響を呼んだ書籍をもとに企画された展覧会の公式図録。

従来とは異なる、洋服を着たマネキンのいないファッション展を、写真家・ホンマタカシが撮りおろした。ミランダ・ジュライ、スーザン・チャンチオロなど参加作家と林央子との対話Q&Aも収録。

本体2500円+税　A4　192ページ（カラー128ページ）

カニエ・ウェスト論

《マイ・ビューティフル・ダーク・ツイステッド・ファンタジー》から
読み解く奇才の肖像

カーク・ウォーカー・グレイヴス 著　池城美菜子 訳

天才芸術家にして、当代一の憎まれ屋――その素顔とは？　21世紀屈指の名盤『My Beautiful Dark Twisted Fantasy』を題材に、そのナルシシスティックな人物像と彼の生み出す作品を読み解く。訳者による解説（1万2千字）のほか、これまでのキャリアを総括した巻末付録「カニエ・ウェスト年表」も収録。

本体1800円+税　四六　256ページ

ゲームデザイナー 小島秀夫論

世界のゲーム市場を熱狂させた革新性
―― MSX2 版『メタルギア』から『DEATH STRANDING』まで
ハーツハイム・ブライアン・ヒカリ 著　武藤陽生 訳

ゲーム研究の最前線から、その独創的なデザイン哲学と美学、物語の深み、映画的演出、メタ的なシステムを通じて、世界を代表するクリエイターの歩みと全作品を詳述した、はじめての本。
中川大地氏、吉田寛氏推薦！
日本版解説：藤澤 仁（第四境界　総監督）

本体 2500 円＋税　四六　392 ページ

鈴木敏夫×押井守 対談集 されどわれらが日々

鈴木敏夫＋押井守 著

『君たちはどう生きるか』（第 96 回米アカデミー賞 長編アニメーション映画賞受賞）を“宣伝なき宣伝”で大ヒットさせた、スタジオジブリのカリスマプロデューサー鈴木敏夫と、世界的に評価される作品を作り続けてきた映画監督押井守による初の対談集。
君は、そこまで言うのか!?　忖度いっさいなし。“悪友”同士が語りつくす、40 余年の愛憎。仕事観、人生観、旅、思い出……アニメと映画の未来まで。

本体2800円＋税　A5　392ページ　好評 3 刷！

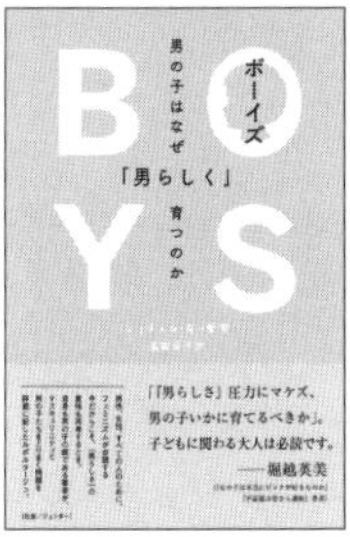

ボーイズ

男の子はなぜ「男らしく」育つのか
レイチェル・ギーザ 著　冨田直子 訳

女らしさがつくられたものなら、男らしさは生まれつき？
教育者や心理学者などの専門家、子どもを持つ親、そして男の子たち自身へのインタビューを含む広範なリサーチをもとに、マスキュリニティと男の子たちをとりまく問題を詳細に検討。ジャーナリスト且つ等身大の母親が、現代のリアルな「男の子」に切り込む、明晰で爽快なノンフィクション。

本体 2800 円＋税　四六　376 ページ　好評 8 刷！

インターネットポルノ中毒

やめられない脳と中毒の科学
ゲーリー・ウィルソン 著　山形浩生 訳

無気力、集中力不足、不安感、自尊心の欠如、うつ……いずれも原因は“ポルノの見すぎ”かも？　2012年のTEDxトーク「大いなるポルノ実験」は900万回以上再生。ステイホームでインターネット時間が増える今こそ読みたい、脳と中毒の関係。アルコールやドラッグなどに比べ表立って語られる機会の極めて少ない「ポルノ中毒」の実態・原因・克服方法を紹介。

本体 2200 円＋税　四六　264 ページ　好評 10 刷！

DU BOOKS

ウェス・アンダーソンの冒険旅行

世界で見つけたウェス・アンダーソンすぎる風景

ワリー・コーヴァル+アマンダ・コーヴァル 著　ウェス・アンダーソン 序文　樋口武志 訳

前作はSNS発の写真集として、異例の2万部を突破。世界を魅了したコミュニティ「AWA」による第2弾は“冒険旅行”をテーマにパワーアップ!!

ノスタルジックでかわいい、グラフィカルな風景と、旅をガイドしてくれる、魅力的な物語。

「これは本当にある風景なの?」――ウェス・アンダーソン(序文より)

本体3700円+税　B5　368ページ(オールカラー)

ウェス・アンダーソンの風景

Accidentally Wes Anderson 世界で見つけたノスタルジックでかわいい場所

ワリー・コーヴァル 著　ウェス・アンダーソン 序文　樋口武志 訳

190万人以上のフォロワーを誇る人気インスタグラムが、ウェス・アンダーソン公認で待望の書籍化。本書をめくって、映画のような世界を旅してみませんか。

「ぼくが見たこともない場所や建物を撮った写真が集められているけど、実際、ぼくが撮りそうだよね。とても楽しい写真集で、すごく魅力的なトラベルガイド(少なくとも、ぼく本人にとっては)」――ウェス・アンダーソン

本体3500円+税　B5　368ページ(オールカラー)　好評6刷!

ビールでブルックリンを変えた男

ブルックリン・ブルワリー起業物語

スティーブ・ヒンディ 著　和田侑子(ferment books)訳

「週刊ダイヤモンド」「料理王国」「月刊たる」などで話題!　荒廃した街とコミュニティが元気になった!　小さな醸造所をNYナンバー1クラフトブルワリーに成長させた著者だからこそ伝えられること。「ブルックリン・ブルワリーは、不屈の独立精神が起こした奇跡の象徴である」――佐久間裕美子(作家、ジャーナリスト)ほか、鈴木成宗(伊勢角屋麦酒 社長)、影山裕樹(編集者、合同会社千十一編集室代表)推薦。

本体1600円+税　B6判変型　240ページ+カラー16ページ

70s原宿 原風景

エッセイ集 思い出のあの店、あの場所

中村のん 編・著

70年代、「ファッションの街」が誕生した時代。原宿から人生が始まった。

高橋靖子/中西俊夫/藤原ヒロシ/大久保喜市/柳本浩市/ミック・イタヤ…他45人の珠玉の青春エッセイ集。みんな何者でもなかった。でも、自由だった。そして、ドキドキ、ワクワクしていた。恋に。音楽に。ファッションに。これからの自分に。貴重な写真や資料も掲載!

本体2200円+税　A5　264ページ